TRAITÉ ET FORMULAIRE

DES

SOCIÉTÉS A RESPONSABILITÉ LIMITÉE

Par MM.

BERNARD AUGER
DOCTEUR EN DROIT
AVOCAT AU CONSEIL D'ÉTAT ET A LA COUR
DE CASSATION

RAYMOND MICHEL
DOCTEUR EN DROIT

3ᴱ ÉDITION 1929

(Entièrement revue et mise à jour)

.

PARIS

LIBRAIRIE DES JURIS-CLASSEURS — ÉDITIONS GODDE

Ancienne Maison MARCHAL & BILLARD

LIBRAIRE DE LA COUR DE CASSATION

25-27, *place Dauphine*, 25-27 — *PARIS* (1ᵉʳ)

1929

TRAITÉ ET FORMULAIRE

DES

SOCIÉTÉS A RESPONSABILITÉ LIMITÉE

TRAITÉ ET FORMULAIRE

DES

SOCIÉTÉS A RESPONSABILITÉ LIMITÉE

Par MM.

BERNARD AUGER
DOCTEUR EN DROIT
AVOCAT AU CONSEIL D'ÉTAT ET A LA COUR
DE CASSATION

RAYMOND MICHEL
DOCTEUR EN DROIT

3ᴱ ÉDITION 1929

(Entièrement revue et mise à jour)

PARIS

LIBRAIRIE DES JURIS-CLASSEURS — ÉDITIONS GODDE

Ancienne Maison MARCHAL & BILLARD

LIBRAIRE DE LA COUR DE CASSATION

25-27, *place Dauphine*, 25-27 — *PARIS* (1ᵉʳ)

1929

PREMIÈRE PARTIE

TRAITÉ

SOMMAIRE GÉNÉRAL

CHAPITRE I

Généralités

SOURCES :

Lois des 7 mars 1923 et 13 janvier 1927.

TRAVAUX PREPARATOIRES ET DEBATS PARLEMENTAIRES (L. du 7 mars 1925).

Chambre des Députés. — Projet de loi de MM. Isaac, Lhopiteau et François-Marsal, 16 mars 1920 (Doc. ch. 1920, n° 549). — Rapport de M. Manceau du 16 novembre 1920 (Doc. ch. 1920, n. 3349). — Avis de M. Lafarge (Doc. ch. 1922, n. 5165). — Rapport supplémentaire de M. Manceau, 6 juillet 1923 (Déb. ch. 1923, 6392). — Adoption par la Chambre des députés le 10 juillet 1923 (Déb. ch. 1923, 3327).

Sénat. — Transmission au Sénat du projet de loi par MM. Dior, Colrat et de Lasteyrie, 20 novembre 1923 (Doc. sén. 1923, 40, 741). — Rapport de M. Chapsal, 18 décembre 1924 (Doc. sén. 1924, n. 712). — Avis de M. Mazurier, 31 janvier 1925 (Doc. sén. 1925, n. 29). — Adoption le 17 février 1925 (Déb. sén. 1925, 116).

BIBLIOGRAPHIE

Droit français. — AUGER, *Transformation des sociétés existantes en sociétés à responsabilité limitée* (Rev. soc. 1925, p. 163). — BAUDOIN-BUGNET, *Les sociétés à responsabilité limitée en France.* — A. CHARRON, Rev. Not. 30 juin 1925. — DROUETS, *La compagnie privée* (private Cy) *et la société à responsabilité limitée.* — GARRAUD, *Le régime pénal des sociétés à responsabilité limitée* (Rec. Jud. Soc. 1927). — HOUPIN et BOSVIEUX (*Traité des sociétés*, 6ᵉ édit., II, 1556 et s.* — LÉPARGNEUR, *La loi nouvelle sur les sociétés à responsabilité limitée* (J. Soc. 1925, p. 257 et s.). — *Le vote privilégié dans les sociétés à responsabilité limitée* (J. Soc. 1927, 259). — LESCOT, *Le projet de loi tendant à constituer dans la législation française les sociétés à responsabilité limitée* (Rev. soc. 1924, p. 285). — MAGUET, *Les sociétés à responsabilité limitée* (J. du Not. 1925, p. 289 et s.). — DEFRESNOIS, *Sociétés à responsabilité limitée* (Rép. gén. du Not.). — Raymond MICHEL, *Commentaire pratique de la loi du 7 mars 1925* (Rec. Jur. Soc. 1925, p. 81). — PIC et BARATIN, *Traité des sociétés à responsabilité limitée.* — G. PIOT, *Traité des sociétés à responsabilité limitée.* — WAHL, *Le vote plural dans les sociétés à responsabilité limitée* (Sem. Jurid. 1927 p. 401. — Rec. Jur. Soc. 1927, 110); *les pouvoirs des gérants dans les sociétés à responsabilité limitée* (J. Soc. 1926, 103).

Alsace-Lorraine. — Bourcart, *La situation juridique actuelle des sociétés en Alsace-Lorraine* (J. Soc. 1925, p. 193). — Bourcart et Percerou, *L'introduction en Alsace-Lorraine des lois commerciales françaises (Ann. Dr. com. 1920, p. 20).*

Droit allemand. — Hatt, *La société à responsabilité limitée en droit allemand contemporain.* — Staub, *Kommentar zum Gesetz betr. die Ges. m. b. H.* (4ᵉ éd.). — Cruger et Crecelier, *Gesseschaften mit beschränkter Haftung* (6ᵉ éd.).

Droit anglais. — Palmer, *Private Companies.* — Jordon, *Private Companies.*

I. — HISTORIQUE

1. — Antérieurement à la loi du 7 mars 1925, qui a introduit dans notre législation la société à responsabilité limitée, on divisait classiquement les sociétés commerciales en deux grandes catégories : sociétés de personnes et sociétés de capitaux. Bien que cette classification eût quelque chose de factice, puisqu'elle répartissait dans l'une ou l'autre de ces catégories les sociétés en commandite qui comprenaient dans leurs deux types (société en commandite simple et société en commandite par actions) des éléments personnels (le ou les commandités ou gérants) et des éléments purement capitalistes (parts ou actions des commanditaires), elle répondait au moins à l'opposition des éléments fondamentaux de ces deux groupes. Dans le premier groupe rentraient les sociétés où l'élément personnel, l' « *intuitus personœ* » jouait le rôle principal en donnant la faculté aux associés en nom d'apparaître dans la raison sociale, en rendant difficilement transmissibles les parts créées, mais en entraînant d'autre part, comme contre-parties de ces avantages, la confusion du patrimoine de la société avec le patrimoine des associés. Dans le second groupe rentraient celles où l'élément impersonnel, actions facilement transmissible, jouait le rôle fondamental tant au point de vue de la direction et du contrôle de l'entreprise qu'au point de vue du montant de la garantie des dettes sociales vis-à-vis des tiers.

2. — Or, si ces différents types pouvaient apparaître au législateur de 1867 suffisamment souples pour faire face aux exigences de l'Economie, la pratique commerciale, sous la poussée des nécessités nouvelles, en vint bien vite à les considérer comme notoirement insuffisants.

3. — En effet, de même que la nécessité d'investir des capitaux toujours plus considérables a déterminé les entreprises privées à se transformer en sociétés dans la dernière partie du siècle dernier, de même les sociétés de personnes, pour se procurer les capitaux rendus nécessaires à la marche de l'entreprise, ont été amenées, petit à petit, à se transformer en sociétés anonymes. Transformation souvent préjudiciable aux industriels qui apportaient leurs fonds, puisque ces derniers devenaient, au moins en tant qu'administrateurs, révocables *ad nutum*, par une majorité d'associés le plus souvent inconnus.

4. — Mais alors que cette évolution s'effectuait, on voyait à l'intérieur même des sociétés anonymes un mouvement se dessiner pour essayer de renforcer l'élément que représentait la personnalité des actionnaires et celles des administrateurs; on décidait l'obligation de conserver aux actions leur forme nominative; on nommait un directeur statutaire; on imposait l'agrément par le Conseil de tout associé nouveau Ces procédés fréquemment employés à l'époque actuelle ne répondent encore qu'imparfaitement aux vues et exigences de la pratique.

« Dans l'état actuel de notre législation, précisait le rapport Chapsal (Sénat 1924, Doc. n° 712), les commerçants et industriels se trouvent placés dans l'alternative suivante : s'ils tiennent à ne pas engager la totalité de leurs ressources dans une exploitation, ils doivent constituer une société anonyme et se conformer aux prescriptions à la fois gênantes et onéreuses de la loi de 1867. S'ils estiment au contraire que ces prescriptions sont de nature à entraver leur activité, ils se trouvent contraints d'adopter la forme plus souple de la société en nom collectif ou en commandite simple; mais alors ils courent le risque que constitue pour les membres de cette société la responsabilité illimitée et solidaire des associés en nom » (*Adde* les déclarations de M. Chapsal au Sénat, séance du 17 février 1925).

5. — C'est en des termes à peu près identiques que l'exposé des motifs du projet de loi (1) se prononçait. « Il résulte de cette obligation (obligation pour les sociétés anonymes de réunir sept actionnaires) une entrave sérieuse à notre essor économique, car des commerçants ou des industriels actifs et peu nombreux qui veulent, en se groupant, soit améliorer ou développer leur entreprise, soit en fonder une nouvelle, sans d'une part se conformer à toutes les formalités que comporterait la constitution d'une société anonyme, ne trouvent pas dans notre législation la forme de société adaptée à leurs besoins ».

6. — Les Chambres de commerce avaient du reste été unanimes à réclamer l'introduction de la nouvelle législation (Chambre de commerce de Marseille, séance du 3 mai 1924. — Chambre de commerce de Lyon avec quelques réserves, séance du 5 juillet 1924. — Chambre de commerce de Strasbourg, séance du 24 janvier 1924. — Chambre de commerce de Nancy, séance du 11 mars 1924. — Chambre de commerce d'Elbeuf, séance du 18 mars 1924, etc.).

7. — Un argument puissant en faveur de cette introduction était d'ailleurs fourni par l'existence des sociétés à responsabilité limitée en Alsace-Lorraine, où elles jouissaient d'une faveur particulière (782 Sociétés de ce type au 31 décembre 1921, plus de 1.000 aujourd'hui).

8. — A l'étranger, elles étaient entrées dans la pratique courante et tendaient même à éclipser les autres formules commerciales. L'Allemagne, qui la première avait reconnu législativement ces sociétés par la loi du 19 avril 1892 (modifiée par celle du 16 mars 1897), possédait, au 30 juin 1921, 44.000 sociétés à responsabilité limitée (Gesellschaft mit beschrenkter Haftung ou en abrégé G. M. B. H.) alors que seulement 6.000 sociétés anonymes étaient constituées. En Angleterre, la constitution des « Private Societies » existait depuis le milieu du xixᵉ siècle, elle fut réglementée expressément par les « Companies act » de 1907 et 1908 : on n'en comptait pas moins de 58.000 au 31 décembre 1919 sur 75.000 sociétés inscrites (Lyon-Caen, *Déclaration à la Société d'Etudes législatives, séance du 29 avril* 1921). L'Autriche (L. 6 mars 1906), les Etats-Unis (« Incorporated society »; V. Beach, *On private corporations*) et même la Russie soviétique (Code civil, art. 318 et s.) avaient déjà adopté cette forme de sociétés. (On consultera avec profit sur toutes ces questions d'ordre international l'ouvrage de MM. Pic et Baratin qui contiennent toutes précisions).

9. — Aussi c'est presque sans discussion que le projet de loi a été accueilli par le législateur, à la Chambre le 10 juillet 1923 (2e séance), et au Sénat le 17 février 1925.

10. — La nouvelle institution est apparue surtout dans les milieux parlementaires comme un moyen d'organisation sociétaire rationnelle des industries possédées en famille; le rapporteur au Sénat a longuement insisté sur la facilité que les héritiers des industriels pourraient trouver à se grouper pour exploiter le fonds laissé par le défunt, sans avoir besoin de faire appel à des étrangers (sociétés anonymes)

---

(1) Le projet de loi déposé sur le bureau de la Chambre le 16 mars 1920 par MM. Isaac, Lhopiteau et François-Marsal, ministres

Antérieurement à ce projet une proposition de loi avait été déposée en janvier 1919 par MM. Réville et Leredu aux mêmes fins ; cette proposition était devenue caduque par suite de la venue d'une nouvelle législature.

Une proposition portant création des sociétés à responsabilité limitée avait également été déposée le 23 janvier 1920 par MM. Maillard et Bureau à la Chambre (*Rec. Jur. Soc.*, 1920, p. 58) ; elle n'avait pas été reprise par le Gouvernement, car elle faisait dépendre son introduction d'une association obligatoire du capital et du travail, ce dernier devant être assuré d'une rémunération de 40 0/0 au moins sur les bénéfices.

et sans risquer la totalité de leur patrimoine au cas de fautes ou de mauvaises gestion de l'un des leurs (sociétés en nom collectif).

11. — Il est certain que d'un point de vue général on ne pourra se borner à considérer la création des sociétés à responsabilité limitée sous ce jour étroit. « C'est un exemple frappant, a dit fort justement le sénateur Eccard, mais ce n'est qu'un exemple; les applications sont très nombreuses, sociétés de transport et de navigation, entreprises agricoles, imprimeries, industries de toutes sortes, la société à responsabilité limitée s'affirme dans tous ces domaines. »

12. — Enfin, la législation fiscale est venue commander impérativement la réforme : le Conseil d'Etat (*Arrêt du 5 février* 1925 : *Rec. Quest. Fisc.* 1925, *p.* 95), en imposant aux associés en nom l'obligation de comprendre dans le montant de leur déclaration à l'impôt général sur le revenu les sommes non distribuées par la Société et placées en réserve, a condamné à la disparition les sociétés en nom collectif. L'argument invoqué par la haute juridiction en faveur de l'imposition a été l'assimilation faite par la loi entre les associés en nom collectif et les commerçants exploitant seuls leurs entreprises; cet argument ne jouera plus pour les associés à responsabilité limitée (V. Lecerclé, *Le régime fiscal des sociétés à responsabilité limitée : Rec. Quest. Fisc. et Rec. Jur. Soc.* juin 1925).

13. — Le législateur ne s'est pas borné à introduire dans notre droit les sociétés à responsabilité limitée telles que la législation et la pratique les avaient façonnées en Angleterre ou en Allemagne; il est allé plus loin et, tout en gardant le cadre général qui lui était fourni, il a fondu en tant qu'il le pouvait la nouvelle loi dans les principes de notre droit des sociétés; il a de plus ajouté quelques innovations très heureuses et profitables à la fois aux associés et aux tiers, dues aux suggestions fournies par la *Société d'Etudes législatives* où l'ensemble de la loi a été rédigé.

II. — INNOVATIONS GENERALES DE LA LOI.

14. — Les principales innovations de la loi apparaissent comme réalisées sur les trois points suivants : limitation de la responsabilité des associés en nom et consolidation des pouvoirs du gérant ; renforcement de la garantie donnée aux tiers en matière d'estimation des apports en nature ; réduction des formalités de constitution.

15. — Les sociétés à responsabilité limitée apparaissent ainsi comme des sociétés en nom collectif où tous les associés, gérants et non-gérants, ne seraient tenus des dettes sociales que jusqu'à concurrence de leurs apports; la contre-partie de cet avantage est que les associés doivent libérer intégralement leurs parts dès la constitution de la société, et qu'ils répondent solidairement envers les tiers de l'évaluation des apports en nature. Ainsi les créanciers n'auront pour gage que la masse des apports sociaux, mais ces apports auront une valeur certaine.

16. — Le poste de gérant est sérieusement consolidé; qu'il soit associé ou tiers, nommé par les statuts ou par acte extra-statutaire, il ne pourra être révoqué que pour « causes légitimes »; cette expression, dont nous montrerons toute l'importance au cours de notre exposé, n'a pas semblé avoir été bien comprise du législateur; il l'a, en tout cas, admise comme conférant dans le groupement restreint à forme familiale de la société à responsabilité limitée, une autorité plus grande au père de famille.

17. — Enfin, la nouvelle loi simplifie considérablement les formalités constitutives internes auxquelles les sociétés sont astreintes à se soumettre. La déclaration notariée de souscription et de versement du capital devient inutile; en aucun cas, il n'y a besoin de la réunion de deux assemblées constitutives.

Nous reviendrons d'ailleurs sur tous ces points au cours de notre exposé.

III. — CARACTERES ESSENTIELS DE LA SOCIETE A RESPONSABILITE LIMITEE.

1° Nature commerciale de la Société

18. — Quel que soit leur objet civil ou commercial, les sociétés à responsabilité limitée sont commerciales et soumises comme telles aux lois et usages du commerce (art. 3) (Cpr. L. 1er août 1893 qui édicte une règle analogue pour les sociétés par actions).

19. — Les conséquences attachées à ce principe sont importantes; les sociétés à responsabilité limitée bénéficient comme sociétés commerciales de la personnalité civile; elles doivent tenir les livres prescrits pour les commerçants (art. 8 et 9 C. com.); elles peuvent être mises en faillite ou en liquidation judiciaire; les contestations entre associés relèvent de la compétence des tribunaux de commerce (art. 631-2° C. com.).

20. — Enfin, l'adhésion à une société à responsabilité limitée est un acte de commerce. On sait qu'en droit français l'adhésion à une société commerciale est un acte de commerce; il n'y a pas de différence à établir entre les différents types de sociétés commerciales; la jurisprudence belge est en sens contraire (*Trib. com. Bruxelles, 27 mars 1923 : Rev. prat. belge 1925, 100*).

21. — Le caractère commercial de l'adhésion ne confère pas d'ailleurs aux associés la qualité de commerçants pas plus que la situation d'actionnaire ne confère cette qualité juridique. Les associés gérants sont d'autre part des mandataires comme les administrateurs et comme tels non commerçants bien que participant à la gestion (En ce sens, Piot, n° 6 *bis*. — Pic et Baratin. n° 126).

2° Responsabilité limitée des associés

22. — Aux termes de l'article 1er de la loi : « aucun associé n'est tenu au delà de sa mise. »

Il n'y a donc pas à distinguer, entre les associés gérants ou non-gérants, ceux dont le nom fait partie de la raison sociale et ceux dont le nom reste ignoré des tiers.

23. — Le gage des créanciers ne saurait en aucun cas déborder le montant certifié du capital social (sauf bien entendu au cas de responsabilité personnelle des associés). Mais, alors même que ceux-ci auraient fait remonter les effets de la société à une date antérieure à sa constitution, cette stipulation ne serait pas opposable aux tiers qui conserveraient l'intégralité de leur action contre les associés personnellement (Lyon 9 mai 1928, Chalas et Odin-Brignon, *Mon. Jud.* Lyon, 23 octobre 1928).

24. — Cette règle est un des éléments fondamentaux qui distingue la société à responsabilité des autres types de sociétés de personnes reconnus par le Code. Dans ces deux types, en effet, l'associé en nom (commandités ou associés en nom collectif) est considéré comme un simple commerçant s'engageant pour la totalité de son patrimoine.

25. — Le principe de la responsabilité limitée des associés a notamment une importance considérable en matière d'immixtion dans les actes de la gérance. Cette immixtion qui entraîne la responsabilité *in infinitum* des associés qui se sont rendus coupables n'a plus ici que le caractère d'une faute, pouvant entraîner dans les limites du préjudice causé par cette faute la responsabilité de l'associé.

26. — Nonobstant cette limitation de responsabilité, la société *peut* avoir une raison sociale. L'article 11 lui permet en effet de choisir entre la raison sociale ou une dénomination tirée de son objet,

comme les sociétés anonymes. Ce choix paraît d'abord surprenant : la raison sociale est une manière de publicité donnée au nom des associés, la proclamation de leur responsabilité indéfinie du passif social, les noms des associés responsables pouvant seuls figurer dans la dénomination de la société (art. 20, 23, 29 et 30 C. com., *J.-Cl. Sociétés*, Fasc. 53). N'y a-t-il pas dès lors contradiction à autoriser une société qui exclut cette responsabilité à se parer d'une raison sociale? Logique avec lui-même, le législateur, qui considère notre société comme une société de personnes, ne l'a pas pensé; il a cru que ce caractère pouvait être légitimement affiché par elle. Bien entendu, la raison sociale ne pourra comprendre que les noms des associés.

3° Non-influence de l'interdiction de la faillite, de la déconfiture ou de la mort d'un associé sur la durée de la société

27. — L'article 36 de la loi écarte formellement du statut juridique des sociétés á responsabilité limitée les cas de dissolution touchant à la personnalité des associés.

28. — Une distinction est faite cependant entre elles.

a) L'interdiction, la faillite et la déconfiture des associés, gérants ou non-gérants, ne peuvent en aucun cas motiver la dissolution; toute clause du pacte social portant atteinte à ce principe doit être considérée comme nulle.

29. — *b*) Le décès d'un associé ne met pas fin à la société, mais les statuts peuvent en décider autrement par une clause expresse. Nous donnerons des précisions sur ce point dans notre chapitre consacré à la dissolution.

30. — Le législateur a voulu, en édictant ces principes, bien faire comprendre qu'il convenait d'appliquer pour les sociétés à responsabilité limitée les règles de droit commun en matière de sociétés anonymes, par opposition aux règles de droit commun en matière de sociétés de personnes (art. 1865 C. civ.). On sait que, même dans les sociétés en commandite simple, la mort ou la déchéance civile d'un commanditaire entraîne la dissolution de la Société.

31. — La réserve faite par la loi du cas de décès a pour objet de permettre aux associés qui auraient contracté en raison de la personnalité d'un des membres de la société, notamment du gérant, de ne pas être obligé d'agréer une nouvelle direction (V. *pour la transmission des parts de l'associé décédé ou failli, infra*).

CHAPITRE II

Eléments constitutifs

SOMMAIRE

I. — CONSENTEMENT (33).

    Conditions d'existence et de validité du consentement (41).

II. — CAPACITE (47).

  a) **Mineurs** (48).

  b) **Femmes mariées** (52).

  c) **Société entre époux** (54).

  d) **Interdits** (55).

III. — OBJET POSSIBLE ET LICITE (56).

IV. — APPORTS (72).

V. — VOCATION AUX BENEFICES ET CONTRIBUTION AUX PERTES (76).

---

32. — On doit faire application des principes généraux à la société à responsabilité limitée.

I. — CONSENTEMENT

33. — On sait que le consentement consiste essentiellement dans le concours de la manifestation d'une volonté avec une ou plusieurs autres.

34. — Sans pouvoir exposer ici la théorie générale qui nous entraînerait à des développements sans utilité certaine, nous nous attacherons simplement à fournir sur les points particuliers intéressant les sociétés à responsabilité limitée les applications des règles communes à toutes les sociétés.

35. — *Comment peut être donné le consentement?*

Aux termes de l article 4 de la loi du 7 mars 1925, tous les associés doivent intervenir à l'acte en personne ou par des mandataires justifiant d'un pouvoir spécial.

36. — Il résulte de ces stipulations que la volonté des associés doit s'exprimer expressément par leur signature dans l'acte de société lui-même.

37. — L'existence de cette volonté qui résulterait implicitement des circonstances et notamment de leur présence à la délibération constitutive ne suffirait pas pour valider le contrat de société.

38. — En dehors de la participation personnelle á l'acte, la loi prévoit la faculté pour l'associé de se faire représenter par un mandataire. Mais ce mandataire doit être porteur d'un mandat *spécial*, c'est-à-dire prévoyant expressément le concours du mandataire à la constitution de la société et précisant les clauses de l'acte à conclure (rapport Chapsal); il y aura lieu pour éviter toute équivoque sur ce point de rédiger le mandat de telle façon qu'il contienne la totalité des clauses dont la publication dans un journal d'annonces légales est rendu obligatoire par la loi; ces clauses correspondent en effet aux éléments essentiels de la société.

39. — Aussi un mandat général d'administration serait insuffisant pour contracter valablement; et il nous paraît même que les stipulations formelles de l'article 4 s'opposent à la validité de l'engagement d'un mandataire qui aurait reçu pouvoir de contracter en société sans que la nature de la société à constituer et les conditions de ce contrat fussent précisées. La volonté que le mandant a pu avoir de conférer sur ce point les pouvoirs les plus larges au mandataire ne suffit pas à permettre l'inobservation d'un formalisme auquel la loi a attaché un caractère impérieux.

40. — On doit admettre d'autre part la possibilité pour une personne de se porter fort de la ratification de l'acte de société.

41. — CONDITIONS D'EXISTENCE ET DE VALIDITÉ DU CONSENTEMENT. — Conformément aux principes généraux en matière de sociétés, le consentement doit porter sur chacun des éléments essentiels du contrat.

42. — Frappent ce contrat d'une nullité absolue :

a) Le défaut de consentement lorsqu'il y a, soit malentendu sur la matière du contrat, soit désaccord sur l'objet social ou sur le montant, la nature ou l'identité des apports. Ce vice spécial n'a d'ailleurs que peu de chances de se produire dans les sociétés à responsabilité limitée, puisque les parties doivent lire et signer l'acte ou signer une procuration pour contracter dans les termes que nous avons précisés.

43. — *b*) Les vices de consentement consistant soit dans l'erreur, la violence ou le dol (Art. 1109 C. civ.). La lésion, quelle qu'elle soit, ne suffit jamais à vicier le contrat de société lui-même (Art. 1118 C. civ.).

44. — Il nous paraît utile de signaler quelles sont les erreurs sur la personne qui sont une cause de nullité de ce contrat.

45. — En ce qui concerne l'erreur sur la personne du gérant, la solution ne fait pas de doute ; les qualités individuelles de ce dernier (aptitude, expérience, réputation, etc...) ayant été prises en considération, l'erreur sur sa personne est susceptible d'entraîner l'annulation de l'acte social (Cpr. THALLER et PIC, I, 399. — HÉMARD, *Nullités de société*, 74. — BAUDRY et WAHL, 3ᵉ éd., 47) ; la question devient plus délicate lorsque l'erreur porte sur les associés non gérants ; devra-t-on considérer, comme dans les sociétés anonymes, que cette erreur n'a pas d'importance, ou bien assimiler la situation de ces associés à celui des associés non gérants des sociétés en commandite simple? On pourrait soutenir la première solution en déclarant que l'associé non gérant n'est qu'un bailleur de fonds, et que, comme tel, ne prenant aucune part à la gestion, sa personnalité est indifférente ; mais nous estimons qu'une telle conclusion doit être repoussée. Les auteurs admettent qu'à la différence de la commandite par actions, la société en commandite simple est une société formée *intuitu personæ* et que les considérations de personnes, devant jouer un rôle principal, l'erreur portant sur la personne d'un commanditaire est susceptible d'entraîner l'annulation du contrat (V. J.-Cl. Soc., Fasc. 7, *Princ.* 58 *et s.*) ; cette règle doit, *a fortiori*, être appliquée aux sociétés à responsabilité limitée, sociétés où l'*intuitus personæ* domine, et où la cession des titres est rendue particulièrement difficile par la clause légale d'agrément (Cpr. *Ibid., Princ.* 59).

46. — Remarquons d'ailleurs que la question de savoir si la considération de personne de l'une des parties a déterminé l'autre à contracter est une question de fait, sur laquelle le juge du fond a un pouvoir souverain d'appréciation (Baudry et Barde, I, 62, 66. — Aubry et Rau, 5ᵉ éd., IV, § 343 *bis.* — Demolombe, XXIV, 109).

II. — CAPACITE

47. — Nous ne saurions que rappeler ici, sans qu'il y ait lieu de les modifier, les principes s'appliquant aux sociétés commerciales en général.

48. — a) Mineurs. — *a) Mineurs âgés de moins de dix-huit ans.* — Dans les sociétés commerciales en général, le fait d'être commanditaire ou actionnaire n'entraîne pas la qualité de commerçant, et si le mineur agissant seul ne peut souscrire, on admet généralement que son tuteur peut employer les deniers pupillaires en actions de sociétés ; le tuteur peut également, avec l'autorisation du conseil de famille, faire apport de biens incorporels jusqu'à concurrence d'une valeur de 1.500 francs et des biens incorporels dépassant 1.500 francs, ou de biens immobiliers avec cette autorisation homologuée par le tribunal. Ces règles sont fondées sur l'engagement limité du commanditaire ou actionnaire, engagement qui n'oblige le mineur que jusqu'à concurrence de son apport (Art. 26 et 33 C. com.).

49. — Or, dans les sociétés à responsabilité limitée, si les associés ne sont tenus des dettes sociales que jusqu'à concurrence de leurs mises, ils sont solidairement responsables de la valeur donnée aux apports en nature. Cette solidarité va-t-elle avoir pour effet d'interdire au mineur la participation à ces sociétés? Une réponse négative s'impose ; la loi du 7 mars 1925, et les travaux préparatoires en font foi, a principalement été conçue comme une société *familiale* où le gérant serait le père et les associés non gérants des enfants et des tiers ; il y a donc lieu de se montrer particulièrement libéral sur cette question, puisque toute autre solution entraînerait des conséquences contraires au but même de la loi (V. G. Piot, *J. des Not.,* 1925, p. 39).

50. — M. Lepargneur, tout en admettant la même solution, se place sur un terrain différent ; pour cet auteur, la responsabilité solidaire des affaires pour l'estimation donnée aux apports en nature est fondée sur une « présomption légale de faute délictuelle ». Or, les conséquences de cette faute doivent être supportées, non par l'incapable lui-même, mais par le tuteur qui a représenté son pupille au moment de la constitution (*J. Soc.,* 1925, 274. — En ce sens, Pic et Baratin, 134).

51. — Cet argument ne nous paraît pas décisif ; nous voulons bien admettre que la surévaluation des apports engage la responsabilité du tuteur qui a contracté au nom de sa pupille, mais la responsabilité civile de ce dernier existe, quelles que soient les fautes ou les légèretés du tuteur; le mineur aura seulement un recours contre celui-ci au cas où les créanciers exigeraient des associés le complément d'apports.

Nous verrons d'ailleurs plus loin que la responsabilité des associés en pareil cas est *contractuelle* et non délictuelle ; elle ne peut donc peser que sur le mineur, puisque le tuteur, représentant légal de ce dernier, n'est pas personnellement partie à l'acte.

б) Mineurs âgés de plus de dix-huit ans. — Le mineur non émancipé ne peut seul souscrire à des parts: seul son tuteur peut, dans les limites que nous avons précédemment mentionnées, effectuer une souscription.

Emancipé, le mineur peut souscrire seul s'il s'agit de l'emploi de ses revenus, et avec l'assistance de son curateur s'il s'agit d'un placement de capital.

Habilité à faire le commerce, il a pleine capacité, dès lors que sa souscription a été considérée comme « accessoire » de son commerce.

52. — b) Femmes mariées. — La femme commune en biens ne peut, sans l'autorisation de son mari, entrer dans une société à responsabilité limitée ; séparée de biens, elle peut sans autorisation faire un apport de numéraire, ou un apport de mobilier, ou de la jouissance d'un immeuble, mais il lui faut l'autorisation de son mari pour apporter un immeuble à la société en propriété (Art. 1538 C. civ.).

53. — Si la femme mariée est séparée de corps, elle jouit d'une capacité absolue et peut contracter une société sans aucune autorisation.

La femme commune ou séparée de biens peut devenir associée non gérante en même temps que son mari ou si ce dernier est gérant, mais il serait contraire au principe de l'autorité maritale de lui permettre d'être cogérante avec son mari (En ce sens, Pic et Baratin, 135. — Lépargneur, *J. Soc.*, 1925, 274).

54. — *Société entre époux.* — On admet généralement que deux époux peuvent être associés d'une société à responsabilité limitée (Auger, *Les S. A. R. L. et les sociétés entre époux : Rev. Not.*, 30 avril 1926 - *Rec. Jur. Soc.*, mai 1926. — Pic et Baratin, n. 135).

Cette société serait d'ailleurs valable même si elle était composée uniquement des époux, que le mari soit gérant, ou que la femme possédant un fonds de commerce soit gérante et le mari simple bailleur de fonds (Auger, *précité*).

On peut admettre également la licéité d'une société entre la femme et un tiers, le mari étant gérant non associé, les époux pouvant se donner mandat (Auger, *précité*).

55. — c) Interdits. — La situation de l'interdit est semblable à celle du mineur de moins de dix huit ans.

III. — OBJET POSSIBLE ET LICITE

56. — La société à responsabilité limitée peut, en principe, avoir pour objet toute entreprise civile, commerciale ou industrielle ; il suffit que l'objet soit possible et licite, conformément au droit commun.

57. — Toutefois, les sociétés d'assurances, de capitalisation et d'épargne ne peuvent adopter la forme « à responsabilité limitée » ; le législateur a édicté par là une prohibition absolue (Art. 2) ; il a trouvé inconciliable la nouvelle forme de société avec le régime spécial de contrôle et de surveillance auquel sont soumises les entreprises qui se livrent à ces genres d'activité.

58. — Les Chambres de commerce de Strasbourg et de Marseille avaient demandé, en outre, d'exclure les banques de la facilité d'opter pour ce mode de société ; elles pensaient assurer par cette restriction les conditions de sécurité financière à ces entreprises. Ni le Gouvernement ni les Chambres n'ont retenu ces suggestions : « Votre commission, déclarait M. Manceau, rapporteur, a considéré, au contraire, que le système de la responsabilité limitée convenait particulièrement à des banques d'une importance secondaire, comme certaines banques régionales, qui rendent au petit commerce de signalés services ; ce sont elles, en effet, qui ouvrent le plus facilement des crédits à des petits commerçants, gagés uniquement sur leur probité, leur valeur morale, et à qui des établissements de plus grande importance refuseraient les avances nécessaires pour monter une petite maison de commerce ou une petite industrie.

La jurisprudence considère, d'autre part, comme illicites :

59. — 1° Les sociétés formées pour pratiquer la contrebande, soit en France, soit à l'étranger (sauf controverse sur ce dernier point) (Pour la solution affirmative, *Douai*, 11 *novembre* 1907 : D. 1908, 2, 15, et les auteurs. — Pour la solution négative, *Cass. req.*, 25 *août* 1875 : D. 1875, 3, 404) ;

60. — 2° Les sociétés formées pour entraver la liberté des enchères (Arg., art. 412 C. p.) ;

61. — 3° Les sociétés ayant pour objet l'exploitation de la passion du jeu ; sociétés pour l'exploitation de maisons de jeu (Arg., art. 410 C. p.), pour l'exploitation de paris aux courses (*Arg. l.* 15 *juin* 1907), pour effectuer des prêts d'argent aux joueurs (*Seine*, 15 *mars* 1894 : *Gaz. Pal.* 1894, 2, 147), pour constituer des loteries ;

62. — 4° Les sociétés entre médecins et non-médecins pour l'exploitation d'une clientèle médicale (V. *Not. Cass. crim.*, 17 *décembre* 1859 : S. 1860, 1, 298) ; mais une pareille société qui aurait pour objet l'exploitation commerciale d'une maison de santé, d'un journal médical, ne serait pas illicite ;

63. — 5° Les sociétés entre médecins pour l'exploitation de leur clientèle (Sauf controverse) ;

64. — 6° Les sociétés créées pour l'exploitation d'un office ministériel ;

65. — 7° Les sociétés entre avocats (Hémard, n. 39. — Pic, 1, 433) :

66. — 8° Les sociétés ayant pour objet l'exploitation d'une marque usurpée (*Bordeaux*, 19 *décembre* 1926 : *Rev. Soc.* 1907, 446) ;

67. — 9° Les sociétés constituées en violation du principe de la liberté du commerce : trusts ;

68. — 10° Les sociétés pour l'exploitation de maisons de tolérance (*Cass. req.*, 1er *avril* 1895 : D. 1895, 1, 263) ;

69. — 11° Les sociétés pour l'échange des effets de complaisance (*Amiens*, 4 *mai* 1878: S. 1879, 2, 44) :

70. — 12° Les sociétés constituées entre pharmaciens et non-pharmaciens, sous certaines réserves de fait.

71. — 13° Les sociétés entre pharmaciens et médecins (*Trib. com. Lyon*, 19 *mars* 1904 : *Rev. Soc.* 1907, 71).

IV. — APPORTS

72. — Tout associé doit apporter quelque chose à la société dont la valeur soit appréciable en argent. Cette règle, édictée par l'article 1832 C. civ., s'applique à toutes les sociétés, quelle que soit leur nature.

On peut donc apporter en société :

73. — De l'argent, des biens meubles et immeubles, corporels ou incorporels. Et notamment un fonds de commerce avec tous les avantages ou droits qui y sont attachés ; un brevet d'invention, une marque de fabrique, un secret de fabrique non breveté, l'actif d'une société dissoute, une ouverture de crédit, etc...

74. — Mais il y a lieu de remarquer qu'on ne doit considérer comme apports dans le sens de l'article 1832 que les valeurs susceptibles d'être rémunérées en parts de capital.

75. — Ainsi, une personne ne saurait être valablement considérée comme associé si elle se contente d'effectuer un apport en industrie, cet apport ne pouvant être rémunéré en actions ou parts de capital, aussi bien dans les sociétés par actions (L. 1er août 1893) que dans les sociétés à responsabilité limitée.

V. — VOCATION AUX BENEFICES ET CONTRIBUTION AUX PERTES

76. — L'associé à responsabilité limitée doit trouver dans l'acte social vocation au partage des bénéfices et à la contribution aux pertes.

77. — Mais la répartition n'est pas nécessairement proportionnelle au montant du capital possédé. Toutes combinaisons sont possibles, conformément au droit commun, dès lors qu'aucune clause léonine n'existe.

Formalités constitutives

SOMMAIRE

GENERALITES

78. — Les articles 1 à 4 de la loi de 1867 ont imposé un ensemble logique de formalités à la constitution d'une société par actions. La loi du 7 mars 1925 n'a pas cru devoir suivre cet exemple. Elle se réfère au droit commun pour toutes les questions d'échange des consentements, de réalisation des apports, etc..., se contentant d'énumérer un certain nombre d'exigences à défaut de satisfaction desquelles la société ne sera pas régulièrement constituée.

Ce sont : interdiction de constituer le capital par appel au public (Art. 2) ; nécessité d'un écrit (Art. 4) ; pluralité d'associés (Art. 5) ; capital de 25.000 francs au moins, divisé en parts (Art. 6) ; répartition des parts entre les associés et libération intégrale et constatation dans les statuts de cette répartition et de cette libération intégrales (Art. 7) ; indication dans l'acte de société de la valeur attribuée aux apports (Art. 8). Plusieurs de ces exigences sont renouvelées, ou inspirées, de la loi de 1867.

79. — Une étude méthodique de la constitution d'une société à responsabilité limitée conduit à examiner, d'abord, les questions préliminaires relatives au capital et au nombre d'associés ; en second lieu, la réunion des engagements nécessaires à la constitution du capital, ce que, d'un mot emprunté au langage des sociétés par actions, nous appellerons la souscription ; en troisième lieu, la libération des apports ; en quatrième lieu, la constatation de l'accord des parties et de l'exécution de leurs engagements par la confection d'un écrit ; enfin, la publicité à donner à ces opérations.

I. — SOUSCRIPTION INTEGRALE DU CAPITAL.

A. Taux du capital

80. — Quand une société n'offre d'autres garanties aux tiers que son capital, ce capital doit, logiquement, être assez élevé. Néanmoins, la loi de 1867 n'a pas cru devoir imposer de minimum aux sociétés par actions. Cette lacune véritable n'avait pas de grands inconvénients, parce que le coût de la constitution d'une semblable société ne permettait pas d'y recourir pour un groupement trop pauvre ; mais il aurait pu être dangereux de la laisser subsister pour les sociétés à responsabilité limitée. Déjà, la loi allemande de 1892 avait exigé un minimum de 20.000 marks ; la loi française de 1925 a repris le même chiffre au pair, 25.000 francs. Il faut l'avouer, ce chiffre est ridiculement bas. Il représente à peine 5.000 francs de 1892. A ce taux, quelles garanties la société offre-t-elle à ses créanciers?

Le peu de temps écoulé depuis le vote de la loi a déjà montré les inconvénients de cette limitation trop faible. Dans beaucoup de cas, les tiers ne veulent pas traiter avec une S. A. R. L., à moins de prendre des précautions dans le genre de celles qu'a examinées M. VALÉRY (*Mesures à prendre dans les rapports avec les sociétés à responsabilité limitée : Rev. Soc. 1925, 213*), et notamment d'exiger l'engagement personnel du gérant. Il se dessine un mouvement tendant à englober le gérant dans la faillite de la société (V. AUGER. *Au sujet des sociétés à responsabilité limitée ; De quelques points controversés : Rev. Soc. 1927*, 121). Ce mouvement part d'une idée tout à fait fausse des droits et obligations du gérant et est destiné à bientôt s'amortir (AUGER, *loc. cit*) ; mais il est l'indice de l'inquiétude semée dans le public par l'imprévoyance du législateur.

Il est urgent de relever le chiffre minimum pour l'élever à 200.000 francs au moins. Sans doute, ce faisant, on interdira cette forme de société aux « petites affaires » sur qui s'étend la sollicitude romantique du législateur, mais ce sera justice. Car, *les petites affaires sont précisément celles à qui la société à responsabilité limitée ne peut pas convenir.* Une société ne peut vivre que si elle a du crédit. Elle ne peut avoir du crédit que si elle offre aux tiers ou bien un capital suffisant, ou bien la garantie personnelle de ses membres. Mises en société à responsabilité limitée, les « petites affaires » réalisent cette gageure de n'offrir ni l'un ni l'autre...

Aussi, leur carrière est-elle courte.

Mais, il est arrivé trop souvent que, si courte fut-elle, les gérants ont encore eu le temps de faire des dupes.

81. — Il n'est pas, par contre, prévu de maximum, et le capital peut être augmenté ou réduit pendant la durée de la société, selon les besoins de celle-ci, à la condition de ne pas descendre au-dessous de 25.000 francs.

82. — Sous la même réserve, il peut (Art. 40) être constitué des sociétés à responsabilité limitée à *capital variable*, qui seront alors soumises aux articles 48 à 54 de la loi du 24 juillet 1867. Cette faculté présente un assez grand intérêt pour les coopératives et les sociétés d'études.

B. Nombre d'associés

83. — Il n'est pas limité et peut être de deux seulement, c'est-à-dire du strict minimum nécessaire pour qu'il y ait société. Le projet primitif fixait un maximum de cinquante membres ; la Commission de la Chambre a craint qu'une semblable disposition mit obstacle à la participation ouvrière et l'a fait supprimer. La Commission du Sénat, qui aurait voulu la reprendre, s'est arrêtée devant la crainte de retarder indéfiniment la promulgation de la loi.

84. — L'expérience des pays voisins montre que le nombre moyen d'une société de ce genre ne dépasse pas huit. Pratiquement, la timidité du Sénat n'aura donc pas d'inconvénients ; théoriquement, au contraire, l'absence de limitation présentera un assez gros danger ; on pourra constituer de la sorte des sociétés anonymes de seconde zone, dont les membres ne jouiront même pas de la protection illusoire dispensée aux actionnaires par la loi de 1867. Mais, dira-t-on, ils seront protégés contre la spéculation — qui est le plus gros danger couru par les actionnaires — par les obstacles mis à la circulation des parts, comme nous le verrons plus bas. Il est vrai que les parts ne seront jamais négociables, et ne seront cessibles que sous certaines restrictions ; mais, s'il y avait intérêt à organiser un marché clandestin des parts, qu'il serait donc aisé de tourner ces prescriptions!

Ce danger n'est que théorique, ou du moins il n'est encore que théorique ; les avantages avec lesquels on l'a mis en balance ne sont pas seulement théoriques : ils sont illusoires. Nous avions d'abord pensé qu'il serait bon de ne pas empêcher la dispersion des parts dans le jeu normal des héritages ; à la réflexion, nous croyons, au contraire, qu'il eût été préférable de concentrer ces parts dans le plus petit nombre de mains possible, pour ne pas diluer ce capital et, par suite, rendre presque impossible le fonctionnement de la société, ou tout au moins le compliquer étrangement. On verra, en effet, que, dans de nombreux cas, la loi exige une double majorité, en nombre d'associés et en capital ; plus les associés sont nombreux, plus il est difficile de réunir cette double majorité. Et, d'un autre côté, la possession d'un grand nombre de parts par chaque associé, et surtout par les gérants, constitue une bonne garantie pour les tiers. Quant à la participation ouvrière... chaque fois qu'un ouvrier voudra céder sa part, il lui faudra la double majorité prévue à l'art. 22 ; chaque fois qu'un ouvrier associé quittera la maison, il faudra lui racheter sa part ou lui trouver un acquéreur. L'instabilité du personnel multipliant les cessions, la répétition des formalités exaspérera promptement patron, associés et ouvriers.

En tous cas, on n'a pas encore vu d'exemple de participation ouvrière.

85. — Ce qu'il faut regretter, par contre, c'est que la loi n'ait pas cru devoir exiger un minimum, ou, si l'on préfère, un maximum de participation. Sans doute, les associés devront être effectifs, c'est-à-dire

avoir contribué à la réunion du capital, ce qui empêchera un commerçant de constituer une société dont il aurait fourni seul l'intégralité du capital, un employé intéressé jouant le rôle de second associé ; mais il pourra y avoir telle disproportion que l'on voudra entre les apports des deux associés, l'un, par exemple, possédant 999 parts contre l'autre une. Il est manifeste que, pour être régulière en droit, une telle société sera purement fictive ; il eut été bon que la loi empêchât des combinaisons frauduleuses dont nous ne voyons pas bien comment on pourrait motiver en droit l'annulation. Cette lacune est d'autant plus regrettable que la pratique anglaise et allemande offraient de nombreux exemples de pareilles façades de sociétés. Elles sont connues en Angleterre sous le nom de « One man companies » et en Allemagne sous la désignation, littéralement traduite de l'anglais, de « Ein personen Gesellschaften ». Leurs dangers ont été mis en lumière d'une manière saisissante par M. H. Marquis (*Les « One man Companies » et le procès Salomon. — V. Salomon and C° Ltd : Rev. des Soc.*, 1925, 450).

C. Constitution et division du capital

86. — Ce capital doit être intégralement souscrit et divisé en parts d'une valeur nominale de 100 francs ou de multiples de 100 francs. La nature juridique de la part, les difficultés relatives à sa valeur nominale, les droits qui y sont rattachés seront étudiés plus loin.

87. — Souscription. — Les apports devant être intégralement libérés au moment de la signature du pacte social, il faut nécessairement, surtout si la société comprend un nombre de membres assez élevé, que des négociations préliminaires aient eu lieu, en vue d'amener chaque signataire à s'engager à apporter à la société tel bien ou telle somme, en retour de l'attribution du nombre de parts correspondant, dans des conditions analogues à la souscription d'actions d'une société anonyme. La constitution définitive de la société dépend donc de l'exécution de ces engagements antérieurs, de leur validité ; il conviendra, par conséquent, de les examiner.

88. — Les conditions de capacité nécessaires pour les contracter seront évidemment les mêmes que celles nécessaires pour s'associer, et que nous avons déjà indiquées.

89. — Le fait d'adhérer à une société commerciale étant un acte de commerce, l'engagement préparatoire à cette adhésion sera également commercial. Il suit de là qu'aucune forme particulière n'est exigée et que l'engagement pourra être prouvé par tous les moyens usités en matière commerciale, *même par témoins*. Mais nous n'avons pas besoin de dire qu'il serait souverainement imprudent de ne pas s'assurer d'un écrit, qu'il vaudra même mieux rédiger sur papier timbré.

90. — Cet engagement pourra être contracté par mandataire spécial ; par *porte-fort* — à la condition que le porte-fort s'oblige à se substituer à celui dont il promet la souscription, au cas de non-ratification, à défaut de quoi le capital ne serait pas intégralement souscrit ; par *prête-nom* — à moins que ce subterfuge ne dissimule une fraude ; la signature du pacte social par un prête-nom pourra en effet, entraîner dans certains cas, la nullité de la société.

91. — Il pourra être affecté soit d'un terme, soit d'une condition. Nous avions enseigné le contraire dans nos précédentes éditions ; mais nous croyons devoir revenir sur cette thèse. En effet, dans la loi, rien ne paraît s'opposer à ce qu'un souscripteur ne consente à verser son apport que dans un délai déterminé, ou ne laisse au fondateur qu'un temps déterminé pour réaliser la société ; à ce qu'il subordonne son engagement à une condition suspensive ou résolutoire, *à condition toutefois que ces diverses modalités n'affectent que l'engagement préliminaire*. Dans l'hypothèse d'un engagement à terme, la constitution de la société sera retardée jusqu'à l'arrivée du terme, ou prendra place dans le délai imparti ; dans celle d'un engagement sous condition, la constitution ne pourra avoir lieu que si la condition résolutoire est défaillie, ou la condition suspensive réalisée. *L'adhésion à la société elle-même devra être pure et simple.*

On ne saurait admettre, en effet, qu'elle fût affectée d'un terme suspensif jusqu'à l'arrivée duquel les parts souscrites ne seraient pas libérées, ou d'un terme extinctif qui ne correspondît pas à celui de la société ; on admettrait moins encore qu'elle fût affectée d'une condition, au risque d'être rétroactivement anéantie.

Toutefois, elle pourra, bien entendu, être affectée des mêmes modalités que la société elle-même. Sans doute, celle-ci ne pourra être contractée sous un terme suspensif, puisque la loi veut que les apports soient libérés au moment de la signature du pacte social — hormis toutefois peut-être le cas d'une transformation dont les effets pourront n'être pas immédiats ; nous verrons cela plus loin. Mais elle pourra être conditionnelle; elle pourra être constituée en vue de l'exécution d'un travail déterminé; par exemple des entrepreneurs s'associeront pour soumissionner un travail public ou particulier important dont le cahier des charges n'autorisera pas les sous-traités ou les subordonnera à des conditions onéreuses ou gênantes; la société sera contractée sous la condition que le travail leur soit adjugé, s'il ne l'est pas, la condition sera défaillie, la société sera rétroactivement censée n'avoir jamais existé.

92. — APPEL AU PUBLIC : SA PROHIBITION. — Toutes ces question, la loi les laisse aux principes généraux. Elle n'exige qu'une chose, *c'est que les porteurs de parts ne soient pas recrutés par appel au public*. L'art. 4, § 4 dispose, en effet, à l'imitation des législations étrangères, que « *Il est interdit à la société d'émettre pour son propre compte, par souscriptions publiques, des valeurs mobilières quelconques* ». On ne pourra donc recourir aux banques, ni à l'envoi de prospectus dans le public, moins encore à la publicité de journaux financiers; les fondateurs devront recruter par négociations directes tous leurs futurs coassociés.

Cependant, le ministre de la Justice, répondant à M. Champetier de Ribes (*Question n° 8271 : J. Off. du 12 août* 1926) a considéré que rien n'empêcherait un souscripteur de faire appel au public pour se procurer les fonds nécessaires à la libération de ses parts. M. Piot (2e *éd., p.* 21. *note* 1) estime que le ministre fait preuve d'un libéralisme bien excessif ; malgré l'autorité de M. Piot, il faut bien reconnaître que ledit ministre a raison. On ne peut étendre les prohibitions légales au delà de leurs termes. La loi interdit à qui ? *à la société* d'émettre du papier *pour son propre compte*. Mais supposons une société à responsabilité limitée constituée entre plusieurs sociétés anonymes puissantes, exploitant des industries différentes, pour réaliser à frais et profits communs un travail public important, nécessitant une mise de fonds considérable. Voudra-t-on, et de quel droit, les empêcher de se procurer par voie d'augmentation de capital, les fonds nécessaires pour solder leur part du capital de la nouvelle société ? M. Piot lui-même leur reconnaît cette faculté (*N° 7, p.* 23).

93. — RÉSOLUTION DE LA SOUSCRIPTION. — Etant des contrats, les engagements préalables des futurs associés seront susceptibles d'être résolus.

94. — D'abord pour vice de consentement, incapacité du souscripteur, erreur, dol ou violence du stipulant. La découverte de ces vices après la signature du pacte social ne les empêchera pas de produire leurs effets juridiques normaux : l'annulation de l'engagement vicié. Mais il s'en suivra l'annulation de la société elle-même, contrairement à ce qu'on admet en matière de sociétés anonymes tout au moins pour le dol, l'erreur ou la violence. C'est que pour ces dernières, il faut distinguer *le contrat de souscription*, limité dans ses effets au souscripteur et au fondateur, du *contrat de société*, qui intervient entre le souscripteur et les autres souscripteurs. Il en est un peu de même, il est vrai dans notre hypothèse; mais le système admis en matière de société anonyme est, au vrai, insoutenable; on l'échafaude au moyen d'une distinction subtile dont le seul mérite est de protéger la masse des souscripteurs innocents contre les conséquences du consentement vicié d'un seul. C'est donc la nécessité pratique qui seule le justifie. *Cette néce pratique n'existe pas en matière de société à respons bilité limitée,* à raison du petit nombre des membres de ces sociétés, l'engagement du souscripteur trompé ou contraint est pris envers les bénéficiaires eux-mêmes de l'erreur ou les auteurs du dol et de la violence.

A l'annulation pour vice du consentement doit être assimilée la résolution de la souscription par l'événement d'une condition résolutoire, dans le cas où les fondateurs ont eu l'imprudence d'accepter une adhésion conditionnelle à la société (Drouets, *n*. 107). Nous retrouverons plus loin les conséquences juridiques de la résolution de l'association.

95. — Enfin la souscription sera caduque, si l'accord ne peut se faire sur la constitution définitive de la société (contenu des statuts, évaluation des apports) ou au cas de non-ratification par les associés d'avantages promis aux souscripteurs par le fondateur (*Art. 1184 du C. civ.*).

96. — Mort ou capitis diminutis du souscripteur avant la constitution définitive.

Un souscripteur peut mourir, disparaître, être interdit, tomber en faillite ou en liquidation judiciaire, se marier, se voir doter d'un conseil judiciaire, entre sa souscription et la signature du pacte social, avant d'avoir versé ou remis son apport entre les mains du fondateur. Ces divers éléments affecteront gravement l'exécution de son engagement.

La constitution d'une société à responsabilité limitée suppose le concours personnel du souscripteur, qui doit non seulement adhérer aux statuts et verser son apport, mais encore constater sous sa responsabilité la souscription intégrale du capital, la libération des apports, s'engager solidairement et à l'infini à garantir la valeur attribuée aux apports en nature, voire acquérir une vocation éventuelle à la gérance. De pareils engagements ne pourraient être imposés ni à ses héritiers, surtout s'ils sont mineurs — ce qui d'ailleurs les empêcherait de contracter l'engagement solidaire et infini dont nous venons de parler, l'obligation sociale étant une charge successorale pour eux qui ne peuvent être qu'héritiers bénéficiaires — moins encore à de simples envoyés en possession. La disparition, la mort d'un souscripteur, frapperont donc son engagement de caducité.

Il en sera de même de son interdiction — légale ou judiciaire — ou de son aliénation mentale, qui le rendent incapable de s'obliger; de sa faillite, la constitution définitive de la société devant à l'évidence porter préjudice à la masse.

97 — Au contraire, la dation d'un conseil judiciaire n'aura pas d'influence sur la constitution — pourvu toutefois que le conseil consente à autoriser le prodigue à assumer les obligations sociales ; de même la liquidation judiciaire, si le liquidateur donne son autorisation.

98. — A plus forte raison, si le souscripteur est une femme, son mariage la laissera-t-il s'associer, pourvu, si elle est mariée sous un régime de communauté, ou si l'apport n'est pas de numéraire, que son mari l'autorise.

99. — Souscription intégrale du capital. — Les souscriptions ainsi réalisées devront couvrir intégralement le capital social, c'est-à-dire porter sur un nombre de parts suffisantes pour représenter la totalité du capital énoncé dans les statuts. Et, en effet, l'art. 7 exige que toutes les parts entre lesquelles se divise le capital soient réparties entre les associés.

100. — Deux hypothèses contraires peuvent se présenter : le nombre et l'importance des souscriptions sont trop faibles ou trop forts.

101. — Pour le premier cas, il n'y a qu'à abandonner le projet, à moins que les souscripteurs ne consentent à envisager la réduction du capital convenu. Solution impraticable si les sommes rassemblées n'atteignent pas 25.000 francs.

102. — Au premier abord, le second cas ne peut se présenter; la souscription ayant lieu par négociations directes, le fondateur s'arrêtera nécessairement quand il aura les fonds nécessaires. Mais il peut y avoir pluralité de fondateurs, et, par suite, plusieurs groupes d'adhésions, et l'on peut imaginer des hypothèses où les divers fondateurs n'auront pu maintenir entre eux une liaison suffisante — ou bien tout simplement, un capitaliste pressenti et considéré comme nécessaire ayant d'abord répondu négativement et s'é-

tant tardivement ravisé, les fondateurs n'auront pas osé refuser son concours. Au cas où la difficulté ne pourrait être tranchée à l'amiable, aucun souscripteur ne voulant abandonner de bon gré une partie de ses droits. et où la société ne comporterait pas une augmentation de capital, la seule solution acceptable nous paraît être la réduction proportionnelle; l'élimination par rang de dates prête aux conflits, et, d'ailleurs, peut amener des exclusions préjudiciables à la société, dans laquelle, ne l'oublions pas, l'*intuitus personae* joue un rôle considérable.

II. LIBERATION DES PARTS

103. — Observons d'abord qu'il n'est pas indispensable qu'une partie du capital d'une société à responsabilité limitée soit souscrite en numéraire; mais il est probable que les sociétés où il ne sera pas fait d'apports de numéraire seront excessivement rares.

104. — Quoi qu'il en soit, aux termes de l'art. 7. les parts doivent être intégralement libérées avant la constitution définitive de la société, qu'il s'agisse de parts souscrites en numéraire ou de parts représentatives d'apports en nature, ce qui, soit dit en passant, exclut la souscription des parts au dessous du pair.

L'exigence est la même pour les deux sortes d'apports, bien qu'il semble en être différemment, à s'en tenir à la lecture superficielle de l'article. Le projet primitif, en effet, n'exigeait qu'un versement de moitié des parts de numéraire, tous les associés étant solidairement responsables du non versé. M. Manceau ayant fait ressortir l'injustice de cette disposition, elle a disparu du texte définitif, sans que la rédaction des dispositions qui subsistaient eût été modifiée, qui peut prêter à confusion.

Notons ici que la loi autorise les apports *mixtes*, c'est-à-dire à la fois en nature et en espèces, qui devront être, comme les autres, intégralement libérés.

105. — Cette obligation de libération intégrale immédiate proscrit les *Nachschüsse* ; c'est-à-dire les versements supplémentaires que la loi allemande du 28 avril 1892 autorise les G. M. B. H. à exiger de leurs membres, et qui donnent à ces sociétés une si grande souplesse, par la possibilité d'augmenter sans souscription nouvelle, leur capital avec la marche ascendante de l'affaire. M. Bourcart (*J. S.* 1920, 323), avait vainement appelé l'attention du législateur sur l'intérêt de cette règle, qui, pour les Allemands, constitue l'avantage essentiel de ce genre de sociétés (*V.* PIC *et* BARATIN, *n.* 181). Il semble cependant qu'il ne soit pas impossible d'introduire dans le système français un équivalent des *Nachschüsse*. Rien, dans la loi, en effet, n'interdit aux associés de s'engager par avance, *dans le pacte social,* à *ajouter* à leur mise, soit dans des circonstances données, soit à première réquisition de la majorité des associés, etc., une somme déterminée qui en attendant ne ferait pas partie du patrimoine de la société ni du gage de ses créanciers (AUGER, *op. cit.,* p. 130).

Cette stipulation constituerait, aux yeux du fisc, une disposition indépendante, soumise au droit d'obligation, qui s'ajouterait au droit d'apport.

105 *bis.* — Cette même obligation interdit aux associés d'user de *la faculté* que leur donnerait sans cela l'art. 1843 C. civ. : le contrat doit porter immédiatement ses effets.

106. — Il convient maintenant d'examiner comment doit être réalisée cette libération intégrale, en ce qui concerne tant les apports de numéraire que les apports en nature. Nous négligerons les apports mixtes, dont nous concevons malaisément la possibilité et auxquels s'appliqueront d'ailleurs les mêmes règles.

A. Apports en numéraire

107. — a) A QUEL MOMENT DOIT AVOIR LIEU LA LIBÉRATION ? — Avant la constitution définitive, c'est-à-dire au plus tard au moment de la signature des statuts.

108. — b) Par qui les parts doivent-elles être libérées? — En principe, par le souscripteur lui-même et par ses propres deniers. Mais cela n'est pas indispensable ; le souscripteur peut se libérer en déléguant un de ses débiteurs, ou emprunter la somme nécessaire. On doit même admettre que le souscripteur pourra emprunter cette somme aux autres associés, à la condition bien entendu qu'il s'engage personnellement et que les prêteurs n'aient pas d'action en remboursement contre la société. Enfin, rien ne s'opposerait à ce que certains associés fissent don à un autre de la somme nécessaire pour libérer sa souscription : l'essentiel est que le montant des parts souscrites soit effectivement et définitivement mis à la disposition de la société.

109. — c) A qui les versements devront-ils être faits? — En principe, le contrat de souscription désignera un dépositaire chargé de conserver les fonds jusqu'à la constitution définitive de la société. Ce dépositaire pourra être un des fondateurs, c'est-à-dire un des initiateurs de l'entreprise, un banquier, un notaire ou agent de change.

110. — Peut-être, étant donné la nature particulière des sociétés à responsabilité limitée, étant donné qu'elles ne peuvent jamais faire appel au public, serait-il préférable de ne pas faire choix d'un agent de change ou d'un banquier, afin d'éviter qu'éventuellement des intéressés ne viennent prétendre que le capital a été rassemblé par des appels au public plus ou moins déguisés. A cet inconvénient plus théorique que réel, le choix d'un banquier en ajoute un second plus direct, c'est l'immobilisation des fonds jusqu'à l'accomplissement total de la publicité légale, car les banquiers dépositaires des fonds d'une société en formation refusent de s'en dessaisir au profit des administrateurs ou gérants, sans justification de la constitution et de la publication régulière de la société. Le gérant serait donc obligé *d'avancer* les frais d'enregistrement et de publicité, sans parler des frais de mise en route de l'entreprise (DROUETS, *p.* 102).

111. — d) Comment le versement doit-il être fait ? — En principe, il doit être fait en numéraire, c'est-à-dire en espèces ayant cours en France. On pourra admettre les espèces étrangères, à la condition naturellement de les convertir immédiatement en monnaie française, de façon à éviter les fluctuations du change.

112. — Tout autre procédé de paiement qui aurait pour résultat de mettre dans la caisse de la société, au moment de sa constitution définitive, la somme d'argent représentant la valeur des parts pourrait être également admis : chèques, coupons échus, bons du Trésor échus ou à l'escompte ; mais le versement ne sera réputé exécuté que le jour où le montant de ces valeurs aura été encaissé.

113. — Prévoir si l'on emploie les chèques postaux, l'ouverture d'un compte au nom du dépositaire désigné. Dans le cas où l'on userait du mandat chèque, prendre garde aux très longs délais nécessaires au paiement des chèques, de façon que ce paiement ait certainement lieu avant la constitution définitive.

114. — Si le dépositaire désigné est un banquier ou un agent de change, on admettra les virements de compte, pourvu, bien entendu, que le compte du débiteur présente un solde créditeur disponible suffisant, ou que le banquier ou l'agent de change, consente une avance *effective*.

115. — Par contre, on devra exclure tout procédé qui n'aurait pas pour conséquence la mise effective et irrévocable du montant du versement à la disposition de la société. Ainsi l'emploi des effets de commerce ordinaires et principalement des billets ; ces effets même échus ne donnent au porteur qu'une créance qui risque d'être impayée, et ainsi la société serait exposée à l'insolvabilité du tiré. Bien entendu, on devra proscrire également les versements par compensation, puisque la société n'ayant pas encore d'existence légale, n'a pu contracter de dettes.

116. — e) Maintien du versement. — Les fonds doivent être encore en entier à la disposition de la société, au moment de la signature de l'acte constitutif ; la société sera donc empêchée de se constituer si à cette date, le dépositaire ne dispose plus du montant intégral des parts souscrites en numéraire ; c'est dire que les frais de constitution ne pourront être prélevés par provision sur les sommes versées par les souscripteurs.

117. — Elle sera encore empêchée de se constituer, si le dépositaire est tombé en déconfiture, en faillite, ou encore a pris la fuite entre le versement et la date fixée pour la signature des statuts. En effet, jusqu'à la constitution définitive, les fonds appartiennent aux souscripteurs ; la perte est pour ces derniers, qui seront obligés, s'ils persistent dans leur projet, de faire de nouveaux versements.

118. — Au contraire, la disparition du dépositaire ou sa faillite après la signature de l'acte social, n'empêcherait pas la société d'être réputée définitivement constituée. Tout au plus pourrait-on dire que la perte de son capital a entraîné sa dissolution.

119. — Signalons que, dans le cas où, pour une raison quelconque, le versement effectué par un souscripteur serait immobilisé, par exemple au cas où il serait saisi-arrêté avant la signature du pacte social, les versements ne pourraient être tenus pour effectifs et la société ne pourrait se constituer.

B. Apports en nature

120. — La loi du 7 mars 1925 s'en est rapporté au droit commun, c'est-à-dire à la jurisprudence, pour la définition de *l'apport en nature*. Nous référant aux règles admises en matière de sociétés par actions, nous dirons que constitue *un apport en nature* tout apport qui ne consiste pas en numéraire. Pour employer une expression du *Companies* (consolidation) *act* de 1908, nous dirons : tout apport rémunéré par des parts *alloted for other considerations than cash;* c'est-à-dire tout apport de biens, meubles ou immeubles, corporels ou incorporels, en propriété ou en jouissance. Fonds de commerce, droits au bail, brevets, marques de fabrique, propriété littéraire ou artistique, pourront faire l'objet d'un pareil apport, aussi bien que des marchandises, du matériel, des immeubles, etc., pourvu qu'ils représentent une valeur palpable pouvant éventuellement servir de gage aux créanciers.

121. — Seront, par suite, exclus, les *services rendus lors de la constitution* (démarches auprès des banques, études, travaux, etc.), bien que ces services aient une valeur pour la société; mais cette valeur n'est que relative et ne pourrait, évidemment, aider à désintéresser les créanciers. Elle ne pourrait donc être incorporée au capital. Ces apports pourraient cependant recevoir des parts bénéficiaires.

122. — La nécessité de libérer intégralement les apports en nature exclut d'autre part :

Les *apports en industrie,* qui ne pourront être rémunérés que par des *parts industrielles,* c'est-à-dire des titres donnant accès aux assemblées ou délibérations et droit à une part des bénéfices, mais qui ne seront pas des parts du capital — des parts en somme comparables aux actions industrielles (PIC et BARATIN, n° 170).

Les *apports successifs,* tels que l'obligation pour un coopérateur de fournir à l'usine sociale ses betteraves, ses grains, sa paille, son lait, etc. Le régime des sociétés coopératives agricoles institué par la loi du 5 août 1920 est heureusement assez souple pour qu'on ne regrette pas cette interdiction, qui n'existe pas en droit allemand;

Les *apports de choses futures,* tels que le bénéfice de contrats de publicité, de promesses de concours destinés à favoriser le développement de la société ; voire de promesses de vente ou de promesses de bail, à moins que ces promesses ne soient d'ores et déjà monnayables. Les promesses ne confèrent en effet que des droits *personnels* des créances, dont le non-paiement (nous employons ce mot au sens large), ne donne droit qu'à des dommages-intérêts. Même avec la propriété commerciale une promesse de bail est quelque chose de bien peu tangible (*V. cependant :* PIC *et* BARATIN, *n°* 168).

Les apports d'immeubles ou de navires grevés d'hypothèque, d'antichrèse ou autres privilèges, de fonds de commerce grevés de nantissements, de marchandises warrantées, pour autant du moins que l'apport ne porte pas sur la partie libre du prix de ces biens. Sans doute, l'apporteur contracte l'obligation de garantir la société, et, par suite, de libérer sa chose ; mais vu le principe que *bona non sunt nisi deducto aere alieno*, en attendant la société ne touche qu'une partie de la chose promise et les parts souscrites ne sont pas libérées. Il en serait toutefois différemment si l'apporteur était notoirement solvable ou bien avait fait garantir sa libération par des tiers solvables, la société serait ainsi garantie contre tout risque d'expropriation.

123. — Nous ne nous arrêterons pas aux fraudes consistant en dissimulation d'un apport de numéraire sous un apport en nature, en dissimulation d'une vente sous un apport, et autres fraudes qui présentent surtout un intérêt fiscal et n'affectent la régularité de la société que dans la mesure où elles ont pour objet de masquer la non-libération des parts; nous les retrouverons au chapitre suivant.

124. — *Vérification.* — La loi du 7 mars 1925, n'a pas organisé la vérification des apports en nature: en effet, cette vérification n'offre d'intérêt que pour défendre le public, c'est-à-dire les souscripteurs de numéraire attirés par la publicité, contre des exagérations qu'ils n'ont pas été à même de discuter par avance, et, de fait, elle n'est pas exigée dans les sociétés où tous les actionnaires ont concouru à la confection des statuts. Elle est d'ailleurs totalement vaine, comme l'a très spirituellement montré M. Girardet (*Les Affaires et les Hommes*, évangile de l'anonyme).

125. — Au contraire, les souscripteurs d'une société à responsabilité limitée, n'étant engagés que par la signature de l'acte constitutif, dont ils ont pu débattre les clauses, ont eu le temps et les moyens de vérifier la consistance des apports en nature, et s'ils acceptent leur évaluation, c'est qu'ils la trouvent exacte.

126. — Qu'ils la trouvent exacte n'est peut-être pas le mot propre ; il conviendrait plutôt de dire qu'ils s'en contentent ; en effet, dans bien des cas, les souscripteurs de numéraire se prêteraient volontiers à une exagération d'apports, qui devrait avoir pour résultat d'augmenter le crédit de leur société et par conséquent leurs bénéfices éventuels. Pour éviter ce genre de fraude, la loi du 7 mars 1925 contient une disposition originale. Aux termes de son article 8 « l'acte de société doit contenir l'évaluation des apports en nature. Les associés sont solidairement responsables vis-à-vis des tiers de la valeur attribuée lors de la constitution de la société aux apports en nature ».

127. — Ainsi, une société, constituée pour l'exploitation d'un domaine agricole ou d'un navire, fait de mauvaises affaires; ce domaine ou ce navire sont vendus à un prix inférieur à l'évaluation contenue dans les statuts : si la dépréciation provient de circonstances économiques ou d'accidents tels que : incendies, inondations, etc.; les tiers n'auront pas d'action contre les associés pour l'insuffisance. Si, au contraire, toutes choses étant normales, il apparaît nettement que la valeur d'un apport a été surestimée, les créanciers auront une action solidaire contre tous les signataires des statuts pour le paiement de la différence, et cette action dure dix ans à partir de la constitution définitive de la société. Cette disposition constitue pour les tiers une garantie très efficace contre les exagérations, elle est même peut-être un peu trop efficace, car elle détournera bien des gens d'entrer dans une société à laquelle devront être faits des apports en nature, apports dont ils ne voudront pas garantir pendant dix ans l'évaluation (DROUETS, 1re *étude*, p. 332. — *V.* cependant : PIC et BARATIN, n° 176).

III. CONFECTION DU PACTE SOCIAL

128. — Les parties s'étant mises d'accord sur les grandes lignes du contrat, ayant souscrit intégralement le capital et libéré les parts qui leur ont été attribuées, la société n'est pas encore définitivement constituée : la création d'une société à responsabilité limitée est un acte solennel, la solennité consistant dans la confection et la signature d'un acte écrit.

A. Contenu des statuts

129. — L'acte social, ou statuts, doit d'abord contenir la constatation de l'accomplissement des forma·
lités constitutives que nous venons d'énumérer : d'abord (*art.* 7), la répartition entre tous les associés de
toutes les parts entre lesquelles est divisé le capital et leur libération intégrale; ensuite (*art.* 8) l'évalua·
tion des apports en nature ; enfin l'affirmation que toutes les formalités exigées par la loi ont été rem·
plies (*Art.* 7, 3ᵉ *alinéa*).

130. — Pour les autres clauses, la loi ne contient point d'exigences : les parties s'inspireront de nos
explications pour prévenir, par des stipulations appropriées, les difficultés que nous leur signalons. Voici
une énumération sommaire des points qu'il est indispensable ou qu'il serait bon de traiter, et pour le dé·
veloppement desquels nous renvoyons à nos susdites explications :

Forme de la société, son objet (rappelons qu'unesociété à responsabilité limitée ne peut entreprendre
l'assurance, la capitalisation ou l'épargne (*Art.* 21 *du 7 mars* 1925), sa durée (prévoir le cas où, au décès
d'un associé, ses parts seraient réparties entre de nombreux héritiers. Stipuler par exemple qu'elles soient
licitées en bloc pour être attribuées à un seul d'entre eux, de manière à éviter que le trop grand nombre
d'associés rende difficile d'obtenir la double majorité dont nous avons parlé ; ou bien attribuer un droit
de préemption aux associés survivants (*V.* A. Charron, *Rev. Not.* 1926, *n.* 21028), la consistance et la va·
leur des apports de chaque associé; les avantages particuliers de l'un ou de quelques-uns d'entre eux; la
raison sociale ou la dénomination de la société ; la création de parts industrielles et de fondateur, et le
rachat de ces dernières ; les intérêts statutaires intercalaires ; la gérance (désignation, rémunération, des·
titution, démission, remplacement du gérant) ; le contrôle de la gérance (conseil de surveillance, assem·
blée générale) ; réserve et distribution des bénéfices; dissolution, liquidation, transformation, fusion ;
contrôle des comptes (désignation annuelle d'un commissaire professionnel).

B. Forme et signature des statuts

131. — a) Forme. — L'acte de société contenant les statuts doit être nécessairement écrit ; l'art. 4
donne aux parties le choix entre la forme notariée et la forme sous seings privés, ce qui n'avait peut-être
pas besoin d'être dit. On peut regretter que la forme authentique ne soit pas exigée : la conservation du
pacte social est mieux assurée chez un notaire qu'au siège social. C'est d'ailleurs ce qu'avait compris le
gouvernement, dont le projet prescrivait que les S. A. R. L. fussent constatées par devant notaire ; la so·
ciété d'Etudes législatives et la Commission de la Chambre n'ont pas cru devoir le suivre.

Il est cependant un cas où les parties devront recourir à la forme notariée : c'est celui où l'un ou
quelques-uns des associés ne sauront ou ne pourront signer et ne se feront pas représenter par un fondé
de pouvoir authentique. La loi exigeant la signature de tous, la constitution de la société deviendrait impos·
sible, si la loi de ventôse n'intervenait pour suppléer à cette incapacité.

Il est un autre cas où l'intérêt de tous sera que l'acte soit authentique : ce sera celui d'une société
constituée entre une personne et son ou ses successibles. L'art. 834 C. civ. créerait en effet une présomption
de libéralité au profit des successibles, si l'acte était sous seings privés (Pic *et* Baratin, *n.* 156. —
Drouets, *n.* 117). Mais il sera inutile de prendre cette précaution dans le cas de société entre beau-père
et gendre, ou lorsque tous les successibles interviennent à la société en qualité d'associé (Drouets, *loc. cit.*).

Enfin, malgré la jurisprudence libérale de la Cour de cassation, il sera préférable de recourir à la
forme authentique dans le cas d'apport de brevet d'invention, l'art. 20 de la loi du 5 juillet 1844, modifié
par l'art. 58 de la loi des finances du 26 décembre 1908 exigeant que la cession totale ou partielle d'un
brevet soit constatée par acte notarié (Drouets, *loc. cit.*).

132. — Authentiques, les statuts sont soumis à toutes les conditions de forme et de compétence nota·
riale des actes authentiques ; ils seront reçus *en minute*, et il en sera dressé autant d'expéditions qu'il sera
nécessaire pour la publicité.

133. — Quant aux statuts sous seings privés, qui devront naturellement être rédigés sur papier timbré de la régie ou tout au moins timbrés à l'extraordinaire avant leur signature et enregistrés, par extension de la règle posée dans la loi de 1867, il n'est pas néces saire d'en faire autant d'originaux que de parties : il suffira d'un nombre suffisant pour en garder un au siège social et pour accomplir les diverses formalités de publicité, c'est-à-dire quatre au moins (un po ur le siège social, un pour l'enregistrement (*Art.* 14, *L. 29 juin* 1918) , deux pour la publicité (*V. ci-après*).

134. — Au cas d'apports immobiliers, il conviendra d'en établir deux de plus par conservation d'hypothèque, sur papier spécial pour la transcription (*Art.* 13 *nouveau, L. 23 mars* 1855).

135. — On peut combiner les deux systèmes: établir les statuts sous seings privés en un seul exemplaire et les déposer aux minutes d'un notaire qui en délivrera autant d'expéditions que nécessaire.

136. — b) SIGNATURE. — L'acte de société devra être signé des parties elles-mêmes ou d'un mandataire fondé d'un pouvoir spécial, c'est-à-dire exposant sommairement, mais clairement, les clauses que le mandant accepte de voir insérer dans les statuts, indiquant la valeur maxima qu'il attribue aux apports en nature, les fonctions qu'il accepte de remplir. Un pouvoir général devrait être impitoyablement refusé, *même s'il contenait pouvoir d'aliéner.* En effet, l'associé à responsabilité limitée contracte des obligations personnelles dont il ne peut être chargé sans son consentement exprès. Ce pouvoir pourra être sous seings privés; notarié, en brevet; il devra rester annexé à l'original demeuré au siège social.

Si le gérant est un tiers sa signature ne sera pas indispensable.

137. — FRAIS. — Ces frais sont détaillés plus loin. Si le projet échoue, ils resteront à la charge du ou des producteurs. Dans le cas contraire, la société les supportera seule : ils seront inscrits à l'actif de son bilan et amortis dans un délai variable avec leur importance relative.

IV. FORMALITES SPECIALES AUX SOCIETES A CAPITAL VARIABLE

138. — Indépendamment des sociétés à capital fixe, l'art. 60 autorise, nous l'avons dit, la création de sociétés à capital variable, c'est-à-dire susceptible d'augmentation par des versements additionnels des associés ou l'adjonction d'associés nouveaux, et de diminution par des retraits d'apports ou la retraite ou l'exclusion d'associés.

139. — La constitution de ces sociétés est soumiseaux règles que nous venons d'exposer, quant au taux minimum du capital, sa division en parts, la valeur de celles-ci, leur répartition entre les associés souscripteurs et leur libération, l'évaluation des apports en nature et la constatation de ces diverses formalités. Notons simplement que le capital initial ne pourra être supérieur à 200.000 francs (*Art.* 49, *L. 24 juillet* 1867), ni être augmenté par tranches de plus de 200 000 francs (*même texte*), excepté si la société est une coopérative de consommation (*Art.* 1er, *L. 7 mai* 1917, *modifié, loi 14 juin* 1920, *art.* 1er. — POTTIER, *n.* 199. — CHAPSAL, *p.* 70. — PIOT, *p.* 97. — PIC *et* BARATIN, *n.* 374. — DROUETS, *n.* 462).

Et il faudra prévoir dans les statuts : 1° la possibilité d'exclusion des associés, dans les termes de l'art. 52 de la loi du 24 juillet 1867; — 2° le chiffre au-dessous duquel des retraites ou reprises d'apport ne pourront faire descendre le capital. Ce chiffre ne devra pas être inférieur à 25.000 francs.

V. PUBLICITE

140. — *Sociétés commerciales.* — Les sociétés àresponsabilité limitée devaient naturellement être publiées et inscrites au registre du commerce. Cela n'avait pas besoin d'être dit; la loi le dit néanmoins, en organisant un système de publicité qui ne diffère pas sensiblement de celui déjà bâti par le législateur de 1867, et dont par conséquent on aurait pu faire l'économie.

A. Publications

141. — a) Dépots aux greffes. — Dans le mois de la signature de l'acte social, une expédition (s'il est authentique) ou un original de cet acte doivent être déposés aux greffes de chacun des tribunaux de commerce (ou du tribunal civil jugeant commercialement) et justices de paix dans le ressort desquelles sont situés le siège social (*Ar.* 12), et chaque établissement ou succursale (*Art.* 15) de la société. Si ces succursales sont situées dans la même ville, mais dans des ressorts de justices de paix différents, il suffira d'effectuer le dépôt au greffe de la justice de paix dans le ressort de laquelle sera situé le siège social (*Art.* 15, 2e *alinéa. — Cpr. art.* 59, 2e *alinéa*, 1, 1867). La loi ne dit pas ce qu'il y aura lieu de faire lorsqu'une société ayant son siège à Paris aura plusieurs succursales à Lyon, par exemple, situées chacune dans un canton différent ; rigoureusement, il devrait être fait autant de dépôts au greffe de paix que de cantons dans lesquels se trouvera une succursale, et si excessive que soit cette exigence, nous croyons devoir conseiller de s'y plier pour éviter toutes contestations, à moins que l'une de ces succursales n'ait la primauté sur les autres : par exemple une agence avec des bureaux rattachés.

Malgré les termes de l'art. 15, empruntés d'ailleurs à l'art. 59 de la loi de 1867, qui ne vise que le cas où une société a des établissements dans plusieurs arrondissements, nous croyons qu'une société qui aurait des succursales dans le ressort de chacun des tribunaux de commerce entre lesquels est divisé un arrondissement devra effectuer le dépôt au greffe de chacun de ces tribunaux. Ainsi, une société dont le siège serait à Rouen, qui aurait des succursales au Tréport, à Courville, à Forges-les-Eaux, Saint-Saens, par exemple, devrait déposer des originaux aux greffes des tribunaux d'Eu, Dieppe, Gournay et Neufchâtel, bien que lesdites succursales soient toutes dans l'arrondissement de Dieppe.

142. — Mais que doit-on entendre par établissement ou succursale ? Ces expressions sont-elles une simple redondance, ou marquent-elles un élargissement des exigences formulées par la loi de 1867 pour ce que cette loi appelait « maisons de commerce ? ». Naturellement, les travaux préparatoires sont muets. A notre sens, ces mots ont le même sens que les mots « succursales ou agences » de la loi du 18 mars 1919, à laquelle un peu plus loin la loi du 7 mars 1925 déclare soumises les sociétés à responsabilité limitée : l'inscription au registre du commerce n'est requise que des établissements pour lesquels la publicité légale doit être faite. Nous pensons donc qu'on devra effectuer les dépôts susénoncés dans tous les ressorts où la société possèdera un établissement permanent dans lequel les préposés conclueront pour elle des opérations commerciales (*Cpr.* Auger, *Le registre du commerce et les sociétés : Rev. Soc.* 1924, 99. — *Adde*, Lescot, *Les succursales de sociétés : Rec. Jur. Soc.* 1924, 207).

143. — Le délai d'un mois se compte de quantième à quantième *dies a quo non* compris, et n'est pas susceptible d'augmentation à raison de distances, en France continentale du moins. Pour les publications á faire en Corse, en Algérie, aux colonies, etc., par une société dont le siège est en France ou inversement, il y aurait lieu de prévoir un délai supplémentaire proportionné à la difficulté des communications (Pic et Baratin, n. 196) ; mais il sera vraisemblablement prudent de ne pas se mettre dans le cas d'avoir à invoquer cette bienveillante facilité, que les tribunaux, hors le cas de force majeure, n'accepteront peut-être pas.

144. — Comme pour les sociétés par actions (*Art.* 63, *L.* 1867), toute personne (et non pas seulement tout intéressé) peut (*Art.* 19) prendre communication des pièces déposées au greffe et même s'en faire délivrer des expéditions ou extraits, à ses frais, par le greffier. A noter que la loi de 1925 ne reproduit pas l'extension contenue dans la loi de 1867 aux règles habituelles de communication des actes authentiques : si l'acte constitutif est authentique, il ne sera pas possible au premier venu de s'en faire délivrer une expédition par le notaire détenteur de la minute ; il faut justifier d'un intérêt au sens de la loi de ventôse an XI. Au premier abord, cette lacune apparaît sans importance : ce que le notaire ne pourra faire, le greffier le fera; et de fait, dans l'immense majorité des cas, la lacune en question ne présentera aucune importance. Mais l'expédition délivrée par le greffier ne sera qu'une copie de copie et ne ferait pas foi en justice, pouvant seulement être considérée comme un simple renseignement (*Art.* 1335 *C. civ.*). On peut donc, théoriquement, concevoir des cas où la faculté donnée à toute personne de se faire donner une expédition par le notaire présenterait un intérêt, notamment dans le cas de perte de l'exemplaire conservé au siège social.

145. — b) PUBLICATION D'EXTRITS. — Dans le même délai d'un mois à compter de la signature de l'acte constitutif, un extrait de cet acte, signé d'un associé muni d'un pouvoir spécial si l'acte était sous seings privés, du notaire s'il était authentique (Art. 16), doit être inséré dans un des journaux pouvant recevoir des annonces légales dans l'arrondissement (Art. 13) du siège social et de chacune des succursales (Art. 15). On sait qu'à Paris, ces journaux sont limitativement énumérés dans une liste annuellement publiée par le Préfet de la Seine; qu'en province on peut indifféremment choisir un des journaux publiés en langue française dans le département.

146. — Il devra être justifié de l'insertion par un exemplaire du journal, certifié par l'imprimeur dont la signature devra être légalisée par le maire et enregistré dans les trois mois de sa date, le tout à peine de nullité à l'égard des intéressés, les associés ne pouvant toutefois opposer cette nullité aux tiers (*Art.* 13, *reproduction textuelle de l'art. 56 de la loi de 1867*).

147. — L'extrait indiquera (*Art.* 14) que la société est à responsabilité limitée, son objet, le nom de tous les associés même non gérants, la raison sociale ou la dénomination adoptée par la société, le nom des gérants désignés s'il y a lieu — inutile de parler de leurs pouvoirs puisqu'au regard de tous, ils ne sont pas limités, à moins qu'à raison de leur pluralité, les statuts n'aient partagé la gestion entre eux en stipulant qu'ils devront agir conjointement pour certains actes (PIC et BARATIN, *n.* 190); le montant du capital social, l'espèce et la valeur des apports en nature, avec mention des charges dont ils sont grevés (PIC et BARATIN. *ibid.*); la clause qui attribue des intérêts aux associés même en l'absence de bénéfices, dans les termes de l'art. 34 — en effet, cette clause autorise une véritable réduction de capital —; le point de départ et le terme de la société, si celle-ci est illimitée ou si elle ne doit durer qu'autant qu'un travail déterminé, on devra le dire, la date des dépôts aux greffes.

Cette énumération n'est pas limitative : toute clause que les tiers auront intérêt à connaître devra être publiée (PIC ET BARATIN, 191).

148. — Les indications de cet extrait sont seules opposables aux tiers ; s'il y avait une différence entre elles et les stipulations de l'acte constitutif, c'est à l'extrait seulement qu'il faudrait se reporter dans toute contestation entre la société et des tiers. C'est la solution admise en matière de sociétés par actions que M. Chapsal propose très juridiquement d'étendre à notre hypothèse (*p.* 36. — *V. aussi* PIC ET BARATIN. 192).

B. Inscription au registre du commerce

149. — Nous l'avons dit, l'article 20 exige l'inscription de la société au registre du commerce tenu aux greffes des tribunaux de son siège social et de ses succursales et au registre central. Cette inscription doit avoir lieu dans le mois de la date de l'acte constitutif : elle est requise par le gérant ou l'un d'eux muni d'un pouvoir spécial (généralement conféré par une clause spéciale des statuts) pour le siège social, par le principal préposé pour les établissements ou succursales.

150. — La déclaration sera établie en double exemplaire, sur des formules fournies à cet effet par le greffier, et signée du requérant. Elle contiendra :

Pour le siège social :

1° Les nom, prénoms, domicile et qualité du déclarant ;

2° La raison sociale ou la dénomination de la société ; l'enseigne de l'établissement s'il y a lieu ;

3° Les noms, prénoms, dates et lieux de naissance, nationalité actuelle et s'il y a lieu d'origine de chacun des associés ;

4° L'indication des gérants, s'ils sont associés : s'ils ne le sont pas, leurs noms, prénoms, dates et lieux de naissance et nationalité ;

5° S'il y a lieu, les membres du conseil de surveillance ;

6° L'objet de la société ;

7° L'adresse de son siège social et de tous les établissements fixes qu'elle possède, même s'ils ne présentent pas les caractères juridiques d'une agence ou succursale;

8° Le montant du capital social ; si la société est à capital variable, l'indication du chiffre au-dessous duquel ce chiffre ne doit pas descendre;

9° L'époque où la société a commencé, celle où elle doit finir ;

10° La nature de la société (société à responsabilité limitée, à capital variable ou non) ;

11° Les brevets d'invention exploités et les marques de fabrique ou de commerce déposées ou employées ;

12° La date du dépôt au greffe d'un original ou d'une expédition des statuts;

Pour les succursales :

1° Les nom, prénoms, domicile et qualité du déclarant;

2° La raison sociale ou la dénomination ; l'enseigne ;

3° L'adresse du principal établissement et référence à son immatriculation (ressort, numéros du registre chronologique et du registre analytique).

C. Publicité permanente

151. — Dans tous les actes, factures, annonces, publications ou autres documents émanés de la société la dénomination sociale doit toujours être précédée ou suivie immédiatement des mots écrits visiblement *et en toutes lettres : « Société à responsabilité limitée »* et de l'énonciation du montant du capital, à peine d'une amende de 50 à 1.000 francs (outre 65 décimes) (*Art. 18, reproduit par l'article 64, l. 1867*). Si la société est à capital variable, il faudra en faire mention (*Cpr. art. 64, l. 1867*).

Cette mesure se justifie d'elle-même.

152. — A cette mention, il faudra ajouter celle de l'inscription au registre du commerce conformément au droit commun.

D. Publicité spéciale au cas d'apport de fonds de commerce

153. — En dehors des formalités imposées à toute société, celles qui reçoivent en apport un fonds de commerce sont tenues de procéder à une publicité spéciale destinée à permettre aux créanciers de l'apporteur d'exercer leur droit de préférence, *lorsque l'apport est rémunéré en partie par un versement d'espèces soit à l'apporteur, soit à un tiers pour son compte.*

Dans la quinzaine de la constitution de la société, on doit faire paraître dans un journal d'annonces légales de l'arrondissement (ou du ressort du tribunal de commerce) dans lequel est situé le fonds, un avis indiquant : la désignation de la société (raison sociale ou nom commercial), la date de sa constitution, les nom, prénoms et domicile de l'apporteur, la nature et la situation du fonds, l'indication qu'une seconde publication aura lieu et qu'un délai de dix jours sera ouvert pour les oppositions à compter de cette seconde publication, l'indication d'un domicile élu dans l'arrondissement pour recevoir les oppositions.

:154. — Dans la *huitaine*, une seconde publication sera faite au *Bulletin officiel des Ventes et Cessions de fonds de commerce*, annexe du *Journal officiel*. Elle contiendra simplement le nom de l'apporteur, la nature et la situation du fonds, la désignation de la société, le domicile élu pour les oppositions, le titre du journal où a paru la première insertion et la date de ladite insertion. Le texte de cette seconde publication doit être envoyé au *Bulletin* aussitôt après la parution de la première, car le *Bulletin* ne paraît que les mercredis et samedis et son administration veut recevoir ses annonces cinq jours francs avant l'insertion.

154 *bis*. — Au cours de la seconde semaine qui suivra la première publication, celle-ci doit être renouvelée dans le même journal ; on y ajoutera seulement l'indication du numéro du *Bulletin officiel* où a paru l'avis.

Un délai de dix jours sera ouvert aux créanciers, à compter de cette seconde publication, pour se faire connaître et faire opposition au paiement du prix.

E. — Apport d'un immeuble ou d'un bail de plus de 18 ans.

155. — Il y a lieu à transcription à la conservation des hypothèques dans le ressort de laquelle se trouve l'immeuble (*Loi 23 mars* 1855).

F. — Apport d'un brevet d'invention ou d'une marque de fabrique.

156. — L'apport d'un brevet ou d'une licence d'exploitation d'un brevet, d'une marque de fabrique ou d'une licence d'exploitation d'une marque, ne sont opposables aux tiers qu'après inscription sur le registre spécial de l'office de la propriété industrielle. A cette fin, le ou les gérants doivent produire en double exemplaire, sur papier libre, un bordereau indiquant : les nom. adresse, qualité de l'apporteur, la désignation de la société et la date de son acte constitutif, et la description du brevet ou la désignation de la marque apportée. Ils y joindront *en communication* un original ou une expédition de l'acte de société (*Art. 2 et 4*, L. 26 *juin* 1920).

Sanctions des formalités constitutives

SOMMAIRE

C. — Action en responsabilité.

    a) *A qui appartient cette action* (186).

    b) *Contre qui doit-elle être dirigée* (187).

    c) *Tribunal compétent* (188).

    d) *Prescription* (189).

D. — Responsabilité éventuelle du notaire (190).

III. — RESPONSABILITE PENALE.

a) **Fausse déclaration au sujet de la répartition des parts d'associés et de leur délibération** (198).

b) **Emission de valeurs** (202).

c) **Attribution d'une valeur inexacte aux apports en nature** (205).

d) **Escroqueries commises accessoirement à la constitution** (209).

e) **Autres infractions au droit commun** (210).

f) **Omission d'inscrire la société au registre du commerce** (211).

---

157. — Comme pour les sociétés par actions, les formalités constitutives et l'obligation de publier une société à responsabilité limitée sont assorties de trois sortes de sanctions :

La nullité de la société;

La responsabilité des fondateurs ou associés à qui la nullité est imputable, en ce qui concerne le dommage causé par la nullité;

L'application auxdits responsables de peines correctionnelles.

I. — NULLITE DE LA SOCIETE

1° Nullité de la société pour vices de constitution

158. — a) Causes de nullité. — Ce sont d'abord celles qui tiennent à l'inobservation de certaines formalités constitutives. Sont prescrites à peine de nullité (art. 9), les formalités énoncées aux articles 2, 4, 5, 6, 7 et 8, c'est-à-dire :

L'interdiction de constituer, sous la forme de société à responsabilité limitée, les sociétés d'assurances, de capitalisation ou d'épargne (art. 2);

La forme et la signature de l'acte constitutif, le nombre des originaux (art. 4); la spécialité des pouvoirs, s'il y a lieu;

L'interdiction de faire appel au public (même article);

Le nombre d'associés (art. 5);

Le montant minimum du capital (art. 6);

La souscription, la répartition et la libération intégrale des parts, et la déclaration dans l'acte constitutif de l'accomplissement de cette formalité (art. 7);

Enfin, l'évaluation dans l'acte des apports en nature (art. 7) ;

159. — A ces causes de nullité s'ajoutent :

Celles qui tiennent à la capacité ou à la qualité des parties, aux vices dont leur consentement est entaché;

Celles qui tiennent à l'irrégularité de l'acte en tant qu'acte authentique : intérêt du notaire à l'acte ; acte reçu par un notaire en dehors de son ressort, suspendu, destitué ou remplacé; parenté ou alliance du notaire avec un comparant; omission de le signature du notaire ou d'une partie, ou signature donnée hors la présence des parties, omission de la mention de signature, absence d'un second notaire ou de témoins dans le cas où une partie ne sait ou ne peut signer; parenté des deux notaires; acte dressé en brevet (*Art. 6, 8, 9, 10, 14, 20, 52 de la loi du 25 ventôse an XI*).

Ici se pose une question qui ne semble pas avoir été examinée d'une manière approfondie du moins, et qui, à notre avis, a été résolue d'une manière un peu légère.

Lorsque l'acte a été signé par toutes les parties, il vaut, d'après les articles 68 de la loi du 25 ventôse an XI et 1318 C. civ., comme acte sous seings privés, et l'on sait qu'interprétant l'article 1318, la jurisprudence admet que l'acte nul comme acte authentique valable comme acte s. s. p. est soustrait à l'obligation du double original parce qu'il est déposé entre les mains d'un notaire qui a qualité pour le conserver et en délivrer des copies collationnées qui feront tout au moins commencement de preuve par écrit. Tous les auteurs ont admis qu'il y avait lieu dans notre cas d'étendre cette jurisprudence, et de déclarer la société valablement constituée, bien qu'un seul original ait été établi. C'est, d'ailleurs, ce que l'on admet pour les sociétés anonymes, l'article premier de la loi du 24 juillet 1867 exigeant que l'acte constitutif, s'il est sous seing privé, soit établi en deux exemplaires; s'il est notarié, nul comme acte authentique, mais signé par tous les fondateurs, on n'a jamais discuté la régularité de la société.

Il ne nous paraît pas certain que cette jurisprudence favorable puisse être étendue aux sociétés à responsabilité limitée. Nous le regrettons d'ailleurs, parce que la nullité de la société est la punition vraiment sévère d'une légereté vénielle de ses fondateurs.

La dérogation susvisée à l'article 1325 peut s'admettre, parce que la formalité du double original est *instituée dans l'intérêt exclusif des parties,* pour mettre chacune d'elles à l'abri des fraudes et faux dont le détenteur de l'original unique pourrait être tenté de se rendre coupable. Cette crainte est écartée par le maintien de l'acte dans l'étude du notaire, dépositaire neutre, et d'un autre côté, il eût été excessif de priver les parties du bénéfice de leur convention pour une irrégularité qui ne sera pas forcément de leur fait.

En matière de sociétés anonymes, le second exemplaire doit être annexé à la déclaration de souscription et de versement ; il n'est pas destiné à un rôle actif, si l'on peut dire, ce n'est qu'une pièce justificative de la qualité des déclarants. Ce rôle effacé, une copie collationnée le jouera fort bien. Et, d'ailleurs, la plupart du temps, la question ne se posera même pas, le notaire instrumentaire de la déclaration notariée étant aussi celui qui a reçu l'acte constitutif. Enfin, ledit acte *constitutif* lui-même ne constitue pas la société, laquelle n'existe que par délibération de la seconde assemblée constitutive. Ce n'est, en somme qu'un acte préparatoire. Mais en matière de société à responsabilité limitée, la signature du pacte social constitue la société. La situation est donc toute différente. *La pluralité d'originaux est exigée dans l'intérêt des tiers,* pour que les exemplaires de l'acte déposés à chacun des greffes aient la même force probante que celui du siège social. *C'est une véritable solennité,* dont l'omission doit, à notre avis, entraîner la nullité de la société au même titre que toute autre irrégularité substantielle, nonobstant l'article 1318, non applicable du reste à la cause en vertu du principe *generalia specialibus non derogant.*

160. — b) Caractere de la nullite. — Est nulle et de nul effet, dit la loi en parlant de la société irrégulièrement constituée. Est-ce à dire que la nullité sera absolue et d'ordre public ? Les termes de la loi sembleraient l'indiquer, et, de fait, c'est pour des motifs d'ordre public que la nullité est édictée, ce qui est le signe d'une nullité absolue. Mais le second alinéa de l'art. 9, reproduit de la loi du 1er août 1893, interdit aux associés d'opposer la nullité aux tiers ! Une nullité ainsi limitée quant à ses effets n'est pas une nullité absolue !

A la vérité, il est difficile de classer la nullité dont il s'agit. Il faut, croyons-nous, transposer dans notre matière les solutions admises en matière de sociétés par actions, et décider que la nullité dont il s'agit est absolue, en ce sens qu'elle repose sur des motifs d'ordre public, qu'elle peut être soulevée par tout intéressé, n'est pas susceptible de disparaître par la ratification des intéressés, et produit ses effets *erga omnes*; mais qu'elle est relative, en ce sens qu'elle ne peut être opposée à tous les intéressés, et qu'elle ne produit d'effets que dans l'avenir, ainsi que nous le verrons.

161. — c) COMMENT JOUE LA NULLITE. — Il faut noter, en effet, que la nullité ne joue pas de plein droit; elle doit être *prononcée*, c'est-à-dire résulter d'une décision de justice. C'est la règle admise en matière de sociétés par actions, que le législateur de 1925 a voulu transporter dans notre matière, comme en fait foi l'art. 10 : *lorsque la nullité a été* PRONONCÉE... Il suit de là qu'elle doit être demandée : le juge qui, saisi d'une contestation relative à une société à responsabilité limitée, s'apercevrait de la nullité de cette société, ne pourrait la prononcer d'office sans statuer *ultra petita* et exposer sa décision à être attaquée par voie de requête civile.

La demande est soumise aux deux degrés de juridiction ; elle ne peut donc être présentée pour la première fois en appel, ni surtout devant la Cour de cassation; mais elle peut être formée par voie d'exception.

Le juge doit prononcer la nullité s'il constate l'existence du vice allégué ; elle est obligatoire pour lui alors même qu'il ne sera pas saisi d'une action en responsabilité (PIC ET BARATIN, n. 215).

162. — d) PAR QUI CETTE ACTION PEUT-ELLE ETRE INTENTEE ? — *Par tout intéressé*, dit l'art. 9, c'est-à-dire par les créanciers (y compris le fisc, aussi bien pour les droits d'enregistrement que pour les contributions directes (et les débiteurs sociaux, les associés eux-mêmes, y compris les fondateurs responsables (Jurisprudence constante en matière de sociétés par actions) (*V. notamment Cass. civ., 11 avril 1927, Ets Sauvage c. Banque l'etitjean : Rev. Soc.*, 1927, 229 - *S* 27, 1, 152), nonobstant toute clause prohibitive ou dilatoire des statuts ; les créanciers ou les débiteurs personnels des associés ; les porteurs de parts de fondateur; le syndic ou le liquidateur s'il y a lieu, car ils représentent : l'un, à la fois les associés et les créanciers, et l'autre les associés. Il n'y a pas de raison, en effet, de dire que l'action cessera de pouvoir être intentée après la dissolution ou la faillite de la société; au contraire, c'est peut-être à ce moment qu'elle présentera le plus d'intérêt.

Au cas de faillite, le syndic pourra seul intenter l'action au nom des associés et des créanciers sociaux : les débiteurs sociaux, les créanciers personnels des associés, conserveront bien entendu leur liberté d'action.

163. — *Contre qui ?* — Contre la société elle-même, c'est-à-dire ses représentants légaux, les gérants ; après la dissolution, le liquidateur; en cas de faillite, le syndic.

Si c'est le syndic qui agit en nullité, comme il ne peut à l'évidence agir contre lui-même, il devra provoquer la nomination par le Tribunal de commerce d'un mandataire *ad litem*.

164. — *Tribunal compétent.* — Le Tribunal de commerce, dans le ressort duquel sera situé le siège social. L'action ne pourrait pas être introduite au Tribunal correctionnel accessoirement à une action en responsabilité pénale.

165. — e) FINS DE NON-RECEVOIR OPPOSEES A L'ACTION EN NULLITE. — Nous avons déjà dit que la nullité n'était pas susceptible d'être couverte par la ratification des intéressés : ses causes sont d'ordre public. Néanmoins, en ce qui concerne les sociétés par actions on admet que la demande en nullité peut être éteinte par l'abandon ou la renonciation de son auteur, résultant notamment du fait que ce dernier a vendu ses actions en connaissance de cause. La même solution pourrait être admise en notre matière.

166. — En outre, l'art. 10 dispose formellement que l'action en nullité se prescrit par 10 ans — à compter de la constitution définitive de la société.

Est-elle susceptible d'être couverte par la réparation du vice dont la constitution était entachée ? La loi ne le dit pas. Par conséquent, nous ne croyons pas qu'il suffise, pour paralyser l'action, d'accomplir tardivement la formalité omise. Toutefois, si la société a été régularisée, ou plus exactement *reconstituée* régulièrement, l'action en nullité perd son objet : elle ne conserve même pas *d'intérêt pour le passé*, puisque. nous le verrons, la nullité prononcée laisse subsister une société de fait régie par les statuts, dont le jugement d'annulation ordonne la liquidation. Cette liquidation n'a pas de raison d'être, si une société régulière a repris et continué l'activité de la société primitive *nulle*.

Nous disons : reconstituée régulièrement ; car il faudrait reprendre la constitution *ab ovo*. Supposons· qu'une part n'ait pas été intégralement libérée ; l'affirmation contraire contenue dans les statuts était mensongère; elle ne cessera pas de l'être parce que le souscripteur aura versé le complément, et cette inexactitude crée aux intéressés un droit acquis à demander la nullité. Il faudra donc, le complément versé, passer un nouvel acte constitutif, soumis à toutes les exigences de forme que nous avons énumérées (*En ce sens* : Pic et Baratin, *n.* 221. — Drouets, *n.* 132. — Lépargneur, *n.* 17).

C'est tout à fait excessif, et il faut dire qu'ici la loi présente une lacune.

167. — f) Effets du jugement rejetant la demande de nullité. — Il y a lieu d'appliquer les principes généraux de droit : tout jugement n'a qu'un effet relatif. Le même intéressé ne peut reprendre sa demande fondée sur la cause de nullité déclarée inexistante. Mais rien n'empêchera tout autre de présenter à nouveau cette même cause de nullité, sauf à la société à le paralyser indirectement en lui intentant une action reconventionnelle en dommages-intérêts pour action téméraire.

168. — g) Effets du jugement prononçant la nullité. — Au contraire, ce jugement aura un effet absolu. S'agissant d'une nullité absolue, le juge ne peut qu'en constater l'existence; c'est du moins ce que l'on admet à juste titre, selon nous, en matière de sociétés par actions; la solution doit être la même par identité de motifs.

169. — h) Effets de la nullité. — § 1er. — *A l'égard des associés.* — On sait que, d'après la jurisprudence, la nullité d'une société laisse subsister entre les associés une communauté d'intérêts qui doit être liquidée d'après leur commune intention, c'est-à-dire d'après le pacte social, à moins que la nullité ne soit la conséquence d'un vice du consentement de l'un des associés, auquel cas, les principes généraux posés par le code civil reprendront leur empire. Il doit en être de même en ce qui concerne les sociétés à responsabilité limitée; il n'y a pas de raison en effet de faire une situation à part à ce genre de sociétés.

La cession des parts ne sera pas rétroactivement annulée. Toutefois, le cessionnaire aurait le droit de demander au cédant et á la société qui a approuvé la cession des dommages-intérêts si la fixation du prix avait été le résultat de manœuvres dolosives.

Tout se passera donc comme si l'annulation équivalait à la dissolution de société.

170. — § 2. — *A l'égard des tiers.* — La nullité n'étant pas opposable aux tiers, ceux-ci pourront, à leur choix, tenir pour nuls les actes accomplis par la société ou les accepter comme valables suivant leur intérêt. Aucun lien de droit n'existant entre eux, il ne sera pas possible de leur imposer une solution unique : on verra donc concourir à la liquidation des tiers qui accepteront les actes de la société et d'autres qui les tiendront pour nuls. C'est une complication. mais il est bien difficile de l'éviter sans léser des intérêts respectables.

Exemple de complication de ce genre :

Les créanciers de la société tiennent ses actes pour valables ; ils poursuivent le paiement de leurs créances. sur l'immeuble apporté par un associé. Ce dernier a un créancier muni d'une hypothèque légale ; ce créancier opte pour la nullité *ab initio* des actes de la société; son hypothèque légale frappe l'immeuble, et il sera payé par privilège et préférence aux créanciers sociaux. N'aurait-il pas de privilège qu'il viendrait encore en concours avec eux sur le prix de l'immeuble.

2° Nullité de la société pour défaut de publicité

171. — L'omission ou l'accomplissement irrégulier ou incomplet des formalités de publicité prescrites par la loi du 7 mars 1925, produit le même effet que l'irrégularité commise dans les formalités constitutives.

Naturellement la loi ne met pas sur le même pied toutes les formalités qu'elle énumère ; sont seules exigées à peine de nullité le dépôt des statuts à tous les greffes dans le ressort desquels se trouve le siège social, et l'insertion dans un journal d'annonces légales. D'après la jurisprudence (*Civ. cass.*, 21 novembre 1916, *Thiéry c. Libernier : D.* 1921, 1, 9), l'omission ou l'irrégularité concernant une succursale entraînerait la nullité à la condition toutefois que la succursale soit concomitante à la constitution de la société. Dans le cas de création postérieure à la constitution de la société, cette omission, ou cette irrégularité, ouvrirait un droit à indemnité aux tiers qu'elle aurait lésés.

Qu'arrivera-t-il si le numéro du journal d'annonces où a paru l'insertion n'a pas été signé de l'imprimeur ni enregistré ? D'après Hémard (n. 194) et Drouets (n. 173) ce serait une cause de nullité. Cette opinion a pour elle la jurisprudence des Cours d'appel, pour l'application des textes correspondants de la loi de 1867 (*V. not. Poitiers, 7 mars 1910, Fraillan c. Gremillon : J. des Soc.*, 1911, 15 - *Rev. Soc.*, 1911, 52). La Cour de cassation ne s'est pas encore prononcée).

172. — Ici se pose une question très délicate.

Nous avons vu plus haut que la nullité de l'acte de société comme acte authentique devait entraîner la nullité de la société, faute d'avoir accompli la formalité solennelle de la pluralité d'originaux. Mais supposons qu'il n'en soit pas ainsi : le sort de la société n'en sera pas meilleur.

Si l'acte vaut, comme acte s. s. p., cet acte n'est pas déposé aux minutes du notaire avec reconnaissance d'écriture, de manière que l'authenticité lui soit conférée. Et pour cause. Le notaire ne peut donc en délivrer des expéditions, mais seulement des copies collationnées, qui ne valent que comme commencement de preuve par écrit; et encore lorsque l'irrégularité tiendra à l'incompétence du notaire *ratione personae*, est-il fort douteux que ledit notaire ait compétence pour délivrer de pareilles copies...

Or la loi exige le dépôt aux greffes d'un *original* et se contente de celui d'une *expédition authentique*; le dépôt d'une simple copie ne satisfait pas cette exigence: d'où il suit que la publicité est irrégulière et la société nulle.

173. — Au contraire, l'omission de la transcription d'un apport d'immeuble, de la publication spéciale d'un apport de fonds de commerce n'auront. d'autres conséquences que d'entraîner, éventuellement, l'éviction de la société ou sa prise en charge du passif de l'apporteur, dans les termes des lois de 1855 et 1909.

L'omission ou l'irrégularité de l'inscription au registre du commerce n'a que des sanctions pénales sur lesquelles nous nous arrêterons plus loin.

174. — *L'action en nullité* dure 30 ans, et non plus 10 seulement.

Elle est d'ordre public, peut-être intentée par tous les intéressés, sauf par les associés contre les tiers, en sorte que suivant leur intérêt, ceux-ci pourront tenir la société pour valable ou non.

La nullité n'est pas couverte par ratification, mais la loi de 1925 reproduisant sur ce point la loi de 1867, il semble qu'on puisse sans témérité décider qu'elle sera couverte, si *avant toute action*, la formalité omise ou mal faite est accomplie régulièrement (DROUETS, *n.* 174).

II. — RESPONSABILITE CIVILE

175. — En outre des responsabilités de droit commun pouvant incomber aux fondateurs d'une société à responsabilité limitée, comme de toute autre, pour des irrégularités commises dans la période de constitution

— à raison, par exemple, de la nullité de l'acte authentique contenant les statuts s'ils sont notariés, pour incompétence du notaire notamment — les associés sont exposés à une responsabilité spéciale dont le principe est emprunté à la loi de 1867 : lorsque la société a été annulée, les associés auxquels la responsabilité est imputable sont responsables, envers les autres et envers les tiers, solidairement entre eux et avec les premiers gérants, du dommage résultant de cette annulation.

176. — Ainsi la nullité de la société, lorsqu'elle a eu des conséquences dommageables, ouvre une action en responsabilité contre deux catégories d'individus :

Les associés auxquels la nullité est imputable,

Les premiers gérants.

Cette responsabilité solidaire s'étend à tout dommage résultant de l'annulation.

Elle dure 10 ans.

Nous allons examiner successivement ces diverses propositions, et rechercher en même temps le tribunal compétent pour connaître de l'action.

A. — Personnes responsables

177. — a) LES PREMIERS GÉRANTS. — La cause de cette responsabilité est que les premiers associés chargés de la gérance auraient dû vérifier la régularité de la société avant d'accepter leurs fonctions, et s'occuper de l'accomplissement régulier des formalités de publicité. Ils ont ainsi exposé la société à une annulation qu'il aurait été facile d'éviter soit en renonçant au projet de société, soit en procédant à une nouvelle constitution, régulière cette fois, soit en s'acquittant exactement des devoirs que la loi mettait à leur charge.

Cette responsabilité pèse sur les gérants, qu'ils soient statutaires ou désignés après la constitution, comme le permet l'art. 24 ; associés ou non ; qu'ils aient ou non pris part aux irrégularités qui ont entraîné l'annulation.

178. — Que décider s'il n'y a pas de gérant ? C'est-à-dire si la société s'est référée à l'art. 1859 C. civ. ? Il nous semble qu'alors tous les associés seraient responsables, s'ils avaient tous pris une part effective à la gestion; si quelques-uns d'entre eux, en fait, avaient tacitement donné mandat aux autres de gérer les affaires sociales, ces gérants de fait supporteraient seuls la responsabilité. Si tous ces gérants de droits avaient, en fait, donné mandat à un tiers de gérer *en leur nom les* affaires sociales *comme leur mandataire*, et non comme gérant au sens de la loi, il nous paraît que la responsabilité ne serait pas déviée sur ce mandataire, elle serait supportée par eux seuls.

179. — b) ASSOCIÉS A QUI LA NULLITÉ EST IMPUTABLE. — D'après la plupart des auteurs, cette seconde catégorie comprend tous les associés originaires quelle que soit leur bonne foi. On appuie cette opinion sur les travaux préparatoires et notamment sur les déclarations de l'inévitable M. Chapsal. Nous avons déjà dit la vanité des interventions de ce législateur qui s'est contenté de présenter au Sénat un texte dont il n'était pas l'auteur, et qui ne paraissait pas spécialement qualifiée pour le commenter. Son opinion, contraire aux termes de la loi, a cependant convaincu MM. Pic et Baratin (223) et Lépargneur (n. 18). M. Piot (n. 24) estime au contraire, et nous sommes de son avis, qu'il y a lieu de distinguer. Rentreront dans cette catégorie, d'abord, :

L'associé qui n'a pas intégralement libéré les parts souscrites par lui, et celui ou ceux qui, en décidant néanmoins de constituer la société, en dissimulant cette irrégularité, ont provoqué la nullité;

Les associés qui, en simulant des souscriptions et des versements, ont incité les autres à s'engager et à constituer la société.

L'individu qui, en simulant la souscription d'un tiers, a feint de constituer une société dont il est en réalité le seul membre;

Les fondateurs qui ont recueilli des souscriptions au moyen d'appels au public ;

Les fondateurs qui, en passant outre au risque d'annulabilité d'une souscription, ont exposé le capital de la société à n'être pas intégralement souscrit;

L'associé qui s'est fait représenter à l'acte constitutif par un mandataire non fondé de pouvoir spécial et les comparants qui ont accepté de se contenter de ce mandat irrégulier.

180. — Ensuite tous les associés originaires, si la nullité est due à l'une des irrégularités suivantes :

Société constituée pour faire l'assurance, la capitalisation, l'épargne ;

Acte sous seings privés en nombre d'originaux insuffisants (encore pourrait-on soutenir que seraient exempts ceux qui ont comparu par mandataire, rien ne pouvant leur faire prévoir cette faute);

Capital de moins de 25.000 francs ou divisé en ports de valeur contraire aux exigences de la loi ;

Acte ne constatant pas et n'attestant pas la répartition et la libération intégrale des parts ;

Acte ne contenant pas l'évaluation des apports en nature.

B. — Base, nature et étendue de la responsabilité

181. — Bien que ni la loi ni les travaux préparatoires ne le disent, il apparaît clairement que cette responsabilité a pour cause la faute commise tant par les gérants que par les associés en accomplissant irrégulièrement ou en ratifiant des opérations irrégulières de constitution.

182. — Cette faute est-elle contractuelle ou délictuelle ? Cette question divise la doctrine en ce qui concerne les sociétés par actions, où elle n'offre d'ailleurs aucun intérêt, l'étendue de la resonsabilité qui en découle étant expressément indiquée par la loi. Elle est pareillement et pour la même raison un peu académique en ce qui concerne les sociétés à responsabilité limitée où elle devient toutefois pratique lorsque le fait générateur de la responsabilité est l'objet illicite, l'insuffisance du capital de la société ou l'exagération de la valeur attribuée aux apports quand certains associés (mineurs, interdit) ont comparu par un représentant légal. La responsabilité délictuelle ne frapperait pas ces associés; contractuelle, elle les atteint au contraire. Il convient donc de prendre parti ; disons alors qu'à notre avis cette faute est contractuelle. Point de doute dans les relations des coupables avec leurs coassociés; vis-à-vis des tiers, c'est moins évident; mais la question ne se pose que vis-à-vis des créanciers de la société, ceux des associés ne subissant à l'évidence aucun dommage du fait de l'annulation de la société, du moins aucun dommage susceptible de réparation, la diminution de leur gage, seule chose dont ils puissent se plaindre, n'étant pas de nature à leur donner droit à indemnité. Or, vis-à-vis des créanciers sociaux, la faute consiste dans le fait de les avoir induits à contracter avec une personne morale nulle : c'est encore une faute contractuelle (*V. cependant*, Piot, *n.* 24).

183. — Cette responsabilité s'étend à tout le dommage causé par la nullité. Cela ne signifie pas que les responsables porteront la charge de tout le passif social, comme si la société de fait qui avait existé entre les parties était en nom collectif : la formule de l'art. 10, reproduite de l'art. 42 de la loi du 24 juillet 1867 (modifiée par celle du 1er août 1893 précisément pour mettre fin à une jurisprudence qui rendait les auteurs de la nullité débiteurs du passif envers les tiers), s'oppose à cette interprétation. Cela signifie seulement que, si l'annulation de la société a causé soit aux tiers, soit aux associés, un dommage, les associés auxquels cette annulation sera imputable devront réparer ce dommage.

184. — Il faudra donc pour obtenir d'eux une indemnité, prouver :

1° Avoir subi un dommage, c'est-à-dire que le montant des parts souscrites n'a pu être remboursé ; que les créances sur la Société sont restées impayées ; qu'un marché successif intervenu avec la société n'a pu être exécuté et que cette inexécution a causé un dommage au contractant, soit en le privant d'un bénéfice, soit en laissant sans emploi un matériel ou des matières premières acquis tout exprès;

2° Que ce dommage est la conséquence directe de l'annulation, c'est-à-dire que, si la société n'avait pas été annulée ou que si elle n'avait pas été irrégulièrement constituée, elle eût prospéré;

3° N'avoir pas commis soi-même de faute. Par exemple l'associé qui aura connu les chances d'annulation et se sera néanmoins prêté à la constitution de la société ; ou qui aura acquis ses parts en conaissance de cause; le tiers qui, dûment prévenu, aura néanmoins traité avec la société, ne pourront décemment se plaindre d'avoir subi un préjudice dont ils ont librement accepté le risque; ils sont les artisans de leur propre infortune.

185. — La responsabilité est solidaire, c'est-à-dire que la réparation du préjudice causé pourra être demandée pour le tout à l'un quelconque des auteurs de la nullité.

Mais l'indemnité payée sera ensuite répartie entre tous les responsables, dans la mesure de leur participation à la faute commune. En cas de participation égale, on prendra pour base les droits de chacun dans la société.

C. — Action en responsabilité

186. — a) A QUI APPARTIENT CETTE ACTION ? — D'abord, individuellement, aux victimes du dommage, c'est-à-dire aux créanciers et aux associés. Ensuite, aux représentants légaux de la société si celle-ci est dissoute ou en faillite. En effet, cette action est une action *individuelle,* en ce qu'elle tend à la réparation du préjudice causé par la faute des défendeurs au patrimoine du demandeur; mais elle tend aussi et surtout à faire déclarer le défendeur responsable de la nullité, avec toutes les conséquences que cela comporte tant au profit de la masse des créanciers que de la masse des actionnaires. Le liquidateur ou le syndic, ou, s'ils coexistent, l'un et l'autre, pourront donc agir en responsabilité au profit de la liquidation ou de la masse, et leur action sera exclusive de celle que pourraient intenter *ut singuli* des actionnaires ou des créanciers, à moins que ceux-ci n'invoquent une faute commise envers eux personnellement : par exemple, on a décidé par des moyens frauduleux un capitaliste à se rendre cessionnaire de parts, on a offert à un créancier, en garantie, un immeuble qui n'avait été que fictivement ou irrégulièrement apporté à la société (ainsi l'acte constitutif constate comme apport pur et simple en propriété l'apport du droit d'usufruit d'un souscripteur sur un immeuble).

187. — b) CONTRE QUI DOIT-ELLE ÊTRE DIRIGÉE ? — Contre les responsables définis plus haut, soit conjointement, soit isolément ; nous avons dit qu'il s'agit d'une responsabilité solidaire.

Le défendeur aura la faculté d'appeler en cause ses coresponsables ; à l'inverse d'autres victimes de la fraude ou de la négligence pourront se joindre au demandeur sous forme de demande principale concurrente, à moins qu'il ne s'agisse dans l'espèce d'une action sociale et que les intervenants ne rentrent dans la catégorie de ceux qui ne pourraient invoquer d'autres causes de préjudice que la nullité. C'est la solution admise en matière de société par actions et qui nous paraît devoir être étendue à notre matière, par identité de motifs.

188. — c) TRIBUNAL COMPÉTENT. — Il faudra distinguer suivant qu'il s'agira d'une action principale ou d'une demande accessoire à l'action en nullité. Dans le second cas l'action devra naturellement être portée devant le tribunal qui connaît déjà de l'action en nullité. Dans le premier cas il faudra sous distinguer suivant que l'action sera sociale ou individuelle. Sociale, elle sera de la compétence du tribunal de commerce du siège social (art. 59 du C. pr. civ.) individuelle, de la compétence du tribunal de commerce du domicile du défendeur.

Sauf dans le cas où le demandeur pourra invoquer une cause de dommage qui lui soit exclusivement personnelle l'action sera toujours sociale.

189. — d) PRESCRIPTION. — Cette action se prescrit par 10 ans à compter du jour de la constitution définitive de la société (art. 10, dernier alinéa). Il en est ainsi même lorsque la nullité a été prononcée dans l'intervalle : le texte est formel. On sait qu'on décide le contraire en matière de société par action.

D. — Responsabilité éventuelle du notaire

190. — La nullité de l'acte de société établi sous la forme authentique peut avoir pour cause un vice de forme ou une irrégularité du fond.

Dans le premier cas, le notaire sera toujours responsable de l'annulation de l'acte pour défaut d'authenticité. Il lui appartenait en effet de ne pas aller recevoir cet acte hors de sa circonscription ; de renvoyer l'acte à un confrère s'il avait souscrit des parts de la société, ou était parent ou allié au degré prohibé de souscripteurs. Il lui appartenait en outre de faire en sorte que les formalités exigées pour l'authenticité de l'acte fussent toutes remplies exactement, par exemple de ne pas signer hors de la présence des parties.

Il sera responsable encore d'une annulation causée par le défaut de publicité lorsque les parties l'ont chargé d'effectuer cette publicité comme il est normal.

Dans l'opinion que nous avons soutenues plus haut, à savoir que l'annulation de l'acte même signé par toutes les parties entraînait celle de la société, le notaire sera naturellement responsable des effets de cette nullité, il devra d'abord restituer ses honoraires, et ensuite indemniser les parties du dommage causé par les ennuis d'un procès, l'interruption des affaires sociales (perte subie, manque à gagner) ; à qoi s'ajouterait bien entendu le dommage résultant de la nullité de l'acte comme authentique, dans les cas où l'authenticité était obligatoire : rapport par un successible des sommes apportées par son auteur à la société de fait ayant existé entre eux ; annulation de la vente à ladite société d'un brevet d'invention ou de l'apport de ce brevet. Ces derniers éléments de dommage mis à part, naturellement, le montant de l'indemnité sera en raison directe de la prospérité de l'entreprise. L'annulation d'une affaire réduite aux soubresauts de l'agonie, ou totalement déconfite, n'engagerait la responsabilité pécuniaire du notaire que dans une faible, très faible mesure, l'irrégularité commise étant tout à fait étrangère à la ruine de la société.

Le notaire sera encore responsable de l'accomplissement irrégulier d'une formalité spécialement exigée par la loi de 1925, si l'irrégularité commise est une de celles qu'il pouvait apercevoir comme rédacteur de l'acte (omission d'une des déclarations exigées par la loi à peine de nullité ; omission d'une signature ; associé représenté par un fondé de pouvoirs général). Il sera responsable en même temps que les premiers gérants et plus qu'eux ; il aura commis une faute professionnelle en ne veillant pas à l'efficacité de l'acte reçu par lui à titre onéreux ; il devra donc garantir les gérants des condamnations prononcées contre eux.

Sera-t-il encore responsable de l'identité et de l'incapacité des parties ? Nous le pensons. La validité de l'acte exigeant la signature et la capacité de tous les associés, le notaire devra s'assurer que les individus comparaissant devant lui sont bien ceux qui sont désignés à l'acte et sont capables ; s'ils ne sont personnellement connus de lui, il devra donc rigoureusement exiger le concours de témoins certificateurs — ce qui ne certifiera rien du tout, étant donné la manière dont ces témoins sont recrutés, mais mettra sa responsabilité á couvert. Il suffira, croyons-nous, de demander la production de pièces d'identité — en dissimulant ce qu'une pareille exigence pourrait avoir de blessant sous prétexte de faciliter le travail du clerc rédacteur.

Le notaire devra également s'assurer que les représentants légaux d'incapables sont dument habilités — si l'on admet que des mineurs ou interdits peuvent concourir à la constitution d'une société à responsabilité limitée.

191. — L'irrégularité touche-t-elle au fond, la responsabilité du notaire s'efface totalement, à moins qu'il n'ait été le conseil des organisateurs et le metteur en scène de la fraude, ou tout au moins *conscius fraudis.* Hors cette hypothèse exceptionnelle, on ne peut exiger du notaire, simple rédacteur de l'acte pour lequel son ministère n'est pas indispensable, simple dépositaire de la minute et mandataire des parties pour la publicité, de vérifier la sincérité de l'évaluation des apports, de rechercher si la totalité des parts a été effectivement souscrite; si quelques-uns des comparants ne sont pas que souscripteurs fictifs ou prête noms

d'autres comparants; de vérifier la sincérité des quittances délivrées par le dépositaire des fonds. Cependant le notaire agira prudemment en s'entourant de garanties, et notamment en se faisant adresser par le banquier dépositaire des fonds, pour l'annexer à la minute, un relevé du compte auquel ont été déposés les versements en numéraire; à plus forte raison si les versements ont été faits dans son étude, devra-t-il refuser de recevoir l'acte si le versement n'est pas intégral. De même s'il a quelque moyen de contrôle l'exactitude de l'évaluation des apports devra-t-il faire aux parties les observations que ce contrôle lui dictera (FAUVEL, dans PIOT, *page* 360) ; strictement, il devra même refuser son ministère si les parties refusent de réduire des évaluations qu'il aura des raisons sérieuses de croire soufflées. Il devra en tous cas exiger la production des rapports de l'expertise pour les joindre à son dossier, au besoin même les annexer à sa minute.

Il présentera ces diverses exigences comme une garantie pour les associés, les justifications produites devant mettre ceux-ci à l'abri de toute contestation ultérieure.

192. — Dans tous les cas, l'action en responsabilité dirigée contre le notaire échappe aux règles de compétence et de durée que nous avons posées plus haut : c'est une action purement civile et non plus commerciale, et la prescription ne peut être que celle du droit commun, c'est-à-dire trente ans.

III. — RESPONSABILITE PENALE

193. — A l'imitation de la loi de 1867, les articles 37 et 38 de la loi de 1925 ont sanctionné de peines correctionnelles les formalités constitutives considérées comme protectrices aussi bien des tiers que des associés eux-mêmes; mais l'œuvre du législateur de 1925 présente un caractère original très marqué, tenant d'une part au caractère privé des sociétés à responsabilité limitée, d'autre part à ce qu'il n'est pas utile de protéger l'épargne publique, qui a été l'objet principal des préoccupations du législateur de 1867. Comme le fait très justement observer M. Pierre Garraud, professeur à la Faculté de droit de Lyon (*Semaine Juridique*, 1927, p. 881), le régime pénal de 1925 se rapproche très sensiblement du régime adopté par les lois du 17 mars 1905, du 19 décembre 1907 et du 3 juillet 1913 pour les sociétés d'assurances, de capitalisation et d'épargne — compte tenu toutefois qu'il n'y a pas de pénalités de caractère administratif; cependant les faits réprimés par la loi de 1925 sont très souvent les mêmes que ceux réprimés par la loi de 1867, ce qui nous obligera souvent à nous servir de la loi de 1867 pour interpréter celle de 1925.

194. — Les peines prévues et les faits qu'elles sanctionnent sont :

Une amende de 500 à 10.000 francs outre les décimes et un emprisonnement de 15 jours à 6 mois ou l'une de ces deux peines seulement, contre les fondateurs qui ont fait dans l'acte de société une déclaration fausse concernant la répartition des parts sociales entre tous les associés, ou la libération des associés, et contre les gérants qui, directement ou par personne interposée, auront ouvert une souscription publique à des valeurs mobilières quelconques pour le compte de la société (art. 37). Celles de l'art. 405 Code pénal (emprisonnement d'un an à cinq ans, amende 50 francs à 3.000 francs) contre ceux qui auront, à l'aide de manœuvres frauduleuses, fait attribuer à un apport en nature une évaluation supérieure à sa valeur réelle (Art. 38).

Sans parler du même article 405 aux faits constitutifs d'escroquerie qui pourraient être commis au cours des opérations constitutives, et des peines de droit commun pour d'autres infractions accessoires.

195. — Ce sont des peines *correctionnelles*, d'où ces conséquences :

Les infractions qu'elles punissent sont des délits :

Les tribunaux compétents pour en connaître sont les tribunaux correctionnels (tribunal de 1re instance et Cour d'appel);

La prescription est de trois ans à compter du jour où le fait délictueux aura été commis ; elle est susceptible d'être interrompue ou suspendue conformément au droit commun.

Les poursuites seront éteintes par la mort du prévenu avant solution définitive ;
Les circonstances atténuantes seront admissibles : l'art. 39 le dit d'ailleurs expressément.

Les règles de la complicité seront applicables :
En cas de pluralité de délits, les peines ne pourront se cumuler ;
L'amende prononcée sera majorée de soixante-cinq décimes.

196. — D'où cette conséquence aussi, que la mauvaise foi de l'agent sera un des éléments constitutifs essentiels de l'infraction. Quelques-unes des infractions à la loi pénale prévues et punies par la loi du 24 juillet 1867 sont des délits contraventionnels en ce sens qu'elles sont punissables en elles-mêmes indépendamment de la bonne ou mauvaise foi de l'agent. Une pareille distinction n'existe pas dans la loi de 1925 dont l'art. 38 paraît impliquer la mauvaise foi de l'agent; et il serait tout à fait excessif de punir de peines correctionnelles des fondateurs qui ont cru de bonnefoi à la libération d'un associé, alors que celui-ci, par un artifice, a su conserver la disposition de ses fonds — ou se sera libéré au moyen d'un chèque sans provision remis par les fondateurs à l'encaissement à une banque et qu'ils auront pu, de bonne foi, croire encaissé.

Règles spéciales à chacune des infractions

197. — Cette étude ne nous retiendra pas longtemps : le texte à appliquer est clair et les explications qui précèdent ont montré les conditions dans lesquelles chacune de ces infractions pouvait être commise.

a) Fausse déclaration au sujet de la répartition des parts d'associés et de leur libération

198. — Le seul intitulé de cette rubrique montre que la loi punit *l'insertion dans l'acte d'une indication malicieusement inexacte* ; d'où cette conséquence que l'omission de toute indication au sujet de la répartition des parts ou de leur libération ne sera pas punissable et n'aura d'autre conséquence que la nullité de la société. Quelle que soit la mauvaise foi des associés, et quelle fraude qu'ils aient voulu cacher (Garraud, op. cit., n. 35).

La loi a voulu par cette sanction empêcher une fraude dont nous avons déjà à plusieurs reprises signalé le danger. Il n'est pas exigé de minimum à la participation d'un associé; en sorte que sur les deux membres d'une S. A. R. L., l'un pourra avoir 999 parts, l'autre une seulement, sans que la validité de la société puisse être contestée. Mais il est évident qu'une pareille société apparaîtra comme entachée de simulation ; d'où l'intérêt de l'associé qui en somme constitue à lui tout seul la société de dissimuler l'importance de sa participation soit en grossissant celle de son associé, sous la garantie d'une contre-lettre, soit en faisant intervenir un prête-nom. L'une et l'autre combinaisons seront également punissables, bien qu'elles n'entachent pas la société de nullité.

La fausse déclaration doit être *volontaire*, c'est-à-dire faite de mauvaise foi en vue de tromper le public soit sur la répartition des parts, soit sur leur libération.

Supposons, en effet, une erreur de plume attribuant par exemple 10 parts sur cent à tel associé qui en a effectivement une, alors que le total des parts réparties entre les autres associés se révèle de 99 : le délit ne sera pas commis, la bonne foi des associés étant évidente.

Supposons encore un apport en numéraire payé par chèque sur un agent de change et les associés ayant constitué la société sans attendre l'avis d'encaissement : le tiré a suspendu ses paiements dans l'intervalle ; les parts de l'associé tireur ne seront pas libérées, contrairement aux affirmations de l'acte constitutif ; mais le délit ne sera pas commis, la fausse déclaration étant involontaire.

199. — La fausse déclaration peut porter à la fois sur la répartition et la libération des parts, ou sur l'un de ces deux faits seulement ; au point de vue de l'application de la loi cela sera sans importance, excepté pour le dosage de la peine par le juge ; en effet, nous l'avons dit, les peines ne se cumulent pas.

200. — Nous avons enseigné dans notre première édition que l'art. 37 ne visait que les *fondateurs* c'est-à-dire au sens de la loi de 1867 les *promoteurs* de l'entreprise; qu'il y aurait lieu de ne frapper que comme complices les associés simplement recrutés par les fondateurs, qui auraient participé à la fraude. Cette opinion n'a pas été généralement suivie, et la plupart des auteurs pensent que la loi a entendu ici, par *fondateurs*, les associés originaires, signataires de l'acte constitutif. Discussion un peu académique, puisque le sort de l'auteur principal et celui du complice sont les mêmes; mais une nouvelle étude de la question nous a permis de nous rallier à l'opinion générale — d'après laquelle on admet comme nous que les signataires de bonne foi devront être relaxés.

201. — L'associé occulte qui a figuré par prête nom aux statuts sera considéré comme fondateur, auteur principal du délit : son prête nom sera poursuivi comme complice.

Lorsqu'un incapable aura comparu par son représentant légal, c'est ce dernier qui aura commis le délit.

Lorsqu'un absent aura comparu par mandataire, il y aura lieu de distinguer. Si l'associé représenté a eu connaissance de la fraude ignorée par le mandataire, c'est lui qui sera poursuivi et non le mandataire. Si le mandataire était au courant il sera complice. Si le mandataire seul était au courant et a ainsi trahi son mandant, il ne pourra être poursuivi comme auteur principal du délit, puisqu'il ne sera pas fondateur ; mais il le sera comme complice.

Rappelons que la fausse déclaration faite dans un acte authentique exposerait rigoureusement son auteur à ajouter à ses peines celles plus dures du faux en écritures publiques.

b) Emission de valeurs

202. — L'art. 37 alinéa 3 punit le fait par les gérants, agissant par personne interposée ou directement, d'ouvrir une souscription publique à des valeurs mobilières quelconques émises au nom de la société.

Les agents de cette infraction étant nommément les gérants, M. Tchernoff (*Suppl. au droit pénal financier,* 7) en a conclu que ce texte ne punissait pas l'appel au public pour la constitution de la société, celle-ci ne pouvant avoir des gérants avant sa constitution.

Nous avons enseigné le contraire et nous croyons devoir persister dans notre opinion. Une part est une valeur mobilière. L'expression *émission de valeur mobilière quelconque* comprend donc celle des parts. En second lieu, l'émission de valeurs quelconques par souscription publique n'est pas moins interdite au moment de la constitution de la société qu'ensuite ; c'est à ce moment qu'elle est peut-être le plus à craindre ; comment admettre que ce soit précisément à ce moment qu'elle échappe aux sanctions pénales ? A l'évidence, la loi a disposé *de eo quod plerumque fit*, et les fondateurs sont soumis aux mêmes peines que les gérants — qui seront d'ailleurs choisis parmi les fondateurs (GARRAUD, *Sem. Jur.*, p. 917. — PIC et BARATIN, *n.* 182 *et s., etc.*).

203. — Sera punissable le fait de recruter des associés par souscriptions de parts à guichets ouverts — ou même par conseils donnés dans les banques ; par publicité directe ou par la voie de la presse; il ne sera pas nécessaire de solliciter les souscriptions explicitement : le seul fait d'annoncer dans les journaux que M. X..., telle adresse, forme une société à responsabilité limitée au capital de un million de francs divisé en dix mille parts de cent francs, ou qu'il veut augmenter le capital d'une société à responsabilité limitée, de répondre aux demandes de renseignements et d'accepter les souscriptions offertes tomberait évidemment sous le coup de la loi, quelque confiance que ce promoteur ait cru devoir faire à l'entendement de ses lecteurs. Tel est l'avis de la Chancellerie (*Rép. à M. Champtier de Ribes, député : J. Off., 12 avril 1926, déb. parl. Ch., n.* 8271).

204. — *Directement ou par personne interposée*, spécifie la loi. Par cette disposition deviennent punissables les détours au moyen desquels les gérants ou fondateurs auraient essayé de placer du papier ou des parts dans le public sans le faire en leur nom ni au nom de la société. Voici, par exemple, un moyen ingénieux sur lequel la loi pourrait laisser tomber son glaive : la plupart des parts sont souscrites et libérées par quelques gros capitalistes qui les apportent à une *société civile de porteurs de parts*, laquelle émet pour son compte des titres représentatifs de droits sociaux qu'elle place dans le public, et fonctionne un peu comme les *trustees* des *corporations américaines*.

Par contre, l'individu qui, ayant souscrit des parts dans une société à responsabilité limitée, solliciterait par la voie des journaux ou par des circulaires des concours financiers, des croupiers; la société qui, ayant adhéré à une société à responsabilité limitée, ferait appel au public afin de libérer ses parts par une augmentation de capital, ne tomberaient pas sous le coup de la loi, parce que ces parts, ni aucun titre correspondant, ne seraient lancés dans le public (*Cpr. rép. précitée du Ministre de la Justice à M. Champetier de Ribes*).

c) Attribution d'une valeur inexacte aux apports en nature

205. — L'érection de ce fait en délit constitue un complément de garantie pour les tiers, déjà protégés d'une façon suffisante cependant par la responsabilité solidaire des associés signataires de l'acte constitutif en ce qui touche la valeur statutaire des apports.

L'inexactitude, *même volontaire*, n'est pourtant pas punissable aux termes de l'art. 38, paragraphe 2 (1), il faut encore qu'elle soit accompagnée de *manœuvres frauduleuses* destinées à la faire accepter, à la dissimuler, en sorte que tout jugement de condamnation devra constater l'existence d'un lien de cause à effet entre les manœuvres et l'acceptation de la valeur de l'apport.

206. — La loi du 7 mars 1925 n'a pas défini ce qu'elle vise sous ce nom de *manœuvres frauduleuses*.

Pour l'application de l'article 405 Code pénal, on entend par là tout fait extérieur qui, venant appuyer une déclaration mensongère, est de nature à lui donner créance. La jurisprudence, après avoir longtemps appliqué très strictement cette exigence d'un acte extérieur, y a apporté récemment quelque élargissement. Ainsi constitue une manœuvre le fait de produire sciemment à une compagnie d'assurances une comptabilité inexacte en vue de l'amener à surestimer un magasin incendié; le fait, par un médecin soignant des pensionnés militaires, de produire à l'appui d'états de soins mensongers des billets de visite détachés par lui de carnets médicaux qu'il s'était fait remettre en dépôt (*Crim. rej.*, 1er *mai* 1925 : *D. H.*, 25, 369). Pour l'application de l'art. 20 de la loi du 1er juillet 1916, on est plus large encore : tout acte, même émané du prévenu, qui serait de nature à donner créance à une déclaration mensongère de bénéfices de guerre, constitue une manœuvre (*Cass.*, 16 *mai* 1924 : *Gaz. Pal.*, 1924, 2, 577). Par exemple, la dissimulation d'une partie de la comptabilité.

207. — C'est cette interprétation extensive qui sera vraisemblablement adoptée et qui nous paraît la plus probable (GARRAUD, op. cit., *n.* 54). Ainsi l'individu qui, légataire de l'usufruit d'un immeuble, abuse du défaut de transcription pour s'en prétendre propriétaire, peut se voir appliquer l'art. 38 ; ainsi encore l'individu qui, pour donner créance à la valeur qu'il attribue au navire, à l'automobile qu'il apporte, produit des polices d'assurances intentionnellement contractées pour une somme très supérieure à la valeur réelle de l'objet assuré.

208. — Comme exemple de manœuvres, citons encore avec M. Garraud (n. 57) :

Confection d'une expertise par un tiers complaisant ;

Mise en scène tendant à faire croire à l'existence d'un fonds de commerce important, par la présentation aux futurs associés d'un bureau, de magasins, de stocks de marchandises empruntées ou louées pour la circonstance ;

Comptabilité truquée, etc.

---

(1) Mais elle tomberait peut-être sous le coup de l'article 37, alinéa 2, les parts correspondant à l'enflure de l'apport n'étant pas libérées (Tchernoff, *op. cit.*, 7).

d) Escroqueries commises accessoirement à la constitution

209. — Cette disposition de l'art. 38, reproduite encore de la loi de 1867 sur laquelle le législateur de 1925 a un peu servilement calqué son œuvre, cette disposition semble bien être de style. Autant l'escroquerie est fréquente pour les sociétés par actions où la souscription a lieu par appel au public, autant elle apparaît difficile dans les sociétés formées par hypothèse dans un cercle restreint par des gens se connaissant tous. Cependant on peut, croyons-nous, retenir comme tombant sous le coup de l'art. 405 C. pén. tout en constituant une infraction à la loi de 1925, le fait de constituer une société imaginaire destinée à masquer la personnalité d'un unique commerçant, à donner confiance aux tiers et à les inciter à livrer des marchandises à la prétendue société; le fait d'indiquer inexactement dans les publications le nom des associés et surtout ceux des gérants, de façon à tromper les contractants sur la véritable composition de la société.

e) Autres infractions du droit commun

210. — Ce serait d'abord l'abus de confiance, si les gérants s'appropriaient frauduleusement le montant des versements des associés; ensuite, si l'on suivait la jurisprudence belge, le faux en écritures publiques dans le fait de déclarer faussement dans l'acte constitutif notarié que les parts sont souscrites en totalité et entièrement libérées ; enfin, le délit de coalition dans le cas de cartel ou trust constitué sous forme de société à responsabilité limitée pour peser sur les cours de denrées, marchandises ou valeurs de bourse *(Art.* 419 *C. pén* ; *pénalités : prison de 2 mois à 2 ans; amende de* 2.000 *à* 100.000 *francs)* (Garraud. o p. cit., *n.* 93).

f) Omission d'inscrire la société au registre du commerce

211. — L'art. 20, alinéa 1er, de la loi du 7 mars 1925 renvoie simplement à l'art. 18 de la loi du 18 mars 1919, par lequel sont réprimées les abstentions des commerçants. Donc, pas de nullité de la société, mais une simple amende de 16 à 200 francs contre les gérants qui ne requièrent pas les inscriptions exigées par la loi dans le délai imparti. Prononcée par le Tribunal de commerce, cette amende est, en quelque sorte, *disciplinaire.* Si, dans la quinzaine du jugement, l'omission n'est pas réparée, nouvelle amende. Les déclarants donnant, de mauvaise foi, des indications inexactes, encourent des peines correctionnelles allant *(Art.* 12, *L.* 1919) jusqu'à 2.000 francs d'amende et six mois de prison.

Les Titres

SOMMAIRE

A. — PARTS SOCIALES.

A. — PARTS SOCIALES

Généralités

212. — Le capital des sociétés à responsabilité limitée se divise en « parts sociales » (art. 6, § 2). On pourrait être tenté de rapprocher ces parts de celles qui représentent le capital des sociétés de person-

nes, mais une analyse même rapide du caractère juridique de ces parts ainsi que des droits et obligations qui y sont attachées montre combien un tel rapprochement serait inexact.

213. — Les parts des sociétés à responsabilité limitée se rapprochent autant des actions que des parts d'intérêts ; leur qualification peut s'interpréter en ce sens que le caractère essentiel de l'action, la cessibilité, leur fait défaut, et qu'en l'absence du mot adéquat pour les caractériser, on a voulu faire cesser au moins la principale cause d'équivoque.

I. — Nature Juridique des parts

214. — La distinction de la part d'intérêt et de l'action dans les sociétés commerciales a soulevé de nombreuses controverses aussi bien dans la doctrine que dans la jurisprudence; on peut affirmer qu'aujourd'hui même on n'est arrivé qu'à dégager certains éléments de différenciation sans parvenir à une formule véritablement claire.

215. — Certains auteurs ont pris comme critérium un élément unique du titre, l'égalité des coupures, la négociabilité, la cessibilité; d'autres ont pris en considération tous les éléments susceptibles de révéler l'intention des parties.

216. — La jurisprudence, tout en admettant par quelques décisions la négociabilité, c'est-à-dire la transmissibilité par voies commerciales, à l'exclusion de la cessibilité suivant les formes de l'article 1890 C. civ., comme constituant le signe distinctif de l'action, consacre dans la grande majorité des arrêts la théorie de la cessibilité.

217. — Cette cessibilité est d'ailleurs prise *sensu*, c'est-à-dire en considération de la transmissibilité, qu'elle soit réalisée dans les formes commerciales ou dans la forme civile.

218. — Les parts des sociétés à responsabilité limitée se rapprochent des parts d'intérêts sur les points suivants : caractère nécessairement nominatif des certituées « *intuitu personae* », le privilège de vote n'est de la majorité d'associés; transmissibilité par la voie civile seulement.

219. — Elles apparaissent d'autre part dans un rapport étroit avec les actions comme étant obligatoirement divisibles par un dénominateur déterminé, et comme constituant, dans tous les cas, pour leur montant, la dette unique de l'associé vis-à-vis de la société.

220. — Il résulte de ces éléments que les parts de sociétés à responsabilité limitée ne sauraient rentrer dans l'une des catégories de titres catalogués jusqu'à présent ; disons, si l'on veut, qu'elles constituent une part d'intérêts *sui generis* créée avec ses attributs propres par la loi.

221. — INDIVISIBILITÉ. — La part sociale est indivisible et par suite les copropriétaires ne peuvent réclamer le fractionnement. Ils doivent, pour l'exercice de leurs droits, se faire représenter par l'un d'entre eux. Nous verrons au cours de notre exposé, l'application qu'il y a lieu de faire de ces principes pour la représentation aux délibérations d'associés.

Le principe d'indivisibilité trouve également son application lorsque des parts font l'objet d'un usufruit ; dans ce cas il y a lieu de considérer l'usufruitier comme représentant valablement la part pour toucher les « fruits » ou produits périodiques de celle-ci, ainsi que pour les actes d'administration (V. Raymond Michel, Des droits respectifs de l'usufruitier et du nu-propriétaire d'actions : Rec. Jur. Soc. 1924, 133).

II. — Parts privilégiées

222. — Le droit commun autorise les associés à scinder l'ensemble des parts en deux ou plusieurs catégories jouissant de privilèges spéciaux sur l'un quelconque des droits qui y sont attachés et la loi du 2 mars 1925 n'a apporté aucune dérogation à ce principe.

On doit donc décider qu'il est licite de créer des parts ayant droit soit à un dividende privilégié, ou à un droit de préférence sur le remboursement du capital en cas de liquidation, soit sur le droit de souscrire une augmentation de capital, et que ce privilège peut s'étendre à l'attribut de la part concernant le droit de contrôle et d'administration. C'est ainsi que la gérance pourra être réservée aux attributions d'une catégorie spéciale de parts ainsi que la place de commissaire de surveillance (s'il en existe).

Une question demeure extrêmement délicate à résoudre, celle de savoir s'il peut être créé des parts à droit de vote privilégié. *A priori*, on serait tenté de répondre par l'affirmative, car dans ces sociétés constituées « *intuitu personae* », le privilège de vote n'est pas un renforcement de cette notion, et déroge bien au droit commun, que dans les sociétés par actions, d'autre part le texte même de la loi, dans son article 28 reproduit l'article 31 de la loi de 1867 et on sait que cet article a paru à la grande majorité des auteurs conciliable avec l'octroi d'un droit de vote plural (V. en ce sens WAHL : *Rec. Jur. Soc.* 1927, 110). Ces arguments n'imposent pas une solution certaine; en effet c'est l'article 34 du Code de commerce qui constitue le texte fondamental en vertu duquel les actions à droit de vote privilégié sont valablement émises (l'article 31 pose seulement le problème de leur validité dans ces anomalies extraordinaires) et cet article n'a pas été reproduit dans la nouvelle loi.

D'autre part le rapport Chapsal au Sénat déclarait, en termes particulièrement clairs : « Il ne sera pas possible de conférer à un ou plusieurs associés un chiffre de voix supérieur ou inférieur au nombre de leurs parts sociales »; dans le doute né de l'interprétation du texte lui-même, cette explication a une force indéniable, surtout si on songe qu'au moment où la loi était votée il se produisait au Parlement une réaction certaine contre les abus créés par l'émission d'actions à droit de vote privilégié, et qu'il appert que les paroles du rapporteur traduisaient bien la volonté mal exprimée du Parlement (V. en ce sens LEPARGNEUR : *J. Soc.* 1927).

III. — Taux des parts

223. — Le taux des parts sociales est de 100 francs ou de multiples de 100 francs.

224. — Cette exigence de la loi exclut les taux intermédiaires commodes de 250 et 750 francs. D'après le rapport à la Chambre de M. Manceau, elle aurait pour objet de faciliter le calcul de la majorité en cas de vote : et en effet, l'art. 28 exige un quorum de la moitié du capital, et l'art. 31 une majorité des trois quarts de ce même capital.

225. — La loi de 1925 ne reproduit pas l'article du Code de commerce, qui prescrit que les actions auront une valeur nominale égale, et ce texte exceptionnel spécial aux sociétés par actions, et qui d'ailleurs n'est pas d'ordre public, ne nous paraît pas devoir être étendu aux sociétés à responsabilité limitée. Tel est aussi l'avis de M. Chapsal (*Rapport au Sénat sur l'article 7 : Rec. Jur. Soc.* 1925, p. 108 - *Traité*, p. 29), de M. Raymond Michel (*p.* 85), de M. Piot *n° 12*) *et de M. Lepargneur* (*J. Soc.* 1925, p. 231). Mais le contraire est enseigné par Defresnois (*n° 59*) en se fondant sur le rapport précité de M. Manceau à la Chambre. Du moment, dit cet auteur, que la division du capital en parts de 100 francs ou de multiples de 100 francs a pour objet de faciliter le calcul de la majorité en cas de vote, il serait contraire au vœu du législateur de compliquer ce calcul en autorisant la division du capital en parts de valeur inégale.

226. — Cette interprétation nous paraît nettement erronée et contraire à la volonté du législateur. La Société d'études législatives avait ainsi rédigé le texte de l'article 6 : « Le capital se divise en parts d'une valeur nominale égale. » La Chambre a supprimé cette disposition; il ne peut être question de la rétablir sous couleur d'interprétation. Et l'article 28 de la loi fournit un argument sérieux en faveur de notre thèse; en décidant que le nombre de voix doit être calculé d'après le nombre de parts possédées par chacun des associés, il entend ne pas tenir compte de la valeur nominale de ces parts.

227. — Les associés pourraient, comme nous le verrons *infra*, supprimer par une clause statutaire toutes sources de difficultés en décidant que les parts ne pourront jamais être supérieures à 100 francs.

IV. — Représentation des parts

228. — Les parts ne peuvent être représentées par des titres négociables, qu'ils soient au porteur, au nominatif ou à ordre (art. 21); tout au plus peut-il être établi des certificats non négociables (DEFRESNOIS, n° 63. — PIC et BARATIN, 249).

229. — Pratiquement, la propriété des parts résultera de l'inscription du nom du titulaire sur le registre de la société; à défaut de cette inscription, elle résultera de l'acte de société d'une part, d'autre part des actes de cession, appuyés, dans le cas de cession à des étrangers, de la délibération de l'assemblée générale autorisant cette cession.

V. — Cession des parts

230. — La cession des parts d'associés n'est pas libre, elle est au contraire soumise à des formalités qui la rendent pratiquement très difficile (art. 23 et 24).

231. — Lorsque l'autorisation nécessaire est obtenue, la part peut être cédée dès la constitution de la société; elle peut porter aussi bien sur des parts attribuées aux apporteurs de numéraire que sur des parts représentant des apports en nature. Le régime des sociétés à responsabilité limitée est en cela identique à celui des sociétés anonymes où les actions d'apport, quoique devant obligatoirement rester attachées à la souche, peuvent être cédées par les voies civiles à l'exclusion des voies commerciales.

232. — Les textes précis qui régissent la matière de la cession des parts sont les suivants :

Art. 22. — Les parts sociales ne peuvent être cédées à des tiers étrangers à la société qu'avec le consentement de la majorité des associés représentant au moins les trois quarts du capital social.

Art. 23. — Les cessions des parts sociales doivent être constatées par un acte notarié ou sous seings privés.

Elles ne sont opposables à la société et aux tiers qu'après qu'elles ont été signifiées à la société ou acceptées par elle dans un acte notarié, conformément à l'article 1690 du Code civil.

Ainsi, deux hypothèses : cession à un associé, cession à un tiers.

233. — CESSION A UN ASSOCIÉ. — La cession de parts sociales à une personne qui est déjà associée est entièrement libre; au cas où toutes les parts viendraient à être possédées par une seule tête, la société se trouverait dissoute.

Il convient d'admettre également que l'article 22 n'est pas applicable aux héritiers ou légataires d'un associé (En ce sens, PIC et BARATIN, 264).

234. — CESSION A UN ÉTRANGER. — La cession de parts à une personne étrangère à la société n'est régulière qu'autant qu'elle est consentie :

1° Par la majorité des associés;

2° Par un nombre d'associés représentant au moins les trois quarts du capital social.

235. — Ces prescriptions sont d'ordre public, et toute stipulation statutaire qui y dérogerait serait nulle de plein droit.

Cependant, il pourrait être valablement convenu que, dans certains cas déterminés, la ratification de la cession ne pourrait être refusée.

236. — Au cas où le gérant de la société serait pris en dehors des associés, devrait-il être considéré comme un « tiers étranger » au point de vue de la cession des parts? Les travaux préparatoires sont muets. Or le gérant n'est certainement pas, au sens commun des mots, un *étranger* vis-à-vis de la société, s'il est un *tiers*. Nous pensons que la solution la plus conforme au texte et aux dispositions générales de la loi consisterait à assimiler le gérant non-associé aux associés eux-mêmes (V. cependant Pic et Baratin, n° 252. — Houpin et Bosvieux, 1571).

237. — Ainsi les règles édictées par la loi se rapprochent de la clause d'agrément jugée licite dans les sociétés par actions; elles ont pour but de garantir la continuité du caractère familial des sociétés à responsabilité limitée, garantie qui s'oppose dans une certaine mesure à la réalisation des visées sociales du législateur : par exemple, il semble qu'au cas où, s'ouvrant à la participation ouvrière, ces sociétés augmenteraient le nombre de leurs membres, la difficulté de céder les titres ferait sérieusement hésiter les employés à entrer dans une pareille combinaison.

238. — La loi contient d'ailleurs une lacune regrettable; elle prévoit bien la possibilité pour les associés de refuser une cession déterminée, mais elle n'édicte aucune règle de nature à permettre en tout état de cause à un associé de se défaire de ses parts.

239. — C'est ce que faisait remarquer le rapporteur de la Commission de législation au Sénat : « Supposez qu'un fils de famille ait reçu sa part. S'il gaspille sa fortune, cette part ne peut pas même être le gage des créanciers. Or, il peut se faire que ce fils de famille soit lui-même commerçant, et par suite que sa part tombe dans la faillite. Comment la faillite aura-t-elle un droit sur cette part? le texte ne le dit pas. »

240 — Il est certain que les associés et les tiers ont intérêt à ce que la cession ne soit pas barrée de façon absolue par la décision des associés (*Not. pour les cas de faillite ou de banqueroute*). Pour rendre la clause d'agrément véritablement supportable au point de vue commercial, et éviter, suivant l'excellente expression que l'associé soit « prisonnier » de son titre (Pic et Baratin, *n.* 258), il est nécessaire que les associés prévoient des portes de sortie.

241. — Plusieurs solutions peuvent être envisagées : la première consisterait à décider qu'au cas où les associés auraient refusé d'agréer le cessionnaire proposé, ils seraient contraints d'en trouver un dans un délai déterminé. Passé ce délai, les associés s'engageraient à se partager les parts proportionnellement au nombre ou à la valeur de celles possédées par chacun d'eux. Cette solution ne paraît possible qu'au cas où il existe beaucoup d'associés ne détenant chacun qu'une fraction relativement faible du capital social.

Une autre solution consisterait dans l'engagement pris par les associés de consentir la cession au cas où deux ou trois cessionnaires ayant été présentés sans résultats, les associés n'auraient pas trouvé eux-mêmes une personne consentant à reprendre les parts. Une troisième consisterait à donner aux associés un droit de préemption, à des conditions déterminées d'avance par les statuts.

242. — Enfin, dans certains cas particuliers où il existe des participants très aisés, il pourrait être convenu que les parts seront obligatoirement cédées à des associés.

243. — *Prix de la cession.* — Le prix de la cession des parts doit en principe être débattu librement entre le cédant et le cessionnaire. Il pourrait d'ailleurs être valablement stipulé dans les statuts que la cession devrait toujours être faite soit à un prix déterminé, soit à un prix fixé chaque année par les associés, soit à un prix déterminé forfaitairement en fonction de certains éléments du bilan.

Lorsque les statuts contiendront le placement obligatoire parmi les associés des parts possédées par un associé sortant, il sera bon de prévoir quelle sera la base du prix de la cession : La solution la plus normale consisterait à décider que le prix de la part sera fixé au pair pour les trois premières années de la gestion sociale, par exemple, et que pour les années suivantes on capitaliserait à X 0/0 les revenus bruts moyens donnés aux parts pendant la dernière année en réajustant cette évaluation par la réintégration dans le bénéfice servant de base des sommes mises en réserves.

Ce sont là des règles qui demandent à être précisées très soigneusement dans les statuts.

244. — *Forme de la cession.* — La cession ne peut avoir lieu que par les voies civiles, nonobstant toute stipulation contraire (art. 23).

Ainsi il serait impossible de céder des parts par la voie commerciale, c'est-à-dire par transfert, tradition sur endossement.

245. — *Entre parties*, la cession est définitive par le seul échange des consentements, mais, pour être opposable à la société et aux tiers, elle doit être faite par acte écrit, notarié ou sous seings privés, et signifiée à la société ou acceptée par elle dans un acte authentique.

Ces formalités remplies, le cessionnaire est propriétaire *erga omnes*, toutes cessions ou saisies postérieures sont sans valeur.

246. — *Publicité de cessions.* — « Tout changement d'associé », précise l'art. 17, doit faire l'objet : 1° de dépôts aux greffes ; 2° de publication dans un journal d'annonces légales.

Les termes généraux de la loi imposent une interprétation large et il nous paraît certain que tout changement d'associé, gérant ou non-gérant doit être publié.

Que doit-on entendre par *changement?* Certainement le retrait d'un associé ou l'entrée d'un associé nouveau. Mais s'il s'agit de cessions partielles de parts entre associés la question devient beaucoup plus délicate.

A notre avis les mesures de publicité prévues ne s'imposent pas dans ce cas la part respective de chaque associé dans le capital n'intéressant pas directement les tiers.

VI. — Droits des parts

247. — Les droits attachés à la propriété de parts sociales doivent être examinés au point de vue suivant :

1° Droit à la répartition des bénéfices;

2° Droit au partage du fonds social;

3° Droit à l'administration de la société;

4° Droit de disposer du titre.

Nous renvoyons sur ce dernier point aux explications que nous venons de fournir (*supra, Princ.* 17 *s.*).

248. — A. DROIT DANS LES BÉNÉFICES. — La possession d'une part donne vocation aux bénéfices proportionnellement au montant du capital qu'elle représente.

Les porteurs de parts n'ont pas à être nécessairement placés sur un même rang ; les statuts pourraient valablement stipuler la distribution des bénéfices au prorata des parts possédées par chaque associé, sans tenir compte de leur valeur nominale.

En tous cas, comme nous l'avons indiqué, chaque part doit avoir une vocation éventuelle à la répartition.

249. — B. DROIT SUR LE FONDS SOCIAL. — Le droit de l'associé sur le fonds social se manifeste sous un double aspect, lors de la dissolution de la société et lors de l'amortissement des parts.

250. — Tout d'abord, lors de la dissolution de la société, les parts ont droit, après paiement intégral du passif, au partage du surplus de l'actif social.

En outre, il peut être stipulé dans les statuts qu'une partie des réserves servira à rembourser le capital nominal des parts (En ce sens, réponse ministérielle : *Déb. Sén.* 1925, *p.* 1182 - *Rec. Jur. Soc., août-septembre* 1925).

251. — C. Droit a l'administration de la société. — La qualité d'associé implique le droit de prendre part, sous une forme indirecte tout au moins, à l'administration de la société.

Nous montrerons, au cours de notre étude, sous quelles formes ce droit apparaît objectivement ; signalons :

1° La faculté de désigner les agents de surveillance du gérant ;

2° La faculté de voter sur les décisions présentées ou dans les assemblées ;

3° La faculté de proposer des décisions aux associés :

4° La faculté d'exercer les actions sociales ou individuelles.

VII. — Obligations attachées aux parts

252. — Il faut distinguer entre l'hypothèse ordinaire où la part appartient à un seul ayant droit, et l'hypothèse particulière où la part appartient indivisément à plusieurs ayants droit.

253. — Dans le premier cas, le porteur ayant nécessairement libéré intégralement ses parts avant la constitution de la société et n'étant point tenu au delà du passif de celle-ci, n'encourt pas d'obligations particulières, hormis le cas de constitution irrégulière.

254. — Il en est différemment dans le second cas.

A l'égard de la société, en effet, les parts sont indivisibles.

Lors donc qu'il y a propriété indivise, chacun des ayants droit se trouve dans l'obligation de respecter l'indivisibilité, en attendant l'événement, partage ou licitation, qui attribuera la part à un seul ayant droit.

255. — Chacun des propriétaires indivis est tenu :

1° De ne pas réclamer séparément la part lui revenant dans les dividendes ou sur le capital ;

2° De s'entendre avec les autres coindivisaires, afin de se faire représenter par l'un d'eux aux assemblées, ou afin de prier l'un d'eux de voter sur les décisions communiquées par le gérant.

256. — Nous avons signalé, Princ. 9-2, les droits de l'usufruitier.

— PARTS DE FONDATEURS. OBLIGATIONS

257. — Aux actions de capital, les sociétés par actions ajoutent quelquefois des actions « de prime » et « industrielles », et, fréquemment, des « parts de fondateur ». Les premières confèrent les mêmes droits que les actions de capital, sans correspondre à un apport réellement effectué ; elles sont certainement illégales. Les secondes ont pour objet de rémunérer le concours donné à la société par certains employés ; elles confèrent à leur titulaire des droits de vote, une vocation aux dividendes égaux à ceux des actionnaires de capital, et, à la liquidation, un droit au partage des bénéfices. Enfin, les parts de fondateur sont le salaire de concours donnés — ou d'une neutralité gardée — au moment de la constitution de la société ou d'une augmentation de capital.

258. — Dans les sociétés à responsabilité limitée, pourra-t-on créer des parts de prime, industrielles ou de fondateur?

La négative n'est pas douteuse pour les parts de prime, pour la même raison qui les fait déclarer illégales dans les sociétés par actions.

a) Parts industrielles

259. — Pour les parts industrielles, au contraire, nous estimons qu'il pourrait en être régulièrement créé, au profit du gérant ou de certains employés, ce qui serait une solution élégante du problème de la participation du personnel aux profits de la société. Nous admettrions que ces parts fussent cessibles (*V. infra*), sauf stipulation contraire des statuts, mais nous pensons qu'elles devraient disparaître lors de la cessation du concours de leur titulaire primitif, ou être transférées d'office à son remplaçant, ce qui enlève beaucoup d'intérêt à leur cessibilité. Les statuts devraient déterminer la vocation de ces parts au partage des bénéfices annuels, et, éventuellement, au partage du reliquat actif demeurant à la liquidation après le rembousement des parts de capital.

b) Parts de fondateur

260. — La création de parts de fondateur nous paraît, en principe, parfaitement licite ; on chercherait en vain dans la loi un principe qui y fasse obstacle et, d'ailleurs, on peut concevoir des hypothèses où cette remise de titres à certaines personnes dont le concours a été ou reste utile à la société puisse se légitimer parfaitement.

c) Obligations

261. — La même solution s'impose en matière d'obligations.

d) Forme des titres

262. — Est-ce à dire que ces titres peuvent être émis librement et que leur forme n'est pas soumise aux prescriptions de la loi en matière de parts sociales ? C'est là une question strictement délicate et sur laquelle les commentaires du texte sont loin d'être d'accord.

M. Wahl, dans une étude extrêmement séduisante, parue dans le Recueil juridique des Sociétés (1927, 227), estime que si l'attribution doit être faite sans souscription publique, il est loisible de donner la forme de titres négociables à ces obligations ou parts. Il fonde son argumentation sur le rapprochement des articles 21 et 4 de la loi : « l'émission de titres négociables (autres que les parts sociales) est permise si elle n'est pas faite par souscription publique, par exemple si la société les remet à ses membres gratuitement, ou moyennant des versements, ou encore si, dans les statuts elle attribue à une personne qui fait un versement, ou bien à un prêteur ou un vendeur d'immeubles ou de fonds de commerce, en lui attribuant des obligations à l'auteur d'un service quelconque en lui accordant des parts de fondateur. » (Contra : Pic et Baratin, précité).

Nous estimons que si la validité de l'émission non publique de parts industrielles ou de fondateur et d'obligations (même au porteur) est certaine dans les sociétés à responsabilité limitée, ce n'est qu'autant que ces émissions ne sont pas entachées de fraude. Et la fraude résultera, dans notre pensée, de tous faits ou circonstances prouvant que l'émission de ces titres a moins été faite pour rémunérer un service que pour permettre indirectement aux intéressés de négocier librement leurs droits.

Ces circonstances appartiennent notamment dans le cas où les parts de fondateurs auraient sur la répartition des bénéfices une vocation plus importante que celle qu'on a coutume de leur attribuer dans les sociétés par actions, ou lorsque des obligations porteront droit à un intérêt variable absorbant une quotité importante des bénéfices sociaux.

Gérance

SOMMAIRE

PRINCIPE GENERAL

262. — L'administration des sociétés à responsabilité limitée est assurée par un ou des gérants sous la surveillance des associés.

Les règles applicables à la gérance des sociétés sont, en principe, indépendantes de la nature de celles-ci; les dispositions fondamentales du Code civil s'appliquent aux sociétés à responsabilité limitée comme elles s'appliquent aux sociétés civiles et aux sociétés commerciales en général.

263. — La loi n'a véritablement innové en la matière des pouvoirs conférés aux gérants que lorsqu'elle décide que toutes clauses restrictives de ces pouvoirs sont inopposables aux tiers (Art. 24).

I. — NOMINATION DES GERANTS. PRINCIPE

264. — Les associés peuvent régler comme ils l'entendent l'administration de leur société.

Par suite, lorsque les parties ont expressément désigné dans les statuts de la société un ou plusieurs gérants, ou lorsque des statuts prévoient la procédure à suivre pour la nomination ultérieure des gérants, les associés doivent se conformer à ces stipulations.

265. — Dans le cas où les statuts seraient muets sur le mode d'administration, on pourrait admettre l'application de l'article 1859-1° C. civ. et décider que les associés sont censés s'être donné réciproquement le mandat de gérer.

266. — Une difficulté résulte sur ce point de l'obligation où se trouve la société de fournir dans l'acte constitutif soumis à la publication « les noms des personnes autorisées à gérer, administrer et signer pour la société ». — Cette disposition, qui empruntée textuellement à la loi de 1867, art. 57, est parfaitement réalisable dans les sociétés anonymes où la société n'est pas constituée, avant d'avoir nommé les premiers administrateurs, semble impossible à respecter au moins dans sa lettre lorsque les associés, par l'absence de toute stipulation relative à la gérance, sont censés s'être donné le pouvoir de gérer ou même lorsque le gérant est nommé seulement après la constitution définitive de la société.

267. — Nous estimons, en présence de l'incertitude des textes, que le défaut de toute publication relative à la gérance n'aurait pour effet que de faire présumer aux tiers la gestion par tous les associés; cette présomption ne tomberait que le jour où un acte de publicité leur ferait connaître la personnalité du ou des gérants.

a) Mode de nomination

268. — Le gérant peut être nommé par une clause spéciale du contrat, ou par acte postérieur (Art. 24). Dans ce dernier cas, la décision des associés doit faire l'objet des publications légales.

269. — Le nombre des gérants peut d'ailleurs être porté à deux ou plusieurs ; les parties sont entièrement libres de leur décision.

b) Choix du gérant

270. — Le gérant est ainsi l'administrateur de société anonyme, un simple mandataire et, comme nous l'avons précédemment exposé, certains incapables pourraient remplir ce poste (Sic : PIC ET BARATIN, n. 279).

Le ou les gérants peuvent être choisis soit parmi les associés, soit en dehors de la société (Art. 1134 C. civ.).

c) Cessation des pouvoirs

271. — Les pouvoirs du gérant prennent fin :

a) Par l'expiration du temps pour lequel ses fonctions lui ont été conférées;

b) Pour une cause personnelle (Décès, faillite, interdiction);

c) Par révocation ;

d) Par démission.

Lorsqu'il n'a pas été fixé de durée pour les fonctions du gérant, celles-ci sont censées avoir été conférées pour la durée de la société ; si cette durée a été limitée, il y a lieu, à l'expiration du terme, à la nomination d'un nouveau gérant.

272. — Le décès, la faillite ou l'interdiction du gérant ne mettent pas obstacle à la continuation de la marche de la société ; l'article 36 est formel sur ce point, et il n'est pas permis d'y déroger. Cette règle n'est d'ailleurs que la consécration du droit commun en matière de sociétés anonymes.

273. — Par contre, les associés peuvent décider valablement que la mort du gérant ou d'un des gérants mettra fin à la vie sociale.

274. — Révocation. — Le gérant est un mandataire (Art. 24). Il peut être révoqué par l'assemblée générale, même au cas où sa nomination résulte d'une clause des statuts (*Cpr., pour les administrateurs des sociétés anonymes, Cass., 28 juillet 1868, Société financière d'Egypte : D. 1868, 1, 448*).

275. — Cependant, ce droit de révocation est moins large et moins absolu que dans les sociétés anonymes ; il est nécessaire, sauf stipulation contraire des statuts, que l'assemblée appuie sa décision sur des « causes légitimes ».

276. — Cette mesure, qui tend à conférer aux gérants une place privilégiée, est justifiée d'après le rapporteur de la loi du Sénat, pour cette raison que la société à responsabilité limitée est un groupement restreint à forme familiale, où, il est bon qu'une autorité plus grande soit donnée au gérant, qui sera souvent le père de famille.

277. — L'interprétation des mots « ne sont révocables que pour causes légitimes » doit être recherchée dans le droit commun de l'art. 1856, § 2 C. civ. (*Ence sens* : Pic et Baratin, 282).

278. — A lire les travaux préparatoires, les conditions de révocation seraient sensiblement les mêmes que pour les administrateurs de sociétés. « En réalité, déclarait M. Manceau en son rapport, il y a peu de différence entre le droit de révocation « *ad nutum* » et la révocation uniquement pour causes légitimes. Il n'en résulte, en effet, aucunement que les associés soient obligés de prouver la légitimité de leurs griefs avant de procéder à la révocation, celle-ci est un fait devant lequel le gérant ne peut que s'incliner volontairement ou par autorité de justice, sous réserve des réparations qu'il se croira fondé à obtenir » (*Cpr. Rapport Chapsal*).

279. — Nous ne croyons pas cette interprétation justifiée ; il y a en effet une différence fondamentale entre le mandat pur et simple et le mandat révocable pour « justes motifs ». Dans ce dernier cas, la révocation n'est valable qu'au cas où elle a été reconnue par le tribunal et le gérant reste en fonctions jusqu' à cette décision (*Cpr. :* Pic et Baratin. 289. — Piot, *précité*, p. 418).

280. — Il convient, selon nous, d'appliquer en l'occurence les règles renfermées dans l'article 1856 du Code civil.

281. — Cette interprétation était celle de la Chambre de commerce de Strasbourg, qui demandait, pour cette raison, la modification du projet gouvernemental. Il est d'autre part logique de penser, contrairement à l'avis du rapporteur Manceau (dont les affirmations ne sauraient se substituer au texte), que les mots « justes motifs » n'ont pas été mis dans la rédaction du projet pour n'y rien ajouter ; ce texte élaboré à la Société d'études législatives, composé de juristes éminents, ne semble pouvoir être interprété qu'en donnant aux termes volontairement employés toutes les conséquences juridiques qu'ils comportent.

281-2. — Pour la détermination des « causes légitimes » de révocation, on pourra utilement s'inspirer de la jurisprudence intervenue sur l'application de l'art. 1871 C. civ. (dissolution de la société pour justes motifs).

Constitueraient une cause légitime : la discorde des gérants; l'incapacité notoire ou l'insuffisance physique de l'un d'eux; l'indélicatesse, etc.

281-3. — Le principe de l'irrévocabilité du gérant n'est que l'interprétation de la volonté présumée des parties ; il ne s'applique donc qu'en l'absence de stipulations contraires des statuts (*Cpr. Cass., 8 mars 1892 : S. 1896, 1, 509*).

281-4. — Action en révocation. — L'action en révocation appartient-elle à chaque associé individuellement ou est-elle réservée à la collectivité sociale ? Question strictement délicate sur laquelle les auteurs professent des opinions très diverses. En matière de sociétés de personnes, on admet généralement que l'action en révocation est individuelle (*V. J.-C. Sociétés, Fasc. 37, n. 22*); il n'est pas douteux, par contre, que dans les sociétés de capitaux, cette action soit une action sociale.

Pour des raisons tirées de l'esprit général de la loi, nous estimons que le gérant des S. A. R. L. ne peut être révoqué que sur action des associés, en vertu d'une décision prise par l'assemblée générale statuant aux conditions de l'art 27.

281-5. — *Actes passés entre l'introduction de la demande en révocation et la décision du tribunal.* — Ces actes sont en principe valables et opposables à la société dès lors que les tiers qui ont constaté étaient de bonne foi, c'est-à-dire dans l'ignorance de la révocation.

En pratique, ce principe soulève des difficultés d'application telles qu'il y a lieu de prendre certaines précautions. Ces précautions résulteraient notamment de la demande au juge du référé commercial, de la nomination d'un gérant provisoire.

282. — Démission. — Le gérant peut, comme tout mandataire, donner sa démission.

Mais comme d'une part le mandat est salarié, et que d'autre part il se trouve consenti dans l'intérêt à la fois du mandant et du mandataire, il convient de décider qu'une démission intempestive entraînerait une lourde responsabilité pour le gérant.

283. — La société à laquelle cette démission avait porté préjudice serait en droit d'exiger des dommages-intérêts (*Cpr. art. 2007 C. civ. — Paris, 12 février 1897 : Gaz. Pal., 1897, 1, 674*).

284. — Les tribunaux seraient d'ailleurs souverains juges de la légitimité des motifs de la démission.

285. — Au cas où la démission du gérant aurait fait l'objet des publications prescrites par la loi et au cas où les associés ne trouveraient pas un nouveau gérant ou ne publieraient pas le nom de ce dernier, tous les associés seraient censés gérer conjointement l'entreprise (*Arg. art. 1859-1°*).

II. — CARACTERE DU MANDAT DES GERANTS

286. — La place éminente réservée au gérant dans les sociétés à responsabilité limitée rend très délicate la question de savoir si le gérant peut se substituer un mandataire, conformément à l'article 1974 du Code civil.

Une réponse affirmative s'impose lorsqu'il s'agit pour le gérant de déléguer ses pouvoirs à un tiers pour réaliser une ou plusieurs opérations déterminées (*Cpr. Paris*, 27 *mars* 1895, *Beals c. Barrez : J. Soc.*, 1895, 415. — Pic, 455 *in fine*).

287. — Mais il nous paraîtrait absolument contraire à l'esprit de la loi du 7 mars 1925 d'admettre la possibilité pour le gérant de faire une délégation générale de ses pouvoirs. La nomination a eu lieu *intuitu personae* ; il serait contraire à la volonté des associés de tolérer une semblable substitution.

288. — Si, par impossible, cette délégation générale était faite, les actes accomplis par le substitué engageraient celui-ci et le gérant, mais non pas la société qui ne serait tenue que des conséquences de la gestion d'affaires.

289. — Cette solution apparaît d'autant plus nécessaire que le législateur a donné au gérant des pouvoirs exorbitants par rapport au droit commun.

III. — REMUNERATION DU GERANT

290. — De sa nature, le mandat est gratuit (*Art.* 1986 *C. civ.*), mais il est souvent salarié dans les sociétés commerciales.

La rémunération du gérant consiste généralement dans une somme fixe et dans un pourcentage sur les bénéfices distribuables. Elle pourrait également consister en l'attribution de parts bénéficiaires ou industrielles à condition que ce mode de rémunération soit prévu dans les statuts. L'allocation de parts industrielles aurait également pour effet de donner au gérant un plus grands nombre de voix.

291. — Le défaut de toute précision dans l'acte statutaire sur la rémunération du gérant est-il considéré comme créant une présomption de gratuité du mandat ?

292. — S'agissant de la gérance d'une société commerciale, il nous semble difficile de l'admettre (*Cpr. Rouen*, 9 *mars* 1889 : *Rec. Rouen*, 1889, 21. — *V. Cependant* Pic et Baratin, 280, § 2). Le juge aurait en tous cas pouvoir du fait de dire quelle portée on doit attribuer au silence des statuts et dans quelle mesure une rémunération avait été attachée à la fonction.

IV. — POUVOIRS DU GERANT

293. — La loi du 7 mars a profondément innové dans la matière des pouvoirs conférés au gérant. La société à responsabilité limitée se distingue sur ce point de façon absolue de toutes les autres sociétés commerciales. « Sauf stipulation contraire des statuts, précise l'article 24, § 2, ils (les gérants) ont tous les pouvoirs pour agir au nom de la société, en toutes circonstances ; toute limitation contractuelle des pouvoirs des gérants est sans effet à l'égard des tiers. »

294. — De ce texte, il convient de dégager les deux principes suivants :

1° Entre associés, le défaut de toutes précisions statutaires relatives aux pouvoirs du gérant donne à celui-ci les pouvoirs les plus étendus pour contracter au nom de la société. Les restrictions apportées doivent donc toujours être interprétées limitativement ;

2° Vis-à-vis des tiers, le gérant engage toujours la société par sa signature, qu'il agisse ou non dans les limites fixées par le pacte social.

a) Pouvoirs du gérant dans ses rapports avec les associés

295. — a) LES STATUTS SONT MUETS SUR L'ÉTENDUE DES POUVOIRS. — Au cas où les statuts sont muets sur l'étendue des pouvoirs du gérant, ce dernier a la faculté non seulement de faire « l'ensemble des actes nécessaires à la recherche de l'objet social » (PIC, *loc. cit.*, 11, 1145), mais encore de réaliser les opérations qui, dans les sociétés commerciales, paraissent excéder les pouvoirs des gérants ou des administrateurs, notamment emprunter, hypothéquer, donner en nantissement, transiger, etc...

296. — b) LES STATUTS CONTIENNENT DES CLAUSES RESTRICTIVES DES POUVOIRS. — Il est loisible aux associés d'insérer dans les statuts des clauses restrictives des pouvoirs du gérant.

Ceux-ci pourront notamment décider que le gérant ne devra faire aucun acte de disposition sans en avoir référé aux associés. Si la société a pour objet certaines aliénations, par exemple la vente d'immeubles, il pourra être stipulé que le gérant engage sa responsabilité s'il faisait tout acte de disposition qui n'ait pas pour objet la réalisation de l'objet social.

297. — L'infraction aux clauses restrictives des pouvoirs du gérant entraînerait pour ce dernier une responsabilité civile dans la mesure du préjudice causé à la société, conformément au droit commun.

b) Pouvoirs du gérant dans ses rapports avec les tiers

298. — Que les statuts soient muets ou qu'ils contiennent les clauses restrictives susénoncées, les contrats passés avec le gérant engagent toujours la société. Ce principe est conforme à la volonté formelle du législateur exprimée dans l'article 24 de la loi (*En ce sens : Trib. com. Seine, 12 janvier* 1928 *: Sem. Jur.,* 1928. — DROUETS, 250. — PIC ET BARATIN, 2911. — CONTRA : WAHL *: J. Soc.,* 1926, 193); il semble avoir été inspiré de l'article 37-2° de la loi allemande de 1892 (PIC *et* BARATIN, *op. cit.*).

299. — Certes, une dérogation aussi importante à la théorie générale des engagements sociaux en matière de sociétés commerciales a-t-elle pu étonner, à juste titre, de nombreux auteurs, mais on ne saurait, à notre avis, tirer du texte parfaitement clair et précis édicté par le législateur, autre chose que la règle formelle que nous avons indiquée.

299-2. — Il ne faudrait pas cependant conclure que tous les actes du gérant quels qu'ils soient, sont opposables à la société. M. Lepargneur a fort heureusement précisés que ces actes sont ceux « compatibles avec l'objet social et n'emportant pas modification des statuts. »

Par suite, les créanciers seraient sans droit à opposer à la société : soit un acte réservé à la décision de la collectivité des associés, et par exemple une décision comportant une modification au pacte social ; fixer la vente de l'ensemble des biens sociaux, etc., soit un acte de disposition à titre gratuit.

300. — OPÉRATIONS DONT LE GÉRANT RETIRE UN PROFIT PERSONNEL. — Lorsque le gérant a un intérêt personnel dans le marché qu'il conclut pour le compte de la société, cette opération n'est pas nulle. Aucun principe de droit n'interdit au gérant de contracter au nom de la société qu'il représente, avec un établissement distinct de cette société, dans laquelle il a des intérêts. Ainsi, le gérant pourrait, comme banquier, escompter le papier de la société comme concessionnaire d'une mine, passer avec elle des marchés de fourniture de charbon.

301. — L'opération ne sera cependant régulière qu'à une double condition.

1° Il est nécessaire que l'établissement avec lequel le gérant contracte ne fasse pas concurrence à la société. S'il en était autrement, le gérant manquerait gravement à ses obligations les plus essentielles.

Il convient d'ailleurs d'éviter une équivoque sur ce point ; la règle que nous formulons n'a d'effets qu'au cas où le contrat serait désavantageux pour la société ; mais si le contrat avait pour conséquence de créer une entente profitable aux deux parties et si de concurrentes les sociétés devenaient alliées pour leur commun profit, nous ne voyons pas que le seul fait d'un rapprochement entre les entreprises puisse constituer une irrégularité.

302. — 2° Le gérant doit agir ostensiblement : « Si, traitant avec un entrepreneur, il se faisait consentir une remise sur le montant du marché, un pot-de-vin, l'article 408 du Code pénal lui serait applicable, car le marché ne s'élevait en réalité qu'à la différence entre le prix facturé et la remise, la somme qui représente celle-ci devait être considérée comme ayant été détournée par le gérant, car il y a bien un gain d'entremise occulte (THALLER, 409. — PIC, 472).

Le gérant agira d'ailleurs prudemment en faisant intervenir dans un marché qui représente pour lui un intérêt personnel, les associés eux-mêmes ; sa responsabilité civile se trouvera alors complètement dégagée.

303. — PLURALITÉ DES GÉRANTS. — La pluralité de gérants peut se produire dans deux circonstances :

1° Dans l'hypothèse prévue par l'article 1859-1° du Code civil que nous avons précédemment envisagée :

2° Lorsque les statuts ou une décision des associés postérieure à la constitution de la société ont désigné plusieurs gérants.

304. — Dans ces deux cas, chacun des gérants a la plénitude des pouvoirs pour engager la société comme s'il était seul.

305. — Les associés peuvent réglementer l'action des différents gérants ; ils décideront par exemple que certains actes devront être signés conjointement par les gérants, que chacun d'eux aura un droit de veto sur les actes du ou des autres, que l'un d'entre eux sera chargé des rapports avec le public, l'autre se réservant l'administration interne de l'entreprise, etc.

Ces diverses réglementations s'imposent aux gérants.

306. — Vis-à-vis des tiers, diverses situations doivent être envisagées ; il apparaît d'abord certain que les actes d'un des cogérants n'est opposable à la société qu'autant que ce gérant a, aux termes des statuts, la signature sociale.

Si la signature sociale appartient à un conseil de gérance, tous actes, pour engager la société, doivent être signés, soit de tous les gérants, soit du délégué du conseil de gérance.

Si les statuts, tout en prévoyant la nomination de plusieurs gérants, sont muets sur la signature sociale, il y aura lieu de considérer que la signature de chacun des gérants engage la société.

Au cas où la cogérance ne serait pas absolument nécessaire, au moins pour la gestion externe et les rapports avec les tiers, un procédé permettrait d'éviter toutes difficultés; ce procédé consisterait à publier uniquement le nom du gérant détenteur de la signature sociale et par là même, la société se trouverait à l'abri des contestations possibles sur la valeur des engagements pris par le gérant « intervenu ».

V. — RESPONSABILITE DES GERANTS

307. — Les gérants des sociétés à responsabilité limitée, tout comme les administrateurs, « ne contractent, à raison de leur gestion, aucune obligation personnelle ni solidaire. relativement aux engagements de la société » (*Art. 32 C. com.*). Ce principe est l'application pure et simple des règles du mandat.

308. — Mais l'article 25 de la loi, dont les termes sont identiques à l'article 44 de la loi de 1867, pose un principe plus général : « Les gérants sont responsables, conformément aux règles du droit commun, individuellement ou solidairement suivant les cas, envers la société et envers les tiers, soit des infractions aux dispositions de la présente loi, soit des violations des statuts, soit des fautes commises par eux dans leur gestion. »

309. — Nous allons examiner brièvement les causes de responsabilté civiles ou pénales qui frappent les gérants.

a) Causes de responsabilité civile

310. — Les causes générales de responsabilité auxquelles l'article 25 fait allusion ont trait tant au respect des règles du mandat (*Art. 1992 C. civ.*) et du contras de société (*Art. 1850 C. civ.*) qu'aux règles générales de responsabilité quasi délictuelle contenues dans les articles 1882 et 1883.

311. — On peut distinguer quatre causes de responsabilité : les infractions à la loi, les infractions aux statuts, les fautes de gestion, les délits ou quasi-délits.

312. — a) INFRACTION A LA LOI. — Une première cause de responsabilité réside dans les infractions à la loi du 7 mars 1925, dans la violation des prescriptions formelles imposées par elle aux gérants, et notamment :

a) L'irrégularité dans les formalités constitutives;

b) L'omission de l'irrégularité des formalités administratives de publicité;

c) Le défaut de convocation d'une assemblée annuelle dans les sociétés composées de plus de vingt associés; assemblée où doivent obligatoirement être examinés les comptes de l'exercice écoulé (*Art.* 20);

d) Le défaut de rédaction de l'inventaire ou du bilan ; le retard du dépôt de ces pièces au siège social (dans les sociétés comprenant plus de vingt associés) (Art. 20) ;

e) Le défaut de constitution régulière du fonds de réserve légale (Art. 33) ;

f) L'obstruction mise à permettre au conseil de surveillance de vérifier les livres, la caisse, le portefeuille et les valeurs de la société (dans les sociétés comprenant plus de vingt associés) (*Art.* 32, § 3) ;

g) L'émission de valeurs mobilière quelconques (*Art.* 4);

h) La répartition d'intérêts intercalaires au delà du temps nécessaire aux opérations d'aménagement de l'entreprise (*Art.* 34) ;

i) Le défaut sur les papiers commerciaux de la mention : « Société à responsabilité limitée » (*Art.* 18).

313. — b) INFRACTION AUX STATUTS. — Les infractions aux statuts doivent être assimilées aux infractions à la loi; les statuts en effet « forment une sorte de loi conventionnelle » pour les actionnaires (LYON-CAEN ET RENAULT, II, 824).

314. — Notamment, les gérants encourent une responsabilité toutes les fois qu'ils outrepassent les pouvoirs qui leur sont conférés par les statuts.

315. — Les juges du fait ont le pouvoir souverain d'apprécier si une opération déterminée était ou non autorisée par les statuts (*Cass. civ.*, 21 *janvier* 1891, *Caisse générale des réassurances : J. Soc.*, 1891, 313).

316. — c) FAUTES DE GESTION. — Les gérants comme les mandataires doivent gérer la société en « bons pères de famille ».

Leur responsabilité en cas de fautes est d'autant plus certaine qu'ils sont salariés.

317. — Nous renvoyons aux traités généraux pour les multiples cas d'espèces sur lesquels s'est prononcée la jurisprudence (*J.-Cl. Sociétés, Fasc. 132, n. 22 et s.*).

318. — d) DÉLITS ET QUASI DÉLITS. — En dehors des fautes contractuelles qu'ils peuvent commettre dans leur gestion, les gérants sont responsables des fautes constituant des délits ou quasi-délits civils, dans les termes des articles 1382 et s. C civ.

319. — *Caractère et étendue de la responsabilité.* — La responsabilité des gérants est, suivant les cas, individuelle ou solidaire.

Aucune difficulté ne saurait d'ailleurs se présenter lorsqu'il n'existe qu'un gérant ; lorsqu'il y a, au contraire, pluralité de gérants, les règles que nous avons envisagées en ce qui concerne la responsabilité des administrateurs de sociétés s'appliquent ici sans réserves.

Les juges du fond apprécient souverainement les questions de fait relatives à la responsabilité des gérants quant à son principe ou à son étendue (*V. Not. Cass.req.*, 9 *mars* 1909, *Cotheau : S.* 1910, 1, 40).

320. — *Exercice de l'action en responsabilité.* — L'action en responsabilité contre les gérants peut être exercée soit par les associés, soit par les tiers.

Mais les associés se trouveraient privés de toute action s'ils avaient donné au gérant quitus de sa gestion ou si un vote des associés avait ratifié les actes incriminés. Cette action trouverait également éteinte par une transaction ou un désistement.

321. — *Compétence.* — Les actions en responsabilité contre les gérants doivent, en principe, être portées devant le tribunal de commerce du siège social (*V. Fasc.* 30 *et* 150). Les statuts ont généralement soin de prévoir par une clause attributive de compétence devant quel tribunal les litiges relatifs aux affaires sociales devront être portés.

Au cas où l'action en responsabilité serait exercée par un tiers non commerçant le tribunal civil serait compétent.

322. — *Prescription.* — La prescription des actions en responsabilité est de trente ans, conformément au droit commun. Mais au cas où ces actions ont pour fondement un délit (Emission de valeurs. — Distribution de dividendes fictifs), la prescription est de trois ans (*Art.* 638 C. inst. crim.).

b) Responsabilité pénale

323. — Les gérants des sociétés à responsabilité limitée sont susceptibles d'être poursuivis correctionnellement : soit pour avoir enfreint certaines règles impératives prescrites par la loi du 7 mars, soit pour avoir commis des délits relevant du droit commun (*V. l'article de* M. GARRAUD : *Rec. Jur. Soc.*, 1927).

324. — a) DÉLITS SPÉCIAUX PRÉVUS PAR LA LOI DU 7 MARS 1925. — La loi du 7 mars 1925 a prévu toute une série d'infractions à ses dispositions qui peuvent entraîner pour les gérants non seulement une responsabilité civile, mais une responsabilité pénale. il en est spécialement ainsi des infractions aux règles de constitution.

325. — Au cours de la vie sociale, les gérants sont pénalement responsables :

a) Du défaut de mention sur tous les documents de la société, de sa forme et du montant de son capital (*Art.* 18) (Amende de 50 à 1.000 francs) ;

b) De l'ouverture d'une souscription publique à des valeurs mobilières quelconques pour le compte de la société, soit directement, soit par personnes interposées (*Art.* 37, § 3) (Peines de l'art. 405 C. pén.);

c) De la distribution de dividendes fictifs (*Art.* 28, § 3) (Peines de l'art 405 C. pén.).

326. — b) DÉLITS DE DROIT COMMUN. — En dehors des pénalités édictées par la loi du 7 mars, les gérants peuvent être poursuivis par les délits de droit commun : escroquerie, abus de confiance, diffamation, etc.

327. — Le délit d'agiotage retenu pour les administrateurs de sociétés anonymes ne saurait trouver son application, vu l'impossibilité de négocier commercialement les droits d'associés.

328. — *a*) *Escroquerie.* — Le délit d'escroquerie est surtout relevé par la jurisprudence à l'occasion d'émission d'actions.

Dans les sociétés à responsabilité limitée, l'absence de tout appel au public restreindra nécessairement les causes d'escroquerie.

329. — Cependant un tel délit pourra se trouver réalisé à l'occasion d'une augmentation de capital obtenue par le concours de personnes agréées par les associés, si le gérant avait entraîné les nouveaux associés par la présentation de bilans frauduleux ou de faux documents relatifs à la marche de l'entreprise (*Cpr. Cass.,* 10 janvier 1913, *Rigaud : Gaz. Soc.,* 1913, 149).

329-2. — L'escroquerie se rencontrera surtout dans les raports des gérants avec les tiers ; la simplicité des formalités de constitution des S. A. R. L. pourra conduire des aigrefins à constituer des sociétés dont l'unique objet sera d'obtenir des livraisons de marchandises ou des versements de fonds, sociétés dissimulant en réalité un seul individu (*V.* GARRAUD, *article au Rec. Jur. Soc., précité*).

330. — *ß*) *Abus de confiance.* — Si l'escroquerie apparaît devoir être plutôt rare dans les sociétés à responsabilité limitée, les pouvoirs très étendus donnés au gérant pourront inciter des chefs d'entreprises malhonnêtes à se livrer à des abus de confiance caractérisés.

331. — Dans les sociétés composées de moins de vingt associés, le contrôle des associés sera nécessairement en fait très limité, comme il l'est dans les sociétés en commandite simple ; pour éviter tout préjudice, les associés feront bien de réglementer dans les statuts de façon très précise les modalités de leur droit de contrôle de la gestion sociale.

332. — Nous ne saurions revenir ni sur les nombreuses espèces où les tribunaux ont estimé que les administrateurs avaient commis des abus de confiance. Signalons simplement que les cas les plus nombreux sont le détournement pour une fin personnelle des fonds sociaux (*Cass. crim.,* 3 mars 1923, *Pernotte : Rec. Jur. Soc., mai* 1924, *et Note* GARRAUD, et la perception de commissions données par les fournisseurs, etc... (*V.* GARRAUD *: Rec. Jur. Soc.* 1925, 261).

333. — γ) *Diffamation.* — Les gérants répondent des paroles ou des écrits diffamatoires qui leur sont personnellement imputables dans les termes du droit commun.

334. — c) PRESCRIPTION. — La prescription de trois ans, édictée par l'article 638 du Code d'instruction criminelle, s'applique à l'action en responsabilité contre les gérants.

Le point de départ de cette prescription est le jour de la consommation du délit.

CHAPITRE VI

Délibérations des associés

SOMMAIRE

GENERALITES

335. — D'une façon générale, toutes les décisions dépassant les pouvoirs du gérant tels qu'ils ont été fixés, soit par la loi, soit par les statuts, sont prises par délibération de l'ensemble des associés.

La loi a imposé, au point de vue de la régularité de ces décisions, des quorum différents suivant que les associés auront à se prononcer sur des questions d'administration interne n'ayant d'effet qu'à l'égard des associés, ou sur des questions dont la solution intéresse les tiers ; il y a beaucoup d'analogie sur tous ces points avec le régime des sociétés anonymes auquel la loi s'est référé dans bien des cas.

336. — Les délibérations sont en principe prises en assemblée ; mais la loi, dans le but de simplifier l'administration des sociétés à responsabilité limitée composées d'un petit nombre d'associés (moins de 21), a rendu seulement facultative la tenue d'assemblée pour ces sociétés ; le législateur a pensé que les modes de délibérations employés dans les sociétés en nom collectif répondaient mieux aux vœux des parties.

Délibérations prises par l'unanimité des associés

337. — Lorsqu'une décision est prise par l'unanimité des associés statuant en connaissance de cause, la délibération est valable, quelque violation qu'il y ait pu avoir des conditions de délibération. Dans ce cas, en effet, les associés, en prenant leur décision, sont censés avoir surpendu l'application des clauses statutaires qui n'ont pas été observées, et aucun d'entre eux ne saurait postérieurement venir contester la validité du vote émis.

338. — Ces principes s'appliquent aux délibérations ordinaires comme aux délibérations extraordinaires, aux sociétés composées de moins de vingt et un associés comme à celles dont le nombre de membres est plus élevé.

339. — Nous ne parlons, bien entendu, que du cas où le vote est sincère et véritable, et où aucun vice de consentement ne vient l'entacher.

Ces solutions sont les solutions de principe ap-pliquées dans les sociétés commerciales en général.

340. — Quand les associés, dans le cas normal, les associés sans exception, qu'ils soient attributaires prennent ne sont valables qu'autant qu'elles ont été obtenues en conformité des règles législatives et conventionnelles. Il y a lieu de distinguer à ce sujet les conditions et modes de délibération des sociétés composées de plus ou de moins de vingt associés.

I. — SOCIETES COMPOSEES DE MOINS DE 21 ASSOCIES

341. — La tenue d'assemblée n'est pas obligatoire quand le nombre des associés n'est pas supérieur á vingt.

« Il eût été ridicule, précisait le rapporteur Manceau, d'exiger des assemblées générales pour des petites sociétés ne comportant qu'un petit nombre de membres. Il se passera pour celles-ci ce qui se passe pour les sociétés en nom collectif. »

342. — Ainsi, la plus grande liberté est laissée aux associés. Ils peuvent insérer dans les statuts les clauses qui leur paraissent les meilleures pour assurer une bonne administration, soit qu'ils décident de ne jamais réunir d'assemblée, soit qu'ils préfèrent la tenue d'assemblées pour statuer sur certaines propositions (approbations des comptes annuels, modications statutaires, etc.).

343. — Il est bien certain qu'au cas où il n'existerait que deux à cinq associés, la tenue d'assemblée n'offrirait aucun avantage particulier.

344. — Mais si la tenue d'assemblée n'est pas obligatoire, au moins est-il nécessaire que le gérant provoque à certains moments la décision des associés.

Aucun article de la loi ne fait allusion à cette obligation pour les sociétés composées de moins de vingt et un associés.

345. — Il serait en tout cas possible aux associés d'imposer des décisions en usant de la faculté qui leur est conférée par l'article 29, de contraindre le gérant à mettre en délibération toutes questions présentées par un nombre d'entre eux représentant plus de la moitié du capital social.

346. — Pour éviter toutes difficultés et permettre à la société de se développer régulièrement, il sera bon de décider dans les statuts que, dans le mois de la clôture de chaque exercice, le gérant sera tenu de provoquer par lettre la décision des associés sur l'approbation des comptes de l'entreprise et sur les répartitions proposées.

C'est donc, en principe, aux associés de prévoir dans les statuts de quelle manière ils délibéreront.

A. — Mode de délibération

347. — a) Au cas où la société, se conformant au droit commun, n'exigerait pas la tenue d'assemblées, deux seules règles s'imposent pour la validité des délibérations. Il faut :

1° Que chaque associé reçoive le texte des résolutions ou décisions à prendre;

2° Que chaque associé émette son vote par écrit.

348. — 1° REDACTION DES DECISIONS. — Le gérant doit obligatoirement rédiger les résolutions qui seront soumises aux associés.

349. — Cette rédaction s'impose aussi bien sur première délibération que sur seconde ou troisième. La loi ne prescrit pas la nécessité d'établir un exposé des motifs ; il appartient donc aux associés d'édicter sur ce point les règles qu'ils désirent voir respecter.

350. — Il sera bon notamment que les résolutions faisant l'objet de la délibération annuelle sur les comptes présentés par le gérant soient précédées. d'un exposé de la situation sociale et suivies de certains documents, notamment 'de la copie du bilan de l'inventaire et du compte profits et pertes.

351. — 2° VOTE ECRIT. — Le vote des associés doit être émis par écrit, c'est-à-dire que le texte des résolutions à prendre doit être envoyé au gérant, dûment signé, de telle façon qu'aucun doute ne subsiste sur la volonté de l'associé (Art. 26).

352. — Ce vote écrit serait cependant inutile au cas où tous les associés (sans exception) se trouveraient réunis; il leur suffirait, dans ce cas, de signer le procès-verbal de l'assemblée de fait réalisé entre eux, pour rendre inattaquables leurs décisions. Cette hypothèse pourra fréquemment se trouver réalisée dans les sociétés formées de trois ou quatre associés.

353. — 3° DROIT POUR CHAQUE ASSOCIE DE PRENDRE PART AUX DELIBERATIONS. — Nonobstant toute clause contraire de l'acte de société, tout associé peut prendre part aux décisions à prendre.

354. — Cette règle impérative, formulée par l'article 28 de la loi, a pour but d'empêcher les associés détenteurs d'un petit nombre de parts ou de parts d'une valeur nominale faible (notamment les ouvriers intéressés) d'être éliminés des délibérations par l'insertion dans les statuts d'une clause limitant le droit de

vote aux seuls associés ayant par exemple une ou plusieurs parts représentant 1.000 ou 5.000 francs au moins.

355. — 4° CALCUL DES VOIX. — La loi décide expressément que chaque associé a un nombre de voix égal au nombre de parts qu'il possède (Art. 28). Cette disposition a également pour objet d'assurer a tout associé, quelque faible que soit sa part de capital, ne possédât-il qu'une part de 100 francs, le droit de concourir par son vote à la gestion de la société et d'exprimer sa volonté, et aussi de prohiber indirectement les parts privilégiées en interdisant le vote plural.

356. — Mais il en sera ainsi quelle que soit la valeur nominale des parts : une part de cinq cents francs n'aura pas plus de voix qu'une de cent, ce qui permet de tourner la loi. Car il suffira aux fondateurs de ne donner qu'une valeur de 100 francs aux parts à eux attribuées en représentation de leur apport, contre 500 francs à celle des capitalistes auxquels ils auront fait appel, pour s'arroger, à versement égal, une « puissance de décision » cinq fois supérieure à celle de ces derniers.

357. — Ces capitalistes devront donc s'opposer à la division dans les statuts du capital en parts d'une valeur nominale inégale.

358. — Cette inégalité n'a qu'un correctif : c'est l'article 31. La modification des statuts nécessitant une majorité de nombre et de sommes, les porteurs de grosses parts posséderont, dans les assemblées appelées à voter de pareilles décisions une autorité supérieure à celle que le nombre de leurs voix semblerait leur conférer.

359. — 5° CONSTATATION DES VOTES EMIS. — Il est tout à fait essentiel, en raison de la difficulté où seront les associés de discerner si les délibérations ont été prises régulièrement, de bien préciser dans les statuts les formalités que devra accomplir le gérant, tant pour l'envoi des décisions à prendre que pour la constatation des votes émis.

360. — Sur ces deux points, le système que nous proposons aux fondateurs d'insérer dans le pacte social se présente sous les aspects suivants :

361. — a) En ce qui concerne la consultation des associés. — Il conviendra d'abord d'être assuré que les associés ont bien été touchés, et que le gérant leur a bien envoyé le texte des délibérations.

On pourra exiger que la première demande de délibération soit faite par *lettre recommandée avec avis de réception.*

362. — Le texte des délibérations d'une deuxième et troisième demande pourrait simplement être envoyé par lettre ordinaire.

Il faudrait, dans ce cas, être bien explicite dans les statuts, l'article 27 décidant que la lettre recommandée est de droit pour la deuxième consultation.

Le gérant devrait consigner sur un registre spécial la date à laquelle il a envoyé ses lettres.

363. — b) En ce qui concerne le délai de réception des votes émis. — Il est également nécessaire que les statuts précisent un délai à partir duquel les votes des associés seront considérés comme nuls et non avenus.

364. — On pourra notamment décider que, dix jours francs après l'envoi des lettres, le gérant dépouillera les réponses des associés et consignera le résultat de ces réponses sur le registre spécial des délibérations dont nous avons fait mention. Toute lettre parvenue au gérant après cette date serait considérée comme nulle à moins toutefois qu'elle n'ait été mise à la poste en temps utile pour parvenir dans le délai.

365. — Il conviendrait de décider subsidiairement que le registre des délibérations serait mis pendant la période du vote à la disposition des associés qui pourront émettre leur vote par une mention sur le registre certifiée par leur signature.

366. — Dans le cas où les associés désireraient avoir l'assurance que les lettres envoyées par eux ne seront pas frauduleusement mises de côté par le gérant qui prétendrait ne pas les avoir reçues, on pourrait décider que l'envoi de lettres recommandées portant réponse sera fait avec avis de réception.

367. — Il serait utile également de décider que tout associé pourra demander un extrait du registre sur une délibération déterminée.

368. — 6° QUORUM ET MAJORITE. — Il convient maintenant d'examiner à quelles conditions de quorum et de majorité les décisions des associés sont valablement prises.

369. — La loi a sur ce point édicté des règles différentes suivant qu'il s'agit de délibérations ordinaires, c'est-à-dire de délibérations touchant l'administration de la société, ou de délibérations extraordinaires portant modification du pacte social.

370. — *a)* DÉLIBÉRATIONS ORDINAIRES. — « Aucune décision n'est valablement prise, déclare l'article 27, ...qu'autant qu'elle a été adoptée par des associés représentant plus de la moitié du capital social. Sauf stipulation contraire dans les statuts, si ce chiffre n'est pas atteint à la première consultation, les associés sont convoqués une seconde fois par lettres recommandées, et les décisions sont prises à la majorité des votes émis, quelle que soit la portion du capital représentée. »

Il y aura donc lieu de distinguer suivant qu'il s'agira d'une première ou d'une seconde consultation.

371. — a) *Première consultation.* — La rédaction de l'article 27 est confuse et une lecture superficielle la montre contradictoire. Tandis que la première phrase *paraît* exiger que la décision ait été adoptée par une majorité représentant la moitié du capital social, la seconde indique au contraire fort nettement que l'exigence relative à la moitié au moins du capital vise non pas la *majorité,* mais seulement *la portion du capital représentée par les associés qui ont émis une opinion.* Ainsi, pour qu'une décision fut adoptée en première délibération, il faudrait qu'elle fut votée à la majorité des voix par une assemblée — ou un nombre d'associés — représentant plus de la moitié du capital social.

372. — En réalité, il n'y a pas contradiction ; l'article 27 n'est que la transposition à l'usage des sociétés à responsabilité limitée des règles posées dans l'article 29 de la loi du 24 juillet 1867 pour les sociétés anonymes, dans lesquelles certaines décisions doivent être prises par des assemblées générales composées d'actionnaires représentant au moins le quart du capital social et décidant à la majorité des voix. Mais les sociétés à responsabilité limitée n'ont pas toutes des assemblées générales ; de là une difficulté de rédaction que le législateur a maladroitement résolue comme nous venons de voir. Il considère les associés ayant exprimé une opinion comme un bloc lié par la décision de la majorité de ses membres, en sorte que, pour qu'une décision soit adoptée en première délibération, il faut qu'elle soit votée à la majorité des voix par une assemblée — ou un nombre d'associés — représentant plus de la moitié du capital social (*Sic :* PIOT, *p.* 423. — CONTRA : HOUPIN ET BOSVIEUX, 1600 ; ces auteurs estiment que ces décisions sont valablement prises « si elles ont été adoptées par un nombre quelconque d'associés représentant plus de la moitié du capital social »).

373. — Aussi, ne pouvons-nous pas nous associer aux observations de M. Defresnois (*Rép. gén. not.,* 1925, *p.* 94).

374. — « On peut se demander, écrit cet auteur, pour quel motif le législateur, dans l'article 27, tout au moins en ce qui concerne la première assemblée, n'a fait mention que de la majorité en capital, alors que, en prescrivant dans l'article 28 que chaque associé a un nombre de voix égal au nombre de parts sociales qu'il possède, il semble indiquer que, dans tous les cas, il ne peut y avoir qu'une majorité de voix... Cette forme de procéder est absolument contraire à ce qui a lieu pour des sociétés anonymes ou en commandite par actions ; dans ces sociétés, les assemblées doivent réunir un nombre d'associés représentant au moins la moitié du capital social, et la délibération est adoptée à la majorité des voix des actionnaires présents ou représentés. Au contraire, dans les assemblées des sociétés à responsabilité limitée, la décision ne sera adoptée que si elle réunissait un nombre d'associés représentant au moins la moitié du capital social sans tenir compte de la simple majorité en voix des sociétaires présents ou représentés. »

375. — En dehors de l'erreur matérielle que commet l'auteur en parlant d'associés représentant au moins la moitié du capital social (l'art. 29 de la loi de 1867 ne parle que du quart), il semble difficile de suivre cet auteur dans ses observations.

Mais nous reconnaissons volontiers que la volonté du législateur gagnerait à être exprimée d'une façon plus nette.

376. — b) *Deuxième consultation*. — Lorsque la première consultation n'a pas réuni la majorité de capital requise par l'article 27, il y a lieu de procéder à une seconde consultation.

377. — Dans celle-ci la majorité du capital ne joue plus, on passe à une majorité de vote.

La décision est valablement prise, quel que soit le montant du capital représenté à la majorité des votes émis.

378. — On doit considérer « par votes émis » ceux qui régulièrement formulés ont une signification non douteuse. Toutes réserves faites par écrit sur les résolutions à prendre empêcheraient le gérant de considérer les votes en faisant l'objet comme affirmatifs.

379. — Les associés conservent toujours la faculté de décider par clause statutaire que la dernière consultation devra pour être valable représenter une portion déterminée du capital social, le quart par exemple.

380. — *Calcul des voix*. — Les décisions sur deuxième consultation sont prises à la majorité des « votes émis ».

381. — On doit entendre, selon nous, par « votes » le mot « voix ». Il y a dans le texte législatif une obscurité qu'il convient avant tout de dissiper.

382. — Un associé en effet peut voter soit pour lui-même, soit comme mandataire ; il peut d'autre part avoir, soit une voix par part, soit autant de fois une voix que sa part représente de fois cent francs.

Le gérant, dans le calcul de la majorité, ne devra pas tenir compte du vote lui-même, mais bien plutôt de la somme des voix que représente ce vote.

383. — Cette interprétation est la seule qui soit rationnelle (*En ce sens* : DEFRESNOIS, *précité*, p. 95). *Pour le calcul des voix (V.* supra, *Princ.* 21 s.)

384. — B. DÉLIBÉRATIONS EXTRAORDINAIRES. — La loi a expressément déterminé les règles particulières de quorum suivant les décisions à prendre.

385. — *Décisions nécessitant l'unanimité des associés*. — Les associés ne peuvent qu'à l'unanimité modifier la nationalité de la société (Art. 31) et augmenter les engagements des associés.

Comme la nationalité d'une société est déterminée, d'après la jurisprudence, par le lieu de son siège social réel, toute délibération qui aurait pour objet de transporter le siège social avec tous ses organes (Conseil d'administration, assemblées générales) de France à l'étranger, devrait être considérée comme nulle si elle ne réunissait pas cette unanimité.

386. — Par augmentation des engagements des associés, il faut entendre toute décision qui aurait pour effet de faire verser à ces derniers un supplément d'apports. L'engagement pris a consisté à apporter en société un bien ou une somme déterminée ; l'associé qui a rempli ses obligations ne peut plus être inquiété.

387. — *Autres modifications statutaires.* — Toutes les autres dispositions des statuts peuvent être modifiées « à la majorité des associés représentant les trois quarts du capital social ».

La loi exige donc un double *quorum* conjugué :

1° Majorité de capital;

2° Majorité d'associés.

388. — S'il n'y a point de difficultés en ce qui concerne la première exigence, il n'en est pas de même de la seconde, qui paraît introduire dans le système de la loi une disposition absolument nouvelle : le vote aurait lieu par tête, et non plus par parts comme l'édictait l'article 28 en termes pourtant absolus.

389. — Deux interprétations sont possibles.

La première, ne tenant compte que du texte, déciderait que la délibération ne sera valablement prise qu'autant qu'elle réunirait la majorité des associés, quel que soit leur nombre de voix ;

La seconde traduirait : *majorité des associés* par *majorité des voix.*

390. — Entre ces deux interprétations, commandées l'une par le texte, l'autre par l'esprit et l'ensemble de la loi, les travaux préparatoires permettent de choisir. Sans doute, l'exigence relative à la majorité des associés a été ajoutée par la Commission de la Chambre sans explications. *Mais ce fut, semble-t-il, en contre-partie de la suppression d'une disposition qui limitait au tiers du total le nombre de voix que pouvait posséder un même associé :* la Commission voulait bien assurer à l'associé qui avait fourni la plus grande part du capital la prépondérance à laquelle lui donnait droit l'importance de son risque; mais elle ne voulait pas lui permettre de se rendre le maître absolu de l'affaire en en modifiant à son gré les statuts.

Ce serait donc à la première interprétation que nous nous rallierions — parce qu'elle est la seule conforme à la lettre de l'article 31 ; qu'elle paraît commandé par les travaux préparatoires ; qu'elle est aussi celle des passages similaires de la loi de 1867 qui a constitué pour le législateur de 1925 un exemple auquel, sans le dire assez, il s'est constamment reporté, un peu comme ferait un notaire à un formulaire (*Sic* : PIOT, *p.* 437). Regrettons seulement qu'il n'ait pas été prévu de *quorum* décroissant, en sorte que l'indifférence ou la mauvaise volonté inavouée de certains associés risqueront de constituer un obstacle insurmontable.

391. — *Nullité des clauses contraires.* — L'article 31 contient la restriction : *sauf stipulation contraire.* Qu'est-ce à dire ? Le double *quorum* des trois quarts du capital et de la majorité des associés pourrait-il être élevé ou abaissé par une clause des statuts ? Nous ne le croyons pas. A notre avis, les mots : *sauf stipulation contraire,* visent seulement : *Toutes autres modifications aux statuts,* en sorte qu'il est possible aux associés de s'interdire statutairement de modifier certaines clauses du pacte social (PIOT, p. 439).

B. — Décisions qui peuvent être prises en délibérations ordinaires

392. — Les délibérations ordinaires peuvent porter sur la nomination du gérant (lorsqu'il n'est pas statutaire), sur sa révocation (dans le même cas), sur les autorisations diverses qu'il peut solliciter lorsqu'il projette l'accomplissement d'actes dépassant ses pouvoirs.

393. — Elles peuvent consister également dès l'approbation des comptes annuels, la répartition des bénéfices, et en général dans tous actes d'administration ne modifiant le pacte social dans aucune de ses dispositions.

C. — Décisions qui peuvent être prises en délibérations extraordinaires

394. — Les associés, délibérant extraordinairement, peuvent apporter aux statuts toutes modifications à l'exception du changement de nationalité de la société et de l'augmentation des engagements des associés.

395. — Ils peuvent notamment : augmenter ou diminuer le capital social, changer l'objet, la durée, la gérance, la dénomination, le siège de l'entreprise, déterminer des règles nouvelles pour l'administration, rendre plus difficile la cession des parts ou revenir aux prescriptions de la loi.

396. — Il nous paraît inutile de développer ce point, toutes précisions étant formulées sur ces points dans le Fasc. 142 *infra*.

D. — Effets d'une décision régulièrement prise

397. — Les décisions régulièrement prises sont obligatoires pour tous les associés (*Cpr. Paris, 18 juillet* 1901 . *J. Soc.*, 1902, 152). Il n'y a lieu de faire aucune distinction à cet égard entre les membres de la majorité et les dissidents, entre les associés ayant envoyé leur réponse et ceux qui se sont abstenus ou ont envoyé des réponses nulles, entre les attributaires des parts au moment du vote et leurs cessionnaires ultérieurs (*Cpr. Marseille, 30 avril* 1906 : *J. Soc.*, 1907, 449).

Les tiers peuvent attaquer les décisions prises par la voie de l'action paulienne (*Art.* 1167 *C. civ.*); mais encore faut-il qu'ils prouvent une atteinte à leurs droits.

E. — Nullité des consultations. Sanctions

398. — L'inobservation des règles législatives ou conventionnelles prescrites pour les délibérations des associés est susceptible d'entraîner la nullité des décisions prises.

Il convient ici de rechercher quelles sont les causes de nullité; quelles sont les conditions d'exercice de l'action en nullité, et quels sont les effets de la nullité.

399. — I. — CAUSES DE NULLITE. — Les associés ne se réunissant pas en assemblées, les causes de nullité ne peuvent venir que d'irrégularités relatives aux modalités de la consultation, ou d'irrégularités portant sur l'attribution des voix et le calcul des quorum.

400. — a) IRRÉGULARITÉS DANS L'ENVOI DU TEXTE DES DÉLIBÉRATIONS. — Nous avons vu qu'il importait pour les associés de fixer avec précision les conditions dans lesquelles le gérant pourra soumettre aux associés les délibérations à prendre.

401. — Si ces conditions n'étaient pas remplies, si notamment le gérant ne pouvait justifier de l'envoi de lettres recommandées à tous les associés, l'assemblée serait annulable.

402. — 6) IRRÉGULARITÉS DANS LES RÉPONSES. — Les réponses doivent être exprimées par écrit ; le gérant ne serait donc pas autorisé à inscrire sur son registre comme ayant voté des personnes qui lui auraient donné des réponses orales.

Par contre, si ces associés avaient signé leur adhésion à des propositions déterminées sur le registre lui-même, leur vote devrait certainement être pris en considération.

403. — γ) Irrégularités dans la consignation des votes émis. — Lorsque les associés renvoient au gérant leurs réponses portant adoption ou rejet du texte des délibérations soumises à leur vote, le gérant est tenu (ou du moins les statuts le décideront le plus généralement) de consigner les résultats de la consultation dans un registre spécialement dressé à cet effet. C'est ce registre qui constituera pour les associés le seul moyen de vérifier si les décisions ont bien été prises régulièrement.

404. — La décision serait annulable s'il était impossible de retrouver dans le registre du gérant la justification que les conditions de quorum et de majorité légales se sont bien trouvées réunies, ou si, les écritures du gérant apparaissant régulières, il s'était glissé des erreurs matérielles ou des omissions modifiant le vote.

405. — δ) Irrégularités dans le calcul des voix. — Seraient également annulables les décisions prises en comptant certains associés détenteurs de plusieurs parts pour une seule voix ou en allouant sans prescriptions statutaires expresses, une voix par part de 100 francs à chaque associé.

406. — II. — NATURE DES NULLITES. — Les nullités que nous venons d'énumérer sont des nullités rleatives ; les décisions prises en infraction de la loi ou des statuts ne sont qu'annulables, et elles n'auront pas à être annulées si l'irrégularité est telle qu'elle ne paraît pas susceptible de changer le vote.

407. — Aussi bien si, toutes choses étant rétablies régulièrement, la majorité et le quorum restent suffisants pour valider la décision, l'action en nullité ne saurait être utilement intentée.

408. — Le caractère relatif de ces nullités a pour effet de permettre la régularisation postérieure d'un vote.

409. — III. — ACTION EN NULLITE. — 1° Compétence. — L'action en nullité d'une délibération d'associés est de la compétence des tribunaux de commerce.

410. — 2° Condition de recevabilité. — L'action en nullité n'est plus recevable si la cause de nullité d'une délibération a cessé d'exister avant l'introduction de la demande et même à partir de l'envoi d'une nouvelle résolution destinée à faire disparaître le vice de la précédente (*Cpr. Cass. req., 29 mars 1898 : J. Soc.*, 1898, 308).

411. — 3° Prescription. — Par analogie avec les actions en nullité des assemblées générales dans les sociétés par actions, et quoique pour ces sociétés la question soit encore très discutée, il nous semble qu'on doit limiter à dix ans la prescription de l'action en nullité (V. Fasc. 139, n° 42).

412. — IV. — EFFETS DE LA NULLITE. — Le jugement qui prononce la nullité d'une consultation des associés produit ses effets *erga omnes*, même à l'égard des associés qui n'ont pas figuré à l'instance.

413. — Lorsqu'une décision prise a été aussi annulée, il est loisible au gérant de proposer à nouveau la même résolution au vote des associés (*Ib.*, n° 45).

414. — En tous cas, cette nullité n'a aucun effet sur la validité de la société elle-même et sur sa durée (*Cpr. Paris, 23 mars 1909 : J. Soc. 1909*, 406).

II. — SOCIETES COMPOSEES DE PLUS DE 20 ASSOCIES

415. — Dans les sociétés composées de plus de vingt associés, ceux-ci délibèrent en assemblées comme dans les sociétés par actions.

Une assemblée doit obligatoirement être tenue au moins une fois l'an (art. 29).

416. — Nous ne saurions, en conséquence, que renvoyer pour toutes les questions relatives aux assemblées générales aux fascicules relatifs aux sociétés anonymes (V. Fasc. 136 et s.). Il nous paraît bon cependant d'en rappeler ici les lignes essentielles, sans autrement insister.

A. — Règles communes à toutes les assemblées

417. — a) COMPOSITION. — Le droit de prendre part aux assemblées générales appartient à tous les associés sans exception, qu'ils soient attributaires d'apport ou de parts de numéraire.

418. — Toute clause statutaire tendant à évincer les attributaires de parts des délibérations serait nulle d'ordre public.

419. — Les associés on droit de se faire représenter aux assemblées par des mandataires.

420. — Le droit de voter dans les assemblées est indivisible. Conséquences. — 1° Parts indivises. — Lorsque les parts sont indivises entre plusieurs personnes, les propriétaires doivent s'entendre à l'effet de se faire représenter par un seul d'entre eux (*Trib. com. Seine, 7 octobre* 1899 : *J. Soc.* 1900, 120)

421. — 2° Parts faisant l'objet d'un usufruit. — La jurisprudence est incertaine dans ce cas; on admet, soit que l'usufruitier a seul droit de participer aux assemblées (V. Raymond Michel, *Des droits respectifs de l'usufruitier et du nu propriétaire d'actions : Rec. Jur. Soc.* 1925, p. 138), soit qu'une entente doit intervenir entre le nu propriétaire et l'usufruitier pour décider qui représentera la part dans les assemblées, soit encore que l'usufruitier a le droit de paraître dans les assemblées ordinaires, et le nu propriétaire dans les assemblées extraordinaires (V. Fasc. 136, *n.* 28 *et s.*).

Il sera bon d'insérer une clause dans les statuts pour empêcher toutes difficultés sur ce point.

422. — Représentation des associés. — Les associés ont le droit de se faire représenter aux assemblées par des mandataires.

Les statuts auront la possibilité de décider que le mandataire ne pourra jamais être qu'un associé; à défaut de cette règle, une personne même étrangère à la société, munie d'un pouvoir régulier, aura le droit de prendre part aux délibérations.

423 — Le mandat donne pouvoir de voter sur toutes les questions à l'ordre du jour de l'assemblée, mais seulement sur ces questions (*Trib. com. Seine, 26 juin* 1887 : *Rev. Soc.* 1887, 589); il peut être impératif, c'est-à-dire conféré pour voter dans un sens déterminé (V. Fasc. 136, *n.* 107 *et s.*).

424. — b) CONVOCATION. — 1° Personnes qui possèdent le droit de convocation. — Le droit de convocation appartient : aux gérants et au conseil de surveillance.

424 bis. — α) *Gérant.* — Le droit de convocation appartient au gérant, ou lorsqu'il y a plusieurs gérants, à l'un d'eux.

425. — 6) *Conseil de surveillance* — Le conseil de surveillance peut convoquer l'assemblée des associés, mais uniquement lorsqu'il existe des motifs graves justifiant cette mesure.

426 — γ) *Actionnaires.* — La loi du 7 mars attribue expressément le droit de convoquer l'assemblée aux associés représentant plus de la moitié du capital social (art. 29).

427. — Le droit d'ajourner une assemblée convoquée pour une date déterminée appartient aux personnes qui ont procédé à la convocation.

428. — 2° Délai de convocation. — La loi a fixé indirectement, pour l'assemblée annuelle, un délai minimum de convocation : l'article 30 dispose, en effet, que les associés sont autorisés à prendre au siège social communication de l'inventaire, du bilan et du rapport du Conseil de surveillance, pendant les quinze jours qui précéderont cette assemblée. Il résulte de ce texte que les convocations à l'assemblée annuelle doivent être envoyées au moins quinze jours à l'avance, afin que les associés soient en mesure de prendre communication des pièces susindiquées dans les termes et dans le délai de la loi.

429. — En dehors du délai de convocation de l'assemblée annuelle qui s'impose dans les termes que nous venons d'indiquer, les statuts sont libres de fixer tous délais comme ils l'entendent.

430. — En l'absence de dispositions statutaires, les convocations doivent être envoyées de manière que les associés aient le temps matériel de recevoir la lettre et de se rendre à l'assemblée.

Lorsque les statuts ont fixé un délai, celui-ci doit être considéré comme franc.

431. — 3° MODES DE CONVOCATION. — La convocation aux assemblées peut être faite soit par insertion dans un journal d'annonces légales, soit par lettres.

Comme les parts seront toujours nominatives, de par la volonté de la loi, la convocation par lettre semblera répondre le mieux aux intérêts des associés. Une stipulation statutaire pourra en décider ainsi :

432. — Les insertions ou lettres devront toujours contenir les mentions suivantes :

1° La dénomination de la société;

2° Le jour, heure et lieu de l'assemblée;

3° L'ordre du jour;

4° La signature de la personne ou le délégué des personnes qui ont convoqué l'assemblée.

433. — *Ordre du jour*. — La convocation doit contenir l'indication de l'objet de la réunion.

Cet objet doit être suffisamment précis pour être clairement compris des associés. Ceux-ci n'auront à délibérer que sur les questions expressément inscrites à l'ordre du jour; toute délibération portant sur un autre sujet serait frappée de nullité.

434. — Il convient d'ailleurs de renfermer ces principes dans la limite clairement exprimée par la jurisprudence; ce qu'on peut éviter, c'est qu'on arrache par surprise aux associés un vote sur une question déterminée, alors que les absents clairement prévenus auraient pu faire échec à cette manœuvre; mais lorsqu'une question se rattache étroitement à l'objet mentionné au procès-verbal, les associés peuvent statuer en pleine liberté.

435. — Mais une phrase vague comme « modifications aux statuts » ne suffirait pas pour apporter des changements essentiels au pacte social (Augmentation de capital. — Modification de l'objet. — Dissolution de la société) (*Seine, 26 décembre 1894 : Rev. Soc. 1895, 240*); de même la mention « questions diverses » ne permet que le vote de décisions, d'ordre administratif, secondaires.

436. — c) DÉLIBÉRATIONS. — La loi laisse aux associés le soin d'établir les règles qui présideront à leurs délibérations.

On peut s'inspirer pour leur rédaction des règles propres aux sociétés par actions; tout en cherchant à les simplifier dans la mesure où cette simplification ne peut entraîner la fraude.

437. — a) FEUILLE DE PRÉSENCE — Il sera bon que le gérant dresse une feuille de présence contenant les noms des actionnaires, le nombre de parts qu'ils possèdent ou représentent, leur nombre de voix; cette feuille sera signée des associés, et certifiée par le gérant.

438. — 6) CONSTITUTION DU BUREAU. — Les statuts désigneront naturellement le gérant comme président; le poste de secrétaire et de scrutateurs pourra être tenu par la même personne.

Au cas d'absence du gérant, il sera bon de décider soit que le plus fort associé aura la présidence, soit que l'assemblée constituera elle-même son bureau.

439. — γ) Présentation des documents. — Le président du bureau doit obligatoirement déposer sur le bureau de l'assemblée annuelle le rapport du conseil de surveillance (art. 10, § 2, L. 1867 applicable, art. 32).

440. — δ) Vote. — Après la discussion des apports ou de l'exposé du président, l'assemblée doit obligatoirement se prononcer sur tous les sujets inscrits à l'ordre du jour. Chacune de ces questions doit faire l'objet d'un vote distinct.

Le vote appartient à tous les associés sans exception et quel que soit le montant de leurs parts.

441. — ε) Procès-verbal. — La rédaction d'un procès-verbal devra toujours être prévue pour éviter toutes contestations sur les décisions prises. On pourra le faire signer par le gérant et par le plus fort associé présent.

B. — Règles spéciales aux assemblées ordinaires (Renvoi)

442. — Renvoi *supra*, 370.

C. — Règles spéciales aux assemblées extraordinaires (Renvoi)

443. — Renvoi *supra*, 384.

D. — Pouvoirs des assemblées (Renvoi)

444. — Renvoi *supra*, 392 et s.

E. — Effets des décisions régulièrement prises (Renvoi)

445. — Renvoi *supra*, 397.

F. — Nullités et sanctions

446. — Nous avons examiné les causes de nullités des consultations d'associés dans les sociétés composées de moins de 21 associés. La plupart des principes que nous avons analysés trouvent ici leur application; mais comme les associés délibèrent différemment dans ces dernières sociétés, d'autres cas de nullité existent qu'il y a lieu d'examiner.

D'une façon générale, les règles de nullité des assemblées générales en matière de sociétés par actions s'imposent de façon formelle.

447. — I. — CAUSES DE NULLITE. — a) Composition de l'assemblée. — 1° *Composition irrégulière.* — La participation aux assemblées générales de personnes n'ayant pas le droit d'y assister ne constitue pas une cause de nullité de ces assemblées; les délibérations de ces dernières sont régulières si elles ont été prises aux conditions de quorum et de majorité requises par la loi ou les statuts.

448. — Dans l'hypothèse où l'entrée d'assemblées aurait été refusée à tort à des associés, les délibérations seraient valables si elles réunissaient le quorum légal et statutaire, et si les voix des associés seules ne pouvaient changer le résultat du vote (*V.not. Trib. com. Seine*, 22 *décembre* 1902 : *J. Soc.* 1905, 383).

449. — 2° *Dépôt des certificats et des pouvoirs.* — On pourrait décider dans les statuts que les associés seront tenus de déposer avant chaque assemblée, au siège social, les certificats de parts qui leur seront remis, mais cette mesure ne semble pas bien utile dans les sociétés à responsabilité limitée, où il sera presque impossible qu'il existât un nombre considérable d'associés.

450. — La même remarque s'impose pour le dépôt des pouvoirs. Au cas cependant où ces dépôts imposés par une clause des statuts n'auraient pas été effectués, dans les délais prescrits, les délibérations seraient valables alors même que les pouvoirs auraient servi, si l'assemblée n'avait pas protesté.

451. — b) CONVOCATIONS. — L'assemblée est annulable si elle n'a pas été convoquée dans les délais et suivant le mode indiqué par les statuts.

Mais cette nullité a un caractère relatif et peut être couverte par une ratification postérieure, expresse ou tacite (*Paris, 9 mai 1913 : J Soc.* 1914, 213).

Cette ratifications tacite existera notamment par la présence des associés à l'assemblée.

452. — c) DÉLIBÉRATIONS. — La loi n'a fixé aucune règle particulière de délibérations. Mais il apparaîtra, évidemment, aux fondateurs, que la méthode la plus pratique pour délibérer est celle pratiquée dans les sociétés anonymes, et ils seront amenés à édicter des règles sensiblement pareilles à celles contenues dans les statuts de ces dernières sociétés. On se trouvera par suite en présence des mêmes causes de nullité.

On consultera avec profit sur ce point les développements contenus dans le J. C. Sociétés, Fasc. 139, n° 18 et s.

453. — 1° FEUILLE DE PRÉSENCE. — Si les statuts prescrivent la tenue d'une feuille de présence, l'omission de sa tenue entraîne la nullité de la société, car il sera impossible de déterminer si les conditions de quorum ont bien été observées.

454. — Par contre, les irrégularités de la feuille de présence pourront être sans effet si les mentions qui y sont contenues suffisent à déterminer de façon non douteuse que la délibération a été prise régulièrement.

455. — 2° *Bureau.* — Toutes irrégularités dans la composition du bureau, telle qu'elle est réglée par les statuts sont sans effet lorsque les associés n'élèvent aucune protestation et ratifient ainsi tacitement les irrégularités.

456. — 3° *Résolutions.* — Les résolutions ne sont valables qu'autant qu'elles sont prises sur des sujets portés à l'ordre du jour (*V. supra, Princ.* 440).

457. — 4° *Procès-verbal.* — Une délibération d'assemblées n'est pas nulle si le procès-verbal est irrégulier en la forme.

La nullité ne serait encourue que s'agissant de délibérations devant faire l'objet de publications légales.

458. — II. — L'ACTION EN NULLITE. — Renvoi *supra*, 405 et s.

CHAPITRE VII

Contrôle par les associés de la gérance

SOMMAIRE

GENERALITES

459. — La loi a établi un régime différent de contrôle des actes du gérant suivant que ce contrôle s'applique dans les sociétés formées de plus de vingt associés ou dans les sociétés composées d'un nombre inférieur d'associés.

460. — Pour les premières, le législateur a cru bon d'imposer la constitution d'un conseil de surveillance analogue en tous points à celui des sociétés en commandite par actions.

461. — Pour les secondes, il a laissé la plus grande latitude aux associés pour organiser comme ils le jugeaient bon l'exercice de leur pouvoir de contrôle; la situation est ainsi analogue au régime des sociétés en nom collectif, ou en commandite simple.

I. — SOCIETES COMPOSEES DE MOINS VINGT ET UN ASSOCIES

462. — Si les statuts ne donnent aucune précision sur les modalités suivant lesquelles pourra s'exercer la surveillance, les associés sont en droit, à tous moment, de demander au gérant des explications sur sa gestion et d'exiger l'examen des écritures comptables.

463. — Mais, si absolu que soit ce droit, il sera en pratique bien difficile de l'exercer, devant la mauvaise volonté du gérant, si les statuts ne viennent fournir des précisions plus nettes, permettant en cas d'inobservation par le gérant d'une obligation prévue, de le placer en faute et d'engager par là sa responsabilité de façon non douteuse.

Il y a lieu, d'autre part, de protéger le gérant contre les tentatives d'immixtion de ses coassociés ou contre la malveillance tracassière d'un mécontent.

a) Inventaire et bilan

464. — Il demeure, en toute hypothèse, nécessaire que les associés puissent prendre communication de l'inventaire et du bilan chaque année; ce droit leur est d'ailleurs formellement reconnu par la loi (art. 30).

465. — Pour rendre pratique cette communication, on pourra décider que le gérant devra, un mois après la clôture de l'exercice social, déposer au siège social, ou bien envoyer à chaque associé, une copie de l'inventaire et du bilan. Dans la p   ière hypothèse, le dépôt sera effectué pendant une durée de un mois par exemple.

b) Livres commerciaux

466. — Il serait contraire à la bonne gestion de l'entreprise que tout associé pût, sans tenir compte de la volonté du gérant, imposer la communication des livres commerciaux, grand livre, livre caisse, livre journal, etc...

467. — Le plus simple serait, soit qu'un des associés fût spécialement désigné dans les statuts pour exercer en tout temps le contrôle administratif et financier de l'entreprise, soit que le gérant fût tenu, aux termes d'une stipulation expresse, d'ouvrir ses livres à la requête d'un associé mandaté par ses collègues représentant plus du quart du capital social.

468. — Quelle que soit d'ailleurs la solution envisagée, solution qu'il y a lieu de modeler aux multiples espèces qui se présentent, il sera toujours bon qu'un contrôle possible et facile existe; ce sera la plus sûre garantie contre les abus de confiance que le gérant pourrait être entraîné à commettre.

c) Actes de gestion

469. — Pour vérifier si le gérant n'outrepasse pas les pouvoirs qui lui sont conférés dans le pacte social, il sera également utile de prévoir les modalités de contrôle; ces modalités pourront être celles que nous avons envisagées : contrôle permanent par un associé ou contrôle par chaque associé représentant une fraction déterminée du capital social.

470. — Remarquons d'ailleurs que toutes ces précautions sont en réalité de peu d'effets; il est impossible en fait de contrôler effectivement l'activité commerciale du gérant; c'est aux associés de ne pas mettre à leur tête un homme soit incapable, soit douteux au point de vue de l'honorabilité.

II. — SOCIETES COMPOSEES DE PLUS DE VINGT ASSOCIES. — CONSEIL DE SURVEILLANCE

Généralités

471. — Dans les sociétés composées de plus de vingt associés, le pouvoir de contrôle des actes du gérant est réservé à un organisme permanent, le conseil de surveillance.

Ce conseil est nommé dans l'acte de société; il est soumis à la réélection aux époques déterminée par les statuts (art. 32, § 2).

472. — Ses pouvoirs sont ceux confiés au conseil de surveillance des sociétés en commandite par actions dans l'article 10, alinéas 1 et 2, de la loi de 1867 (art. 32, § 3).

a) Nomination du conseil de surveillance

473. — 1° Époques de nomination. — *a) Premier conseil.* — Le premier conseil est obligatoirement nommé par une clause des statuts; le défaut de toute précision à cet égard entraînerait la nullité de la société.

474. — *6) Conseils postérieurs.* — Les associés fixent conventionnellement l'époque de renouvellement du conseil; on peut établir un roulement entre les membres de telle façon, par exemple, que sur trois membres un soit remplacé tous les deux ans. Les membres du conseil resteront ainsi pendant six ans en position, sauf les premiers, qui devraient fixer leur ordre de départ par tirage au sort ou tout autre moyen.

475. — 2° Mode d'élection. — Les membres du conseil de surveillance étant statutaires, il n'appartient qu'à l'assemblée générale extraordinaire de le renouveler.

Toutefois, pour faciliter l'administration, on pourrait valablement décider dans les statuts que l'assemblée ordinaire sera compétente pour procéder aux nominations.

b) Composition

476. — a) Nombre des membres. — Le conseil de surveillance doit être composé de trois membres au moins (art. 32, § 1); il est donc loisible aux associés de dépasser ce chiffre, mais non de le restreindre.

477. — Si les statuts ne contiennent pas la nomination des trois membres, la société est nulle.

478. — Au cas où la démission ou le décès d'un associé viendrait à réduire le nombre légal des membres, la société ne se trouverait pas annulable (*Cpr. Cass. civ.*, 14 *juillet* 1873 : *S.* 1874, 1, 425), même si le conseil n'était pas immédiatement complété (*V. cependant sur ce point* Pont, 1040, et Rivière, 59).

479. — Pour supprimer toutes difficultés sur ce point, il sera bon de décider que le Conseil de surveillance aura la faculté de se compléter, en cas de disparition de l'un de ses membres, cette nomination devant être ratifiée dans les six mois (par exemple) par l'assemblée compétente.

430 — b) Qui peut être nommé. — Pour être nommé il faut être associé (art. 32); la nomination de membres du conseil non-associés entraînerait pour le premier conseil la nullité de la société, et pour les conseils ultérieurs la nullité de la nomination.

481. — Les avocats à la Cour de Paris ne peuvent faire partie d'un conseil de surveillance (*Décis. du Conseil de l'ordre, Paris*, 27 *juin* 1865). Les notaires par contre n'en sont pas exclus par les règlements de leur profession (*Cpr. Clermont, 26 avril* 1893 : *J. Soc.* 1893, 337).

432. — Au cas où les statuts décident, comme ils peuvent le faire, que le poste de membre du conseil de surveillance ne pourra être occupé que par des associés représentant une fraction déterminée du capital social, toute nomination faite sans tenir compte de cette obligation est nulle; cette nullité pourrait, selon nous, être couverte par la régularisation de la situation postérieure à la nomination, dans le cas, par exemple où l'associé serait devenu cessionnaire de la part de capital nécessaire pour avoir droit à remplir ses fonctions.

483. — c) Durée des fonctions. — La loi du 7 mars, contrairement à la loi de 1867, art. 5, pour les sociétés en commandite par actions, ne fixe aucune durée maximum des fonctions du premier conseil de surveillance. Les statuts sont libres de décider ce qui plaît aux associés.

484. — On pourra décider le renouvellement en bloc au bout d'une période déterminée ou le renouvellement annuel pour partie...

485. — Les membres sortants sont indéfiniment rééligibles, sauf stipulation contraire des statuts.

486. — d) Cessation des fonctions. — Le caractère des fonctions des membres du conseil de surveillance ne prend naissance que le jour de la nomination de leurs successeurs (*Cpr. Cass. civ.*, 19 *mars* 1914 : *Gaz. Pal.* 1915, 137).

487. — *Démission.* — Les membres du conseil de surveillance peuvent donner leur démission solidairement ou individuellement. Ils répondent, conformément au droit commun, du préjudice que cette démission aura pu causer à la société.

488 — *Révocation.* — Ils sont également révocables *ad nutum* comme tous mandataires (*Cpr.* la controverse à ce sujet, *Jur-Class. Soc.*, Fasc. 154, n. 57 et s. — Adde, Paris, 11 *mai* 1868 : *Gaz. Trib.* 20 *mai* 1868).

Mais à défaut de stipulations contraires, seule l'assemblée extraordinaire peut prononcer la révocation.

489. — e) Rémunération. — L'assemblée des associés fixe, s'il y a lieu, la rémunération qu'il y aura lieu d'allouer aux membres du conseil; aucune limite ne lui est imposée.

c) Attributions

490. — Le conseil de surveillance a pour attribution générale de veiller d'une façon permanente sur la gestion du gérant, de contrôler la régularité des écritures sociales et la marche loyale de la société. Son rôle est beaucoup moins étendu que dans les sociétés en commandite par actions.

491. — Plus spécialement, le conseil de surveillance a la double mission de vérifier les livres de la société et de faire un rapport annuel à l'assemblée générale dans lequel il devra consigner les observations faites en cours d'inspection.

492. — a) Vérifications. — L'article 10, § 1, de la loi de 1867, auquel se réfère l'article 32 de la loi du 7 mars 1925 décide : « Les membres du conseil de surveillance vérifient les livres, la caisse, le portefeuille et les valeurs de la société ».

Ces vérifications peuvent être effectuées grâce au droit de communication que possède le conseil; celui-ci peut exiger la présentation des documents divers et livres de toutes natures qui sont de nature à lui fournir des renseignements sur la marche de la société (V. Pont, n° 1510).

493. — Le droit de communication s'exerce sur place, au siège social, au domicile administratif, ou au lieu d'exploitation de la société. Il permet de prendre copie des documents présentés (*Cpr. Paris, 9 juillet* 1866 : *S.* 1867, 2, 262).

494. — Le gérant ne saurait résister aux demandes légales formulées par le conseil; s'il en était autrement, le conseil pourrait demander aux tribunaux l'annulation des assemblées tenues postérieurement au refus de communication.

495. — Les vérifications du conseil de surveillance doivent être faites consciencieusement, sans qu'il y ait lieu de les faire porter sur la totalité des articles de l'inventaire, par exemple.

496. — Le conseil doit prendre connaissance des espèces en caisse, des comptes courants, des effets en portefeuille ainsi que de tous autres éléments d'actif, et vérifier si les écritures sociales correspondent à la réalité.

497. — b) Rapport a l'assemblée générale. — Les membres du conseil de surveillance font chaque année à l'assemblée générale un rapport dans lequel ils doivent signaler les irrégularités et les inexactitudes qu'ils ont reconnues dans les inventaires, et constater, s'il y a lieu, les motifs qui s'opposent à la distribution des dividendes proposés par le gérant (art. 10, § 2, L. 1867).

498. — a) *Date de la rédaction.* — Le rapport du conseil de surveillance doit être terminé de telle sorte qu'il puisse être donné en communication aux actionnaires pendant la période de quinze jours qui précède l'assemblée annuelle (art. 30).

499. — Il résulte implicitement de cette règle que le bilan et l'inventaire doivent être définitivement arrêtés par le gérant avant ce délai, pour permettre au conseil de rédiger son rapport. Il sera bon de donner des précisions dans les statuts sur ce point.

500. — 6) *Contenu du rapport.* — Le rapport doit contenir un exposé sommaire de la situation de la société, les irrégularités relevées, leur importance et enfin les raisons qui imposent l'approbation ou le refus de l'allocation des dividendes proposés.

501. — γ) *Nature du rapport.* — Le rapport est collectif. Si un des membres du conseil avait sur un point une opinion nettement opposée à la majorité, il devrait en demander l'insertion pour se délier de la responsabilité collective.

502. — δ) *Sanction de l'absence de rapport.* — On estime généralement que le rapport doit être lu en assemblée, et que cette lecture constitue une formalité substantielle prescrite à peine de nullité.

503. — A plus forte raison, l'absence de tout rapport vicierait-elle l'assemblée. Les associés auraient d'ailleurs une action individuelle pour attaquer la validité de la délibération en se fondant sur le défaut de communication prévu par l'article 30 de la loi du 7 mars 1925.

504. — c) Convocation de l'assemblée générale. — L'article 29 de la loi donne pouvoir au conseil de surveillance de convoquer l'assemblée générale. Cette faculté doit s'entendre, comme pour les sociétés en commandite par actions, dans le sens le plus large; la loi ne limite pas au cas « d'urgence » le droit du conseil (*Cpr.* art. 32, § 2, L. 1867); il faut donc décider que ce dernier est seul juge de l'opportunité de la convocation.

505. — Les convocations et les délibérations pour être valables doivent être faites dans les mêmes conditions de forme exigées pour les assemblées convoquées par le gérant.

d) Actes excédant les pouvoirs du conseil de surveillance

506. — Le conseil de surveillance ne peut intenter une action contre le gérant pour préjudice cause à la société (*V. Cass. civ.*, 12 *août* 1889 : S. 1892, 1, 343).

507. — Lorsque la liquidation de la société a été prononcée, les pouvoirs du conseil disparaissent; celui-ci ne peut plus convoquer d'assemblées (*Paris, 25 février* 1885 : *Gaz. Pal.* 1885, 2, 106).

e) Responsabilité

508. — Aux termes des alinéas 4 et 5 de l'article 32 de la loi du 7 mars 1925 :

« Les membres du conseil de surveillance n'encourent aucune responsabilité à raison des actes des gérants et de leurs résultats.

« Chaque membre du conseil de surveillance est responsable soit envers la société, soit envers les tiers de ses fautes personnelles dans l'exécution de son mandat. »

509. — Les règles édictées par le législateur sont identiques á celles contenues dans la loi de 1867. art. 9. Aussi toutes les décisions de jurisprudence qui s'appliquent à l'interprétation de cet articles sont-elles ici applicables. Nous ne préciserons donc que les principes en renvoyant pour toutes explications et références supplémentaires au FASC. 154-3, relatif à la responsabilité du conseil de surveillance dans les sociétés en commandite par actions.

510. — PRINCIPES GÉNÉRAUX. — Les juges du fait ont le pouvoir souverain d'apprécier dans les divers éléments qui leur sont soumis les causes du préjudice causé soit à la société, soit au tiers, et son étendue (*V. not. Cass. req., 5 mars* 1890 : *S.* 1893, 1, 189).

Il n'appartient pas aux associés, soit lors de la rédaction des statuts, soit par acte postérieur de relever de toute responsabilité à raison de leurs fautes, les membres du conseil de surveillance (*V. not. Orléans. 27 février* 1904 : *J. Soc.* 1904, 307).

511. — I. — CONDITIONS DE RESPONSABILITÉ. — Vis-à-vis de la société, les membres du conseil de surveillance répondent comme mandataires, non seulement de leur dol et de leurs fautes lourdes, mais encore de leurs fautes légères et de leur négligence. Vis-à-vis des tiers, ils répondent de leurs fautes conformément au droit commun (art. 1382).

La responsabilité des membres du conseil ne se trouve engagée dans ces deux hypothèses que, d'une part, si la faute a été commise par eux, et, d'autre part, si un préjudice direct est résulté de cette faute (*V. not. Cass. req., 9 juillet* 1891 : *S.* 1893, 1, 300).

512. — II. — ETENDUE DE LA RESPONSABILITÉ. — Les obligations de vérification et de confection d'un rapport propres au conseil de surveillance entraînent la responsabilité de ces membres dans la mesure où le mandat qui leur a été confié n'ayant pas été rempli, il en est résulté un préjudice.

513. — a) *Vérifications diverses.* — La jurisprudence rendue en matière de sociétés en commandite par actions, applicable pour les sociétés à responsabilité limitée. a déterminé, à l'occasion de multiples espèces, dans quels cas la responsabilité des membres du conseil de surveillance pouvait être encourue (V. FASC. 154-3).

514. — D'une façon générale, le conseil engage sa responsabilité :

...Lorsqu'il ne surveille pas le gérant, alors que celui-ci s'engage dans des entreprises aventureuses ou préjudiciables á la société.

...Lorsque par négligence ou incurie il omet de vérifier les écritures sociales comme il en a obligation.

...Lorsqu'il ne fait pas rectifier les erreurs commises dans l'inventaire ou le bilan, etc...

515. — b) *Rapport.* — Les membres du conseil de surveillance engagent leur responsabilité pour les énonciations inexactes contenues dans leur rapport.

Notamment lorsqu'ils présentent la société comme prospère, alors qu'elle ne l'est pas, ou lorsqu'ils approuvent les comptes du gérant sans les vérifier. ou bien encore lorsqu'ils autorisent la distribution de dividendes, alors que les comptes régulièrement dressés ne pourraient faire apparaître un bénéfice susceptible d'être distribué.

516. — III. — ELÉMENTS SANS INFLUENCE SUR LA RESPONSABILITÉ. — Les membres du conseil de surveillance invoqueraient vainement pour se disculper :

Leur bonne foi ou leur honorabilité (*Cass req., 28 mai* 1889 : *S.* 1890, 1, 9);

La confiance qu'ils avaient dans le gérant (*Ibid.*);

La difficulté de remplir leur mandat, la mauvaise volonté du gérant à leur communiquer les pièces comptables; les artifices de comptabilité, etc.

517. — IV. — CIRCONSTANCES DÉGAGEANT LES MEMBRES DU CONSEIL DE SURVEILLANCE DE TOUTE RES-PONSABILITÉ. — Les membres du conseil de surveillance ne sont pas responsables des actes du gérant, eussent-ils des conséquences désastreuses, alors que, pour les empêcher, il leur aurait fallu dépasser les pouvoirs qui leur sont conférés par la loi.

528. — Ils ne répondent pas non plus des erreurs commises dans les écritures lorsque ces erreurs qui n'apparaissent pas évidentes *a priori* ne pouvaient être dégagées que par un travail considérable;

..Ni des manœuvres frauduleuses du gérant que leur diligence ne leur permettait même pas d'apercevoir.

519. — Et en général ils ne peuvent être recherchés, lorsque exerçant leurs fonctions « en bons pères de famille », ils se sont trouvés dans l'impossibilité de découvrir, autrement que par une chance, les irrégularités dissimulées par le gérant (*V. les décisions rendues en matière de sociétés en commandite par actions, J.-Cl. Soc.*, FASC. 154-3, *n.* 90 *et s.*).

520. — V. — FIXATION DU MONTANT DES RÉPARATIONS. — Le montant des dommages-intérêts mis à la charge des membres du conseil de surveillance est fixé souverainement par les juges du fond, qui tiennent compte de tous les éléments propres à déterminer la mesure de la responsabilité.

521. — C'est ainsi que de nombreuses décisions ont estimé que la bonne foi, la gratuité du mandat, l'inexpérience des affaires, constituaient autant de motifs pour le juge de diminuer le montant des réparations (*V. pour ces cas d'espèces* FASC. 154-3, *n.* 115 *et s.*).

522. — VI. — INFLUENCE DE L'ABSENCE OU DE LA DÉMISSION DES MEMBRES DU CONSEIL. — L'absence d'un membre du conseil de surveillance aux délibérations prises n'est pas à elle seule une cause d'exonération de responsabilité. Le juge du fait peut seulement dans ce cas déterminer si la cause d'absence n'est pas de nature à imposer cette exonération.

523. — Le vote d'un membre contre la décision de la majorité ne peut être une cause dégageant la responsabilité que si la démission immédiate a suivi (*V. Douai, 9 juin* 1896 : *Rev. Soc.* 1896, 472).

524. — VII. — EXERCICE DE L'ACTION EN RESPONSABILITÉ. — Vis-à-vis des associés, les membres du conseil de surveillance sont responsables dans les termes de l'article 1992 C. civ.

L'action en responsabilité peut être sociale ou individuelle; elle apparaît comme une action sociale lorsque sa cause réside dans un préjudice subi par la masse des associés. Dans ce cas, elle peut être exercée, en l'absence de dispositions statutaires contraires, par chaque associé tant que la masse des actionnaires n'y a pas renoncé ou n'a pas transigé.

Elle est individuelle au contraire lorsque l'associé qui l'exerce argue d'un préjudice qu'il a supporté en particulier. Il en serait spécialement ainsi lorsqu'un associé ne serait entré dans la société que trompé par des bilans mensongers ou la distribution de dividendes fictifs.

525. — Vis-à-vis des tiers, les membres du conseil de surveillance répondent du préjudice que leurs fautes ont pu causer aux tiers, conformément au droit commun (art. 1382 et 1383).

526. — VIII. — CARACTÈRE DE LA RESPONSABILITÉ. — Chaque membre du conseil de surveillance est en principe responsable de ses fautes personnelles.

La solidarité peut cependant être prononcée contre les membres du conseil lorsqu'elle résulte notamment d'un concert frauduleux entre les membres.

527. — Lorsque l'ensemble des faits constitutifs de la faute commise est indivisible de sa nature et ne permet pas de distinguer la part que chacun des membres du conseil a prise dans la perpétration de la faute, la condamnation *in solidum* doit être prononcée.

528. — Au contraire, lorsqu'il y a possibilité de diviser la responsabilité, le juge doit la répartir entre les coauteurs du dommage suivant la part que chacun d'eux y a prise.

529. — La jurisprudence décide d'autre part que, même au cas d'indivisibilité de la faute commune, la condamnation prononcée contre tous les membres du conseil de surveillance ne fait pas obstacle à la répartition inégale de la responsabilité entre ces derniers (*Cass. civ.*, 1er *juillet* 1895 : *S.* 1895, 1, 349).

530. — IX. — Compétence. — La question de savoir quels sont les tribunaux compétents pour connaître de l'action en responsabilité est très controversée.

531. — La doctrine et la jurisprudence sont loin d'être d'accord, et les décisions rendues partagent cette hésitation générale. Il est impossible de donner des solutions de principe bien certaines, et nous ne saurions que renvoyer le lecteur aux espèces sur lesquelles les tribunaux se sont prononcés.

532. — X. — Prescription. — Elle peut être de trois ans (responsabilité née d'un délit, art. 637 et 638 C. Inst. crim.), ou de cinq ans après la dissolution de la société (responsabilité pour faute de gestion exercée par les créanciers sociaux), ou de trente ans (action exercée par les associés non gérants).

Droits de surveillance propres aux associés

533. — Tout associé a le droit de prendre communication au siège social pendant les quinze jours qui précèdent l'assemblée annuelle, du bilan, de l'inventaire et du rapport du conseil de surveillance (art. 20).

534. — Les associés peuvent ainsi se rendre compte, par eux-mêmes, pendant une période déterminée, de la marche réelle de la société.

535. — Ce droit de communication est absolu, il appartient aux associés, fussent-ils attributaires d'une simple part de 100 francs

536. — L'énumération fournie par l'article 30 est limitative, les associés seraient sans droit à vouloir prendre communication des procès-verbaux des assemblées générales et de leurs causes (*V. Paris, 9 juillet* 1866 : *D.* 1866, 2, 138).

537. — Aucune règle conventionnelle ne pourrait faire obstacle aux droits « minimum » reconnus aux associés; au contraire, ces droits pourraient être valablement étendus.

538. — En dehors de l'époque normale où les associés peuvent prendre communication des documents que nous venons d'énumérer, ils peuvent à tous moments demander aux tribunaux, en justifiant d'un intérêts sérieux, que certains documents sociaux soient mis à leur disposition (*V. Cass. req.*, 3 *décembre* 1872 : *S.* 1873, 1, 33).

539. — Ce recours à la justice ne pourrait plus être d'aucun résultat après la dissolution de la société (*Ibid.*).

540. — Nota. — *Convocation de l'assemblée générale.* — Dans les sociétés composées de plus de vingt associés, ceux-ci ne peuvent, quel que soit le capital qu'ils représentent, convoquer valablement les assemblées (arg. art. 29).

CHAPITRE VIII

La gestion financière et la distribution de dividendes fictifs

SOMMAIRE

I. — GESTION FINANCIERE. — PRINCIPES

541. — Il nous paraît bon de rappeler dans un chapitre spécial quelques-unes de ces règles qui président tant à l'établissement du bilan qu'à la répartition des bénéfices.

Toutefois ces règles ne peuvent être rappelées ici que dans leurs principes ; nous renvoyons le lecteur pour les développements importants auxquelles elles donnent lieu, au Juris-Classeur des Sociétés, Fasc. 148, 1 et 2.

I. — Inventaire et bilan

542. — Sur la confection des inventaires et des bilans il n'y a rien à ajouter au régime du droit commun coutumier au point de vue de l'évaluation des éléments actifs ou passifs de l'obligation de constituer les amortissements qui s'imposent à toute entreprise (V. pour toutes précisions sur ce point spécial : Juris-Classeur des Sociétés, Fasc. 18, 1 et 2).

II. — La notion de bénéfice

543. — Le bénéfice annuel d'une société à responsabilité limitée est constituée par l'excédent de l'actif sur le passif, tel que cet excédent résulte du bilan. Le bilan est établi en droits constatés, c'est-à-dire suivant le système de l'exercice et non sur la base des encaissements et décaissements. Il tient compte de toutes les variations (effectivement constatées ou forfaitairement appréciées) survenues dans la valeur composant le patrimoine social.

III. — Clause d'intérêts fixes

544. — La définition que nous venons de donner du bénéfice montre que celui-ci correspond à un accroissement certain ou considéré comme tel du fonds social.

545. — On pourrait donc admettre que prélever des sommes pour les distribuer aux associés lorsque ce supplément de l'actif sur le passif n'existe pas ou est insuffisant pour permettre la distribution d'un dividende, constitue le remboursement par la société aux associés de leurs mises sociales, et se trouve frappée de ce fait d'une nullité absolue.

546. — Or, bien que la loi du 7 mars soit particulierement scrupuleuse de sauvegarder la valeur réelle du gage donné aux créanciers, elle admet, pendant la période de préparation et d'installation de l'entreprise, la possibilité pour les associés de décider le paiement d'un intérêt fixe annuel dont le montant sera mis au compte des frais de premier établissement (art. 34).

547. — Il convient ici de bien préciser la nature de ces intérêts fixes afin de ne pas les confondre avec l'expression identique qui représente une tout autre notion dans les sociétés anonymes.

548. — Dans ces dernières sociétés, en effet, on oppose l'intérêt fixe consenti aux actionnaires, même en l'absence des bénéfices, pendant toute la durée de la société, quelle que soit la nature de l'entreprise, aux intérêts intercalaires dus aux actionnaires pendant la période de mise en marche d'une société nécessairement improductrice à ses débuts (*Cie des Chemins de fer; Cie minière, etc.*). Les intérêts inter-

calaires sont alloués en attendant à la période où les résultats commerciaux pourront être pris en considération.

549. — C'est à cette dernière notion que correspondent les intérêts fixes des sociétés à responsabilité limitée.

550. — Ils sont en effet stipulés, aux termes de la loi, seulement pour la période nécessaire à l'exécution des travaux qui, d'après l'objet de la société, doivent précéder le commencement de ses opérations.

551. — La législation française n'innove pas d'ailleurs sur ce point; on trouve dans le droit anglais, italien et allemand des prescriptions très précises concernant la clause d'intérêts fixes (Code com. italien, art. 181. — L. anglaise de 1908 « Companies acts ». — Code com. allemand, art. 215).

552. — a) CONDITIONS GÉNÉRALES DE VALIDITÉ. — La clause d'intérêts fixes n'est opposable aux tiers et même n'a de valeurs entre les associés que :

1° Si elle a été expressément prévue dans le pacte social;

2° Si elle a été publiée dans un journal d'annonces légales.

553. — Si ces deux conditions de validité ou l'une quelconque d'entre elles ne se trouvent pas réalisées, la clause d'intérêts fixes ne saurait avoir aucun effet, elle est nulle d'une nullité d'ordre public.

554. — Une difficulté peut se présenter en cas d'augmentation de capital : supposons qu'une société double son capital pour développer son outillage ou construire de nouvelles usines; sera-t-il possible de décider que les actions nouvelles auront droit à un intérêt fixe ou même que toutes les actions nouvelles auront droit à cet intérêt? En un mot, l'article 34 trouve-t-il son application uniquement lors de la constitution de la société?

555. — Le texte de l'article ne nous fournit aucune précision à cet égard ; les travaux préparatoires se contentent de paraphraser le texte sans l'expliquer. D'autre part, la nécessité d'insérer la clause dans les statuts peut parfaitement s'appliquer au cas d'augmentation de capital par modification des statuts.

556. — Nous estimons, en l'absence de toute précision législative, qu'il est parfaitement loisible aux associés d'insérer en cours de société une clause d'intérêts fixes dans les statuts, mais à condition que les circonstances qui nécessitent cette modification soient les mêmes que celles qui auraient rendu la clause licite lors de la constitution, c'est-à-dire la nécessité d'organiser les forces productives avant que celles-ci puissent fournir une véritable indication de leur rendement éventuel.

Il appartiendra d'ailleurs, en toute hypothèse, au juge du fait de décider, d'après les circonstances de la cause, si l'insertion d'une telle clause n'a pas eu pour but de tourner frauduleusement la loi.

557. — b) DURÉE DES VERSEMENTS. — La loi déclare expressément que la durée des versements d'intérêts fixes doit être limitée dans le temps par les statuts ; elle ne fixe pas cette durée dans l'impossibilité où se trouve le législateur d'envisager les multiples cas d'espèces où cette clause pourra jouer ; même dans des entreprises similaires, les conditions particulières de la production peuvent légitimement modifier la durée.

558. — Si les statuts étaient muets sur cet élément particulier, la clause ne serait pas nulle en elle-même, la loi n'étendant pas à cette omission la nullité absolue ; les causes de nullité doivent, en effet, être interprétées restrictivement ; mais, dans ce cas, les intérêts fixes ne pourraient être valablement versés que durant la période précédant réellement l'exploitation, et les créanciers seraient en droit de considérer comme distributions de dividendes fictifs, avec toutes les responsabilités qu'elles comportent, les versements opérés dans les exercices courants.

559. — *c*) Comptabilité. — La loi décide que le montant des intérêts ainsi payés doit être compris parmi les frais de premier établissement et amortis suivant le mode et dans le délai que doivent fixer les statuts, sur les années qui présenteront des bénéfices (*Cpr. les lois étrangères précitées*).

560. — Les conséquences de cette autorisation sont importantes ; en effet, comme les intérêts fixes sont portés au compte de premier établissement, ils peuvent être amortis peu à peu, sans retarder pour une longue période la distribution des bénéfices. Au contraire, si ces intérêts devaient être passés au compte des frais généraux, la période de constitution et de mise en marche passée, il n'y aurait pas de dividende pour les actionnaires tant que les pertes résultant du paiement de ces intérêts n'auraient pas été réparées. L'avantage des intérêts fixes aurait été dans ce dernier cas illusoire, puisque, pour donner un intérêt dans les premières années, on devait envisager une période postérieure nécessairement impro-ductive.

IV. — Acomptes en cours d'exercice

561. — Il n'y a aucune raison spéciale de ne pas admettre pour les sociétés à responsabilité limitée les principes dégagés par la jurisprudence en matière de sociétés anonymes, sur les conditions de validité de la distribution d'acomptes en cours d'exercice.

En conséquence :

a) Si le bilan dressé à la fin de l'exercice révèle un excédent bénéficiaire suffisant pour couvrir le montant des acomptes versés, il n'y a pas lieu de rechercher si la situation de l'entreprise au jour de la distribution la légitimait pleinement.

562. — *b*) Si le bilan ne fait apparaître aucun excédent de bénéfices, la répétition des acomptes sera toujours possible, quelle qu'ait été la bonne foi des associés (Art. 35).

563. — Par contre, la responsabilité pénale du gérant ne serait engagée qu'à une double condition : 1° que l'acompte ait été versé en l'absence d'une clause statutaire l'autorisant ; 2° qu'il ait été réparti en l'absence d'une situation commerciale la justifiant (*Ibid.*, n. 48).

564. — La seule différence qui ressort de ces principes et de ceux admis en matière de sociétés anonymes provient des conditions spéciales d'exercice de l'action en répétition des dividendes indûment versés, telles qu'elles résultent de l'article 35 de la loi du 7 mars.

V. — Répartition des bénéfices

565. — Les répartitions que nous venons d'envisager ne sont pas à proprement parler des répartitions de bénéfices, mais des versements extraordinaires aux associés.

566. — Nous allons maintenant envisager les modes de répartitions ordinaires, celles qui sont réalisées, lorsque le bilan faisait ressortir un solde bénéficiaire ; les associés répartissent selon leurs conventions, et en tenant compte des obligations législatives, les sommes à la disposition de l'entreprise.

567. — Les développements que nous avons faits en exposant la réglementation des sociétés anonymes sont en tous points applicables aux sociétés à responsabilité limitée. On peut même dire que, sur ce point, ces sociétés doivent être sous un régime identique aux sociétés par actions constituées postérieure-

ment à la loi de 1913 ; le législateur n'a pas innové, les solutions admises par la jurisprudence apparaissant pleinement applicables.

568. — *a*) Clauses statutaires de répartition des bénéfices. — A part le poste de la répartition consacré à la réserve légale, dont il n'est pas possible de modifier le montant ni de repousser dans l'échelle de la répartition, les associés ont les pouvoirs les plus étendus pour édicter sur ce point les règles qui leur semblent les meilleures.

569. — En pratique, l'échelle de la répartition apparaîtra le plus logiquement comme sur le modèle suivant :

 5 % à la réserve légale ;
 x %, premier dividende aux parts.

Sur ce surplus :

 x % au gérant ;
 x % (s'il y a lieu) au personnel ;
 x % aux réserves jugées utiles par l'assemblée.

Le solde :

 x % aux parts ;
 x % au gérant.

570. — *b*) La réserve légale. — Sur les bénéfices nets, il doit obligatoirement être constitué un fonds de réserve légale, un vingtième des bénéfices, soit 5 %.

Ce prélèvement cessera d'être obligatoire lorsque le fonds de réserve aura atteint un dixième du capital social (Art 33).

571. — Ces dispositions sont absolument identiques à celles prescrites par l'article 36 de la loi du 24 juillet 1867 pour les sociétés par actions.

572. — Les développements que nous avons consacrés dans le Fasc. 147 du *Juris-Classeur des Sociétés*, tant à la détermination du bénéfice net sur lequel doivent être calculés les prélèvements pour la réserve légale (*n.* 66 *et s.*) qu'aux procédés extraordinaires de dotation de ce fonds (*n.* 97 *et s.*), sont applicables. La loi reconnaît, d'autre part, formellement le droit pour les associés de disposer comme ils l'entendent de son emploi (*Ibid., n.* 107 *et s.*).

573. — *c*) Le dividende. Droits de l'associé. — Après la constitution du fonds de réserve légale, on décide généralement qu'il sera donné un premier dividende aux parts de 6 à 8 %.

Ce dividende se distingue de l'intérêt fixe en ce qu'il n'est distribuable qu'au cas d'existence d'un solde bénéficiaire du bilan.

574. — Si une année ne permet pas sa distribution, l'année suivante il n'y aura pas de rappel de ce dividende ; en un mot, le dividende n'est pas cumulatif, sauf convention contraire.

575. — Le problème le plus délicat qui se pose au sujet du dividende est celui de savoir quelle est la nature du droit de l'actionnaire, en un mot, si, l'échelle de la répartition étant établie, celle-ci peut être modifiée par la volonté de l'assemblée.

576. — Nous ne saurions que renvoyer sur une question aussi vaste et aussi controversée aux développements que nous avons fournis J.-Cl. Soc., Fasc. 147-2, *n.* 143 *et s.* ; qu'il nous suffise de rappeler les solutions essentielles qui paraissent pouvoir être dégagées de la jurisprudence.

577. — *a)* S'il n'existe pas dans les statuts de clauses relatives à la répartition, les associés sont libres de donner aux bénéfices l'affectation qui leur paraît la plus judicieuse.

578. — *b)* S'il existe dans les statuts une clause relative à la répartition, les associés sont tenus, en principe, d'en respecter les prescriptions. Mais on admet généralement qu'au cas où la répartition ne prévoit pas la création de réserves facultatives et où les nécessités sociales viennent à l'exiger, un associé ne serait pas en droit de contester la validité de la délibération par laquelle la majorité des intéressés avaient autorisé sa constitution (*Ibid.*, *n.* 146 *et s.*).

579. — *d)* Tantièmes des gérants. — Les sommes allouées au gérant comme participation dans les bénéfices sont de même nature que les dividendes et restent soumises aux mêmes règles générales.

Lorsque le gérant quittera ses fonctions, il aura droit aux tantièmes pour le nombre de jours existant entre la clôture du dernier exercice et son départ, conformément au droit commun.

580. — *e)* Réserves facultatives ou extraordinaires. — Nous ne pouvons que renvoyer sur ce point en raison des développements importants que nécessite rait l'exposé de la question, Fasc. 147-2, n. 188 et suiv., du *Juris-Classeur des Sociétés*, ou on trouvera tous ces développements.

581. — *f)* Droits des tiers participants. — Renvoi Fasc. 147-2, n. 27 et s.

II. — DISTRIBUTION DE DIVIDENDES FICTIFS

A. — Responsabilité pénale

582. — 1. Généralités. — L'article 38 de la loi du 7 mars 1925 punit des peines de l'escroquerie (art. 405 C. pén.) « les gérants qui en l'absence d'inventaire, ou au moyen d'inventaire frauduleux, ont opéré entre les associés la répartition des dividendes fictifs ».

Cet article est la reproduction littérale de l'article 15 de la loi du 29 juillet 1867 (société en commandite par actions) rendu applicable aux administrateurs des sociétés anonymes par l'article 45 de ladite loi.

583. — 2. Eléments constitutifs du délit de distribution de dividendes fictifs. — On distingue quatre éléments essentiels du délit d'escroquerie :

584. — *Absence ou inexactitude de l'inventaire.* — Par absence d'inventaire on doit entendre, d'après la jurisprudence, l'absence de tout état de situation, de tout compte-rendu, soit écrit, soit verbal, au moyen desquels on prétend mettre les associés en présence d'une situation véritable de l'entreprise. Mais encore faut-il que l'état de situation soit suffisamment précis et détaillé.

585. — L'inventaire frauduleux résultera le plus souvent, soit d'évaluations fantaisistes des éléments actifs, soit du non-amortissement de créances litigieuses ou irrécouvrables, en un mot de toutes estimations non conformes aux coutumes commerciales.

586. — *Mauvaise foi.* — Le délit de distribution de dividendes fictifs n'est pas contraventionnel. Il convient donc de prouver que les gérants étaient de mauvaise foi pour les faire tomber sous les coups de la loi. Cette mauvaise foi ne résulte pas de la négligence, de l'erreur, de la non-observation d'usages comptables, mais de l'altération en connaissance de cause des éléments qui concourent à la détermination du dividende (*V. sur les applications multiples que la jurisprudence a dégagées de ces principes: J. C. Sociétés, Fasc. 148, n. 57 et s.*).

587. — c) *Fictivité des dividendes.* — Le troisième élément du délit est la fictivité des dividendes; cette fictivité existe lorsque le bilan régulièrement établi ne fait pas apparaître un excédent d'actif.

Alors même qu'il y aurait des majorations frauduleuses de certains postes actifs du bilan, la fictivité des dividendes ne pourrait être retenue si certains autres éléments passifs avaient été omis et compensaient cette surestimation.

588. — La question se pose enfin de savoir si le délit existe pour la seule raison que le dividende n'était pas distribuable. Nous ne le croyons pas (*V. à ce sujet Note* Jean MICHEL *sous Trib. com. Seine, 2 août* 1923: *Rec. Jur. Soc.* 1923, *p.* 339).

589. — d) *La répartition effective des dividendes.* — C'est la répartition effective des dividendes fictifs qui consomme le délit.

Cette répartition, aux termes de la plus récente jurisprudence, est réalisée par la mise à la disposition des actionnaires des dividendes. « La répartition des dividendes est accomplie lorsque, des bénéfices étant constatés et attribués aux associés, ceux-ci ont acquis un droit privatif sur le valeur répartie » (*Seine, 4 juin* 1923: *Rec. Jur. Soc.* 1923, 243, *confirmé par Paris*).

590. — 3. PERSONNES DONT LA RESPONSABILITÉ PÉNALE EST ENGAGÉE. — Les auteurs principaux dont la responsabilité se trouve engagée sont les gérants (art. 38).

591. — Les règles ordinaires de la complicité sont applicables en matière de distribution de dividendes fictifs (art. 39).

592. — La décision des associés ratifiant la répartition frauduleuse ne met pas obstacle à l'action pénale.

593. — 4. PREUVE DU DÉLIT. — La preuve du délit peut se prouver devant les tribunaux répressifs par tous moyens.

594. — 5. PEINES ENCOURUES. — Les peines encourues sont : *a)* l'emprisonnement de 2 à 5 ans ; *b)* l'amende de 50 à 3.000 francs; *c)* l'interdiction, facultative pour le juge, des droits civiques pour une période de cinq à dix ans.

Les circonstances atténuantes peuvent être accordées.

595. — 6. PRESCRIPTION. — La prescription de l'action pénale est de trois ans, conformément au droit commun (art. 638 C. inst. crim.).

B. — Responsabilité civile. — Répétition des dividendes.

596. — a) GÉNÉRALITÉS. — L'article 35 de la loi du 7 mars innove profondément en matière de répétition des dividendes indivisément perçus par les associés. Il décide en effet : « La répétition de dividendes, ne correspondant pas à des bénéfices réellement acquis, est admise contre les associés qui les ont reçus. »

Ainsi la loi n'envisage plus la question de savoir si l'associé était de bonne ou de mauvaise foi; le seul fait qu'il a touché ce dividende fictif permet la répétition de ce dividende.

597. — C'est là une règle absolument contraire à celle édictée par l'article 10 de la loi de 1869; cette dernière loi, estimant que les actionnaires ne devaient pas être inquiétés pour la perception de revenus qu'ils avaient pu de bonne foi toucher et dépenser, avait établi au profit des actionnaires des présomptions de bonne foi (Répartition effectuée après inventaires et conformément aux résultats de cet inventaire) qui les préservaient de toute action en répétition. Le législateur a voulu donner des sécurités supplémentaires aux créanciers dans les sociétés à responsabilité limitée, et l'article 35 ne laisse aucun doute sur sa volonté formelle.

598. — b) Personnes qui peuvent exercer l'action en répétition. — L'action en répétition peut être exercée par toute personne intéressée à reconstituer le capital social :

a) La société représentée par son gérant;

b) Les créanciers et leurs représentants.

599. — c) Contre qui l'action doit être intentée. — L'action doit être intentée contre les associés qui ont touché les dividendes fictifs.

Elle se trouverait d'ailleurs éteinte si les gérants avaient de leurs deniers comblé le déficit résultant de la distribution de dividendes.

600. — d) Intérêts. — Les associés poursuivis en restitution de dividendes indûment payés doivent rapporter à la société non seulement les sommes touchées, mais l'intérêt de ces sommes.

601. — e) Compétence. — Le tribunal compétent est-il le tribunal de commerce ou le tribunal civil ? Les deux chambres de la Cour de cassation ont une jurisprudence contraire (*V. J. C. Sociétés, Fasc.* 148-2, *n.* 36 *et s.*).

602 — f) Prescription. — L'article 35 établit en faveur des associés sujets à répétition une prescription de cinq ans.

603. — Le point de départ de la prescription est le jour fixé pour la distribution des dividendes (article 135), et non le jour où l'associé les a encaissés effectivement, comme l'aurait voulu le droit commun.

I. — AUGMENTATION DE CAPITAL

Généralités

604. — Le capital des sociétés à responsabilité limitée peut être augmenté. La loi est d'ailleurs muette sur cette modification statutaire, et il y a lieu de se référer pour la réglementation de cette opération aux principes généraux qui régissent ces sociétés.

605. — Remarquons que l'augmentation de capital peut apparaître, soit comme une opération extraordinaire de nature à apporter à l'affaire les capitaux nécessaires à sa consolidation ou à son développement, soit comme une opération normale de par le caractère variable du capital.

606. — Dans ces deux cas, les opérations, quoique similaires par la forme, jouissent d'un traitement différent. La loi du 7 mars 1925 renvoie en effet, pour les sociétés à capital variable, aux règles spéciales contenues dans les articles 48 et 54 de la loi du 24 juillet 1867.

A. — Société à responsabilité limitée ne contenant pas de clauses de variabilité de capital

607. — La clause de variabilité du capital est celle qui déclare que le capital sera susceptible d'augmentation par des versements successifs faits par les associés ou l'admission d'associés nouveaux ou de diminution par la reprise totale ou partielle des apports effectués (art. 40).

608. — Il y a lieu de ne pas la confondre avec la disposition statutaire qui permet soit au gérant, soit aux associés statutaires en délibérations ordinaires d'augmenter le capital jusqu'à un chiffre déterminé.

609. — *a*) Par qui l'augmentation de capital peut être décidée. — L'augmentation de capital doit, en principe, être décidée par une décision extraordinaire des associés; il y a, en effet, dans ce cas, modification du pacte social et décision nécessitant le quorum de l'article 31.

Mais une cause statutaire peut valablement décider que le gérant ou les associés délibérant aux conditions de l'article 27 pourront porter le capital par tranches ou en totalité à un chiffre déterminé. Cette clause n'aura d'ailleurs pas pour effet de permettre l'inobservation de la formalité d'agrément des étrangers fixée par l'art. 22 de la loi (V. *infra* n. 10).

610. — *b*) Que peut-on apporter valablement en augmentation de capital ? — Les associés ou les tiers dûment autorisés peuvent apporter à la société en augmentation de capital, soit des biens en nature, soit des espèces, en un mot toute valeur appréciable en argent. Il n'est pas dérogé sur ce point au droit commun; les règles que nous avons examinées à propos de la constitution des sociétés sont ici applicables.

611. — L'augmentation de capital pourrait-elle également être réalisée par compensation avec les sommes dues par la société ?

Nous le pensons. Il n'y a aucune raison tirée de la loi qui puisse s'opposer à ce mode d'augmentation que tout le monde s'accorde à reconnaître valable dans les sociétés par actions.

612. — Notons encore l'augmentation de capital par transformation des réserves en parts, etc...

613. — *c*) Qui peut apporter ? — Une personne quelconque ne saurait valablement apporter un bien pour réaliser l'augmentation de capital d'une société à responsabilité limitée.

614. — L'article 22 relatif à la cession est applicable dans le cas que nous envisageons ; pour deve-
ir attributaire des nouvelles parts, il faut donc, soit : *a*) être associé ou, *b*) être gérant, ou avoir reçu
omme étranger l'agrément des associés aux conditions stipulées dans ledit article (*V. supra chap. IV, n.* 22
suiv.).

615. — Il serait en effet contraire à toute interprétation logique de la loi de permettre l'entrée d'étran-
ers lors d'augmentation de capital, alors que les sociétés à responsabilité limitée ont été considérées, par le
égislateur, comme des groupements familiaux restreints.

616. — *d*) Formalités. — Les formalités que nous avons examinées au cours de notre exposé sur les
ègles de la constitution des sociétés à responsabilitélimitée, sont ici applicables. L'augmentation de capital
oit être constatée par un acte écrit ; les parts doivent être entièrement libérées et réparties intégralement
ntre les souscripteurs ; chacune de ces parts doit être d'un montant de 100 francs ou d'un multiple de cette
omme ; une seule assemblée doit se réunir. Tous les associés anciens et nouveaux sont solidairement res-
onsables de la valeur donnée aux nouveaux apports en nature (s'il y en a) ; par anciens associés, nous enten-
ons les possesseurs de parts au moment de la délibération constatant la réalisation de l'augmentation de
apital.

617. — Pratiquement on doit distinguer certaines hypothèses pour la régularisation de l'augmentation
e capital.

1° *Société composée de plus de 20 associés.* — *a*) Il n'a pas été donné de pouvoirs spéciaux au gérant.
Dans ce cas, il est nécessaire de réunir deux assemblées ; une première décide l'augmentation aux condi-
ons fixées par l'article 31 ; une seconde, statuant aux conditions de quorum et de majorité de l'article 22,
éclare l'augmentation de capital réalisée.

b) Le gérant a le pouvoir d'augmenter le capital. Dans ce cas, une seule assemblée doit se réunir et
élibérer aux conditions de l'article 22, c'est-à-dire que l'augmentation n'est réalisée qu'autant qu'elle est
pprouvée par la double majorité de la moitié des associés et des trois quarts du capital social.

2° *Société composée de moins de 21 associés.* — a) Il n'a pas été donné de pouvoirs spéciaux au
gérant.

Dans cette hypothèse, le gérant doit consulter les associés par lettre, et, s'il réunit le quorum et la ma-
orité de l'article 31, il procède aux opérations de souscription et de libération. Puis par une deuxième consul-
ation prise dans la forme de l'article 22, il présente aux associés la liste des souscripteurs. Si ceux-ci ac-
eptent l'augmentation, celle-ci devient définitive. Le gérant dresse alors un procès-verbal constatant la régu-
arité des opérations, et c'est ce procès-verbal qui doit être enregistré et publié conformément à la loi.

b) Il a été donné des pouvoirs spéciaux au gérant. Dans ce cas, la première consultation est inutile, mais
a deuxième est nécessaire aux conditions que nous venons de signaler.

618. — *e*) Publications. — Renvoi *supra* Chap. III, lre Section.

619. — *Droits des parts nouvelles.* — Les droits des nouvelles parts sont identiques à celles précédemment créées, sauf stipulations contraires.

Rien ne s'oppose, en effet, à ce qu'il existe des parts de priorité, c'est-à-dire des parts donnant droit à
'attribution dans certaines conditions d'un dividende privilégié (*V. Chap. IV, n.* 33 *et s.*).

620. — Le droit de vote plural est par contre prohibé, mais il sera facile d'atteindre un résultat sensiblement identique, lorsque de nouveaux associés voudront prendre le contrôle d'une affaire, d'accord avec les
nciens associés.

621. — Il suffira, le capital ancien étant divisé en grosses parts, de créer des parts de 100 francs pour le nouveau capital et de donner aux souscripteurs autant de parts de 100 francs qu'ils apporteront de capitaux. Le vote ayant lieu par parts, le résultat sera obtenu. Il y a lieu de remarquer, toutefois, que ce résultat ne sera pas aussi absolu que dans les sociétés anonymes, puisque les délibérations des associés doivent réunir une forte majorité de capital (art. 27).

B. — Sociétés à capital variable

622. — a) GÉNÉRALITÉS. — Les règles relatives aux sociétés à capital variable et déterminées par l'article 48 et s. de la loi de 1867 ne font que juxtaposer des prescriptions particulières au régime du droit commun ; elles ne se substituent pas à lui.

623. — Mais la simple lecture de ces articles, dont le but a été de faciliter la création de sociétés coopératives, montre qu'ils trouvent leur application rationnelle bien plus dans les sociétés de capitaux que dans les sociétés de personnes que représentent les sociétés à responsabilité limitée.

624. — Le désir du législateur a été à la fois de faciliter les augmentations de capital en n'exigeant pas les longues formalités de réunions d'assemblées prescrites dans les sociétés par actions et de permettre aux associés d'exclure ceux qui leur paraissent indésirables (V. *supra*).

625. — C'est seulement sur ce dernier point que l'article 40 de la loi du 7 mars 1925 apporte un élément véritablement intéressant, dans son application, aux nouvelles sociétés. Pour tout le reste, la réglementation particulière des sociétés à responsabilité limitée met obstacle à l'utilisation normale des facilités données par la loi de 1867 et sera d'une application tout à fait exceptionnelle (*V. à ce sujet : De la variabilité du capital dans les sociétés et particulièrement dans les sociétés à responsabilité limitée, par A. C. : Rev. Not.* 1925, 30 *juin.* — *Adde :* DROUETS, *Les sociétés à responsabilité limitée à capital variable : J. Soc.* 1926, 129 *et s.*).

626. — b) QUI PEUT DEVENIR NOUVEL ASSOCIÉ ? — Conformément au droit commun en la matière, tout nouvel associé doit être agréé par la majorité des associés représentant au moins les trois quarts du capital normal (art. 22).

Ainsi disparaît le principal avantage de la clause « capital variable », qui était de simplifier les formalités d'augmentation du capital. Il ne faudra plus tenir d'assemblée extraordinaire pour autoriser l'augmentation, mais il faudra réunir une assemblée spéciale pour obtenir le consentement des associés à l'entrée du nouvel adhérent.

627. — Il n'en serait autrement qu'au cas où les parts représentant l'augmentation du capital seraient attribuées aux associés ou au gérant.

628. — L'assemblée pourrait-elle donner pouvoir au gérant d'admettre des associés étrangers dans la société ?

Il semble bien difficile de l'admettre, vu le caractère impératif de l'article 22 (En ce sens : *A. C., pré*cité).

629. — On a pourtant soutenu que, sauf disposition contraire des statuts, les nouveaux associés peuvent entrer librement dans la société sans être agréés; les règles de l'article 22 sur la cession ne s'appliquent pas à l'augmentation de capital (DROUETS : *J. Soc.* 1926, 139. — PIOT, *p.* 96). Cette interprétation nous semble contraire à la volonté formelle du législateur de garder aux sociétés à responsabilité limitée leur caractère familial.

630. — *c*) Montant des augmentations successives. — Le capital initial des sociétés à capital ne peut être supérieur à 200.000 francs. Et, chaque année, l'assemblée générale ne peut décider d'augmentation dépassant le chiffre de 200.000 francs.

631. — *d*) Publications. — L'article 40 de la loi du 7 mars ne rend applicables aux sociétés à responsabilité limitée que les articles 48 à 54; or, ce sont les articles 61 et 62 qui précisent les règles de publication relatives aux sociétés à capital variable.

632. — En l'absence de toute indication de nature à faciliter la tâche de l'interprète, si une interprétation est possible dans une telle carence du législateur, il nous semble nécessaire d'admettre les principes suivants :

1° L'assemblée annuelle fixant le maximum de l'augmentation pendant l'exercice doit être publiée (*V. A. C., précité*);

2° Toute adjonction d'associés devra être également publiée (*Arg. art.* 17 *et* 14 *L.* 7 *mars* 1925); ce principe qui s'impose en l'absence de toute autre prescription n'est pas de nature à rendre particulièrement compliquées et onéreuses ces adjonctions.

II. — RÉDUCTION DE CAPITAL

633. — Nous sommes arrivés à envisager ici, comme pour l'augmentation de capital, les règles applicables aux sociétés à responsabilité limitée ordinaires et celles qui sont spéciales aux sociétés à capital variable.

634. — Deux principes dominent nos observations :

1° Le capital ne peut pas être inférieur à 25.000 francs (art. 6, § 1);

2° Les parts sont au minimum de 100 francs (art. 6, § 2).

A. — Sociétés ne contenant pas de clauses de variabilité du capital

635. — Les causes de réduction de capital sont multiples ; la plus fréquente est une diminution de l'actif social tel que, si la réduction n'intervenait pas, ce serait impossible pendant de nombreux exercices de disposer d'aucun dividende distribuable. Pour faciliter la reprise de l'entreprise, le réinvestissement de nouveaux capitaux, et rapprocher la période bénéficiaire, les associés peuvent trouver avantageux de réduire leur capital.

636. — Cette réduction n'entraîne pas leur responsabilité envers les tiers, dans les termes de l'article 8; la responsabilité solidaire n'existe en effet que pour l'estimation des apports en nature lors de la constitution; toute diminution postérieure de la valeur de ces apports est sans effet à l'égard des associés.

637. — Chiffre limite de la réduction. — La réduction ne peut avoir pour effet de porter le capital à un chiffre inférieur à 25.000 francs ; toute infraction à la règle posée par l'article 6 entraînerait la dissolution de la société.

638. — Modalités de la réduction. — La réduction de capital est généralement opérée dans les sociétés par actions par une réduction proportionnelle des droits des actionnaires (remise de deux nouvelles actions pour 5 par exemple) ou par abaissement du taux normal des titres.

639. — Au cas où tous les associés posséderaient plus d'une part de 100 francs ou des parts de plus de 100 francs, il serait possible de procéder par ces deux moyens, mais dans le cas contraire on ne voit ni la possibilité d'exclure un associé qui ne posséderait qu'une part, ni de réduire le taux normal de cette part, puisqu'elle doit avoir une valeur au moins égale à 100 francs (art. 6, § 2).

640. — Certes, un associé important pourra toujours racheter le droit du petit associé, mais, si celui-ci ne veut pas sortir de la société, nous ne voyons aucun moyen de sortir de l'impasse.

641. — Formalités et publications. — La réduction de capital doit toujours être autorisée par une décision extraordinaire des associés (art. 31).

Cette décision doit être publiée (art. 14 et 17).

B. — Sociétés à capital variable

642. — Dans les sociétés à responsabilité limitée à capital variable, la réduction a pour but de permettre le retrait ou l'exclusion d'un associé.

643. — Modalités de la réduction. — Chaque associé peut se retirer lorsqu'il le juge convenable, à condition toutefois de respecter les clauses restrictives de réduction qui peuvent être insérées dans les statuts.

644. — La question ne se posera d'ailleurs qu'au cas où le retrait serait réalisé dans la période de cinq ans qui suivrait la date de l'apport; elle reste, toutefois, dans ces limites particulièrement insoluble.

645. — La réduction peut également être opérée par l'expulsion d'un associé par la société; cette expulsion ne sera valablement réalisée que par une délibération extraordinaire des associés statuant aux conditions de quorum de l'article 31.

C'est là, comme nous l'avons signalé, le seul avantage réel de la clause de variabilité du capital, pour les sociétés à responsabilité limitée.

646. — Limite de la réduction. — La réduction de capital ne pourra jamais entraîner la diminution inférieure au chiffre de 25.000 francs, l'article 6 de la loi du 7 mars devant en effet être respecté dans les sociétés à capital variable, conformément au principe que nous avons énoncé (*Supra n. 33*).

647. — Publication. — Toute réduction du capital doit être publiée (art. 17 et 14). Tout retrait ou expulsion d'associés doit être l'objet de semblables mesures (*Ibid.*).

648. — Prescription au profit des associes qui se retirent ou sont exclus. — Aux cas de retraite ou d'exclusion, les associés restent pendant cinq ans responsables envers les associés et envers les tiers de toutes les obligations existant au moment de leur retraite (art. 52 L. 1867).

Ces clauses peuvent, par exemple, soumettre la faculté de retraite à l'autorisation donnée par le gérant ou par l'assemblée des associés.

649. — Il convient de remarquer sur ce point une nouvelle incohérence de la législation; l'article 7 de la loi du 7 mars impose la responsabilité solidaire des associés, pendant dix ans, envers les tiers, pour la valeur donnée aux apports en nature, il est impossible d'admettre que l'application de l'article 52 vienne modifier la durée de cette prescription (*V.* Drouets, *précité : J. Soc.* 1926, 145 *et s.*).

CHAPITRE X

La transformation et la fusion

SOMMAIRE

A. — TRANSFORMATION. — GENERALITES

625. — Aucune loi jusqu'ici n'avait traité de cette opération en tant qu'éventualité permanente de la vie d'une société. A peine un certain nombre de textes, que ce n'est pas le lieu d'énumérer ici, avaient-ils édicté des mesures transitoires pour faciliter la transformation de sociétés de types désormais périmés, leur adaptation au nouveau régime institué par ces lois.

626. — La loi du 7 mars 1925, au contraire, consacre à la transformation un article d'une portée générale et d'une application permanente, l'art. 41, ainsi conçu :

« Les sociétés en nom collectif ou en commandite et les sociétés anonymes constituées antérieurement ou postérieurement à la présente loi peuvent se transformer en sociétés à responsabilité limitée, sous réserve des droits des tiers.

« Sous la même réserve, les sociétés à responsabilité limitée constituées conformément à la présente loi pourront se transformer en sociétés anonymes ».

Ce texte prévoit ainsi deux hypothèses :

Transformation en société à responsabilité limitée d'une société des anciens types.

Transformation d'une société à responsabilité limitée en société d'un ancien type.

Nous l'examinerons successivement à propos de chacune de ces deux hypothèses.

I. — Transformation d'une société d'un ancien type en société à responsabilité limitée

627. — A la lecture de l'art. 41, on aperçoit qu'au lieu de désigner les sociétés à transformer par une appellation générale, il procède par énumération : il ne statue que pour les sociétés en nom collectif ou en commandite et les sociétés anonymes. Dérogatoire au droit commun et par conséquent d'interprétation stricte, il ne profitera ni aux sociétés en participation (1), ni aux sociétés civiles (2), et l'on avait pu douter qu'il fût applicable aux sociétés demeurées sous l'empire du droit local en Alsace-Lorraine, jusqu'au vote de la loi du 10 février 1926.

628. — En ce qui concerne ces dernières sociétés, le silence de la loi était volontaire; le projet de loi du Gouvernement contenait un article qui leur était spécial et qui a été supprimé comme inutile par la commission de la Chambre. Inutile, il l'était peut-être alors; mais l'art. 5, alinéa 8, de la loi du 1er juin 1924 sur l'introduction des lois commerciales françaises en Alsace-Lorraine maintenant provisoirement en vigueur la loi locale du 29 avril 1892 sur les sociétés à responsabilité limitée, il devenait nécessaire que la transformation des sociétés du type local en sociétés françaises fût réglementée par la loi. C'est ce qu'a pensé le Ministre du Commerce, qui, par une lettre du 5 novembre 1924 à la commission du commerce du Sénat, attira l'attention de cette commission sur cette délicate question, en demandant que les dispositions nécessaires fussent ajoutées au texte voté par la Chambre. Le Sénat partagea l'opinion du Ministre; mais lui donner satisfaction eût entraîné le retour de la loi à la Chambre; le monde du commerce n'eût pas admis ce nouveau retard, et l'on fit, des dispositions transitoires, un texte spécial qui, voté sans débat par le Sénat, et après quelque délai par la Chambre, est devenu la loi susvisée du 10 février 1926.

629. — Au contraire, en ce qui concerne les sociétés civiles et les sociétés en participation, il n'apparaît pas que le législateur ait aperçu la lacune de son œuvre. Rien dans les travaux préparatoires n'indique que les auteurs de la loi se soient rappelé qu'il existait d'autres sociétés que celles qu'ils énuméraient... La lacune est fâcheuse en ce qui concerne les sociétés civiles, pour les membres de qui, dans beaucoup de cas, la limitation de responsabilité serait précieuse. Ainsi pour les sociétés constituées sous la forme civile pour l'exploitation de marnières, minières, tourbières ou carrières, toutes sociétés que le législateur de 1919 a oublié de commercialiser tout en leur infligeant des obligations incompatibles avec leur forme; ainsi, encore, pour les sociétés soi-disant anonymes constituées pour la construction d'immeubles de rapport et la répartition entre les actionnaires du droit d'habiter chaque étage. Ces sociétés ne sont, en réalité nonobstant leur forme, que des sociétés civiles ordinaires qu'il y aurait intérêt à transformer en sociétés à responsabilité limitée (Eygout, *Ann. Dr. Comm. avril-juin* 1924).

630. — Elle l'est moins pour les sociétés en participation, dont l'exclusion nous paraît justifiée. Nous estimons en effet que, tout en constituant aujourd'hui une véritable société, l'association en participation ne crée pas entre les associés le faisceau d'intérêts et d'obligations, *l'affectio societatis* nécessaires à l'exis-

---

(1) M. Drouets (passim, not. n. 202), écrit, au contraire, que l'art. 41 vise *toutes les sociétés de commerce.* M. Drouets nous paraît avoir oublié les sociétés en participation, sinon, son affirmation constituerait, à notre avis, une erreur.

(2) Auger, art. cité de la Revue des Sociétés, p. 173. — Cette opinion est aujourd'hui admise par tous les auteurs (V. not. M. Lépargneur, p. 339 et suiv. — Pic et Baralin, n. 419 et suiv. — Pottier, n. 190. — Drouets, n. 223 et suiv.). Seul M. Piot persiste dans l'opinion qu'il avait émise p. 416 de sa première édition, n. 62 de la seconde ; il reconnaît que le silence de la loi et l'interprétation que donne à celle-ci l'Administration permettraient de croire à l'exclusion des sociétés civiles; mais ces sociétés, dit-il, sont si intéressantes, qu'on ne saurait admettre cette exclusion. Nous sommes bien de son avis, mais nous ne pouvons changer la loi.

tence d'un être moral indépendant comme on a coutume d'en voir dans la société. La transformation d'une participation en une société à responsabilité limitée créerait donc un être moral — ce qui entraîne nécessairement la rupture du lien beaucoup trop lâche par lequel les participants étaient réunis, et malgré lequel ils conservaient une indépendance au moins apparente, et ce serait, par suite, non plus une transformation, mais une création de société à responsabilité limitée. Solution rigoureuse, surtout pour les coopératives de consommation ne vendant qu'à leurs membres, mais solution inévitable (PIC *et* BARATIN, *n.* 419. — *V. dans le sens de la règle que nous venons de poser : Besançon, 31 juillet 1889 : Rev. Soc. 1889*).

631. — Laissant donc de côté ces dernières sociétés, nous rechercherons d'abord, comment se produira la transformation des sociétés commerciales énumérées par la loi;

En second lieu s'il est possible à une société civile, nonobstant le silence de la loi, de se placer sous le nouveau régime.

Enfin quelle est la situation des sociétés du droit local en Alsace-Lorraine.

632. — A. — SOCIETES COMMERCIALES. — Le texte primitif de notre article 41, numéroté 45 dans le projet du 16 mars 1920 (*Rev. soc.* 1922, *p.* 387, *en note*), ne disposait que pour les sociétés anonymes. L'élargissement en est l'œuvre de la Commission de la législation de la Chambre, au nom de laquelle le rapport a été fait et le texte définitif mis au point par Anatole Manceau (*Rev. Soc., ibid.*) on sait que le projet de M. Manceau a été adopté sans modifications par les deux Chambres.

Mais tout en autorisant la transformation, ce texte ne dit pas comment elle pourra se produire, question qu'il suppose résolue par le droit commun. Il nous faut donc déterminer successivement :

Le consentement nécessaire pour réaliser la transformation ;

Le mode de cette réalisation;

Ses effets.

633. — *a*) CONSENTEMENT NÉCESSAIRE. — Dans les sociétés de personnes, il faudra, bien entendu, l'unanimité.

Dans les sociétés de capitaux, au contraire, il suffira, en principe (nous faisons cette réserve parce que dans deux cas il faudra le consentement unanime, ainsi que nous le verrons), il suffira donc en principe de la majorité, que la société soit antérieure ou postérieure au 22 novembre 1913, étant bien entendu que ladite majorité différera suivant que la société sera ou non régie par le nouvel article 31 de la loi du 24 juillet 1867, et que, pour les sociétés en commandite par actions, le consentement du gérant sera nécessaire (1).

(1) L'opinion soutenue au texte, est, il faut le reconnaître, à peu près isolée. Sauf M. Pottier qui, p. 195. l'estime plausible (mais conseille, pour éviter toute difficulté, de ne pas la suivre) et quelques auteurs négligeables qui n'ont pas aperçu cette difficulté plus que les autres, on estime en général que les sociétés par actions antérieures à 1913 ne pourront être transformées que par un vote unanime, à moins, bien entendu, d'une clause statutaire autorisant (V. par exemple Lépargneur, p. 438. — Drouets, n. 210. — Pic et Baratin, n. 413); il est vrai que ces derniers auteurs n'admettent même pas que l'Assemblée générale puisse transformer à la majorité les sociétés postérieures à 1913. Ils se fondent sur ce que, malgré les ressemblances qu'elle présente avec la société anonyme, la société à responsabilité limitée en diffère trop profondément par sa nature pour qu'une simple décision de majorité suffise. MM. Pic et Baratin ajoutent que les travaux préparatoires. et notamment les déclarations de M. Chapsal au Sénat, combattent notre thèse, qui est, en outre, tout à fait ruinée par ceci, que la jurisprudence considérerait les changements de forme comme substantiels. Nous verrons plus loin au texte le cas qu'il faut faire des « travaux préparatoires », lesquels sont limités en l'espèce, à la discussion du Sénat ; ils sont dépourvus de la plus faible ombre d'autorité, et M. Manceau devenu sénateur a porté le coup de grâce au peu d'intérêt que pouvaient avoir les affirmations de ses collègues, et notamment de M. Chapsal, en leur déclarant qu'ils s'étaient totalement mépris sur les intentions de la Chambre, et singulièrement de sa commission (séance du Sénat du 16 janvier 1926 : J. Off. du 27, déb. parl. Sénat, 1926, p. 57, col. 2 et 3).

L'autre argument de MM. Pic et Baratin n'est pas sensiblement plus fort. Le changement de forme n'est pas *en soi* un changement substantiel ; il ne le devient que parce qu'il entraîne une extension, ou une réduction, des droits et obligations des associés, qui sont déterminés par le type de la société. Qu'on fasse d'une société anonyme une société en nom collectif, la situation des associés change du tout au tout. Mais si le changement de type ne doit pas modifier, ou ne modifie que d'une façon insignifiante ladite situation, il n'est plus du tout substantiel ; et, comme nous le montrerons plus loin au texte, entre la situation des actionnaires et celles des porteurs de parts, il n'y a qu'une différence de mots.

Reste l'argument général, que les sociétés à responsabilité limitée se différencient nettement par ses caractères spécifiques de la société anonyme. C'est exact dans la conception romantique que l'on s'est d'abord faite de ce genre de sociétés ; mais par le seul fait qu'elle est romantique, cette conception s'écarte passablement de la réalité. Elle ne résiste pas au choc des textes. Telle que l'a faite la loi de 1925, la société à responsabilité limitée est une *association de capitaux* indépendante de la personnalité des porteurs de parts, à la mort et à la *capitis minutio*

En effet la société à responsabilité limitée de la loi de 1925 est une adaptation aux sociétés peu nombreuses et à faible capital du régime de la loi de 1867 prévue seulement pour les sociétés importantes. Si l'on veut, la société à responsabilité limitée est une sœur cadette de la société anonyme (*V. ci-dessus, ad notam* 1). La situation des porteurs de parts diffère peu de celle des actionnaires et l'administration est assurée par des gérants à peu près dans les conditions où elle le serait par des administrateurs. La transformation d'une société anonyme en société à responsabilité limitée n'apporte donc aucune modification essentielle aux droits et obligations des associés. Mais, dira-t-on, elle aggrave leurs charges, en restreignant la cessibilité des actions (Pic et Baratin, n. 415. — *Voir, sur la question de la cessibilité des actions, Trib. civ., Le Havre, 28 octobre 1921 : Rev. Soc. 1922, p. 311 - Rev. Jur. Soc. 1922 et Rouen 3 janvier 1923 : Rev. Jur. Soc. 1923, p. 110. — Voir aussi l'arrêt de la Cour de cassation du 2 janvier 1924 intervenu dans cette affaire : Rev. Soc. 1925, p. 72 - J. Soc. 1925, p. 83*). L'objection doit être écartée. Sans doute les art. 22 et 23 de la loi nouvelle subordonnent la cession à des tiers étrangers à l'autorisation de la majorité des associés, représentant au moins les 3/4 du capital, et l'on sait que, la cessibilité étant la caractéristique de l'action, il n'appartient pas à l'assemblée générale statuant à la majorité de déclasser en quelque sorte la société en transformant l'action en part d'intérêt, en introduisant dans les statuts une clause qui en interdirait la négociation. Mais l'on sait également que la jurisprudence se montre assez large; si elle prohibe des clauses qui interdiraient la cession ou la subordonneraient à des conditions telles que la cessibilité ne serait plus qu'un mot, elle autorise, au contraire la réduction de cette cessibilité et permet qu'on la subordonne à l'autorisation du Conseil d'administration, pourvu que ces restrictions ne soient pas proprement des prohibitions (*V. les notes sous Trib. Le Havre, précitées en Rev. Soc. et Rec. Jur. Soc.*). Or, les art. 22 et 23 de la loi nouvelle, s'ils restreignent la transmissibilité des parts, ne la supprime pas. Des dispositions semblables auraient pu être valablement introduites à la majorité dans les statuts d'une société anonyme. Il n'y a donc pas de raison de décider que l'unanimité sera nécessaire pour adopter, sous le nom de société à responsabilité limitée, un régime que la majorité eût pu voter sous l'étiquette de société anonyme.

634. — Cette opinion ne semble pas être celle des auteurs de la loi, en ce qui concerne au moins les sociétés anonymes antérieures à 1913 et les sociétés en commandite par actions, et, notamment : M. Mazurier, rapporteur de la commission de législation du Sénat, a affirmé, sans rencontrer de contradicteur, que ces sociétés devraient commencer par insérer dans leurs statuts l'autorisation d'effectuer cette transformation (*Séance du 17 février 1925 : J. Off., déb. parl., Sénat, p. 124, 3ᵉ col. — V. en ce sens : Chapsal, p. 70 - Baudoin-Bugnet, p. 70*). Nous avons réfuté la thèse de ces auteurs (*Supra, n. 633, ad notam*). L'opinion de M. Mazurier est appuyée de tant d'erreurs, à commencer par une singulière confusion entre la loi du 1er août 1893 et celle du 22 novembre 1913, et l'affirmation que cette dernière loi ne s'appliquerait pas aux commandites par actions, qu'elle est absolument négligeable. Elle est le seul appui de celle de M. Chapsal ; celle de M. Baudoin-Bugnet n'est aucunement motivée (cet auteur consacre une page à la transformation !)

---

de qui elle survit en principe, et qu'elle n'entraîne pas dans sa ruine ; lesquels porteurs de part peuvent se séparer d'elle à tout moment en cédant leurs parts — plus ou moins facilement, il est vrai, mais, théoriquement, ils le peuvent toujours. *Ce sont exactement les caractéristiques de la société* anonyme dont la société à responsabilité limitée ne diffère que par le rôle prépondérant qu'y joue *l'intuitus personae* — mais ce rôle est-il moindre dans les sociétés dites de famille ? — et par l'interdiction formelle de faire appel au public. — On en conviendra, ces différences ne sont pas essentielles ; et le droit anglais fait preuve d'une appréciation tout à fait juste de ces deux genres de sociétés, quand il les appelle toutes deux compagnies — l'une publique, l'autre privée (V. Auger, Rev. Soc. 1927, p. 134 et 135).

Le projet de loi Ratier sur les Assemblées générales extraordinaires, voté par le Sénat le 21 janvier 1926, et actuellement pendant devant la Chambre, laissera subsister la controverse, car il y est dit que : « Les dispositions du paragraphe 1 de l'art. 31 nouveau, en tant qu'elles visent les modifications autres que celles touchant à l'objet ou à la forme de la société... s'appliquent aux sociétés déjà constituées sous l'empire de la loi du 24 juillet 1867 ». Les deux partis pourront trouver une arme dans ce texte. Nous dirons que notre opinion est la seule vraie en ce moment, puisqu'il faut une loi nouvelle pour la rendre fausse ; nos adversaires, au contraire, considèreront que ce texte consacre leur opinion.

Le public choisira entre les deux thèses.

Ou du moins il n'aura pas l'occasion de choisir, car la controverse dont s'agit est le type de la discussion d'école sans aucune portée pratique généralement quelconque. Il est, en effet, évident que seules se transformeront les sociétés anonymes *de famille* où tous les actionnaires seront d'accord pour adopter une forme plus souple et plus économique de groupement.

Nous ne croyons donc pas qu'il faille s'y arrêter, et nous répétons que, pour les sociétés par actions antérieures au 22 novembre 1913, l'opération pourra être réalisée directement par une délibération prise à la majorité irréductible de la moitié du capital social, qu'elles soient anonymes ou en commandite.

635. — Il n'est que deux cas et peut-être trois où le consentement unanime des actionnaires pourrait devenir nécessaire que la société soit antérieure ou postérieure à 1913 : c'est d'abord celui où ils assumeraient la responsabilité indéfinie et solidaire de l'évaluation donnée à l'actif (*V. ci-après B et c*).

C'est ensuite celui où, le taux nominal des actions étant moindre de 100 francs, ou étant fixé à un chiffre qui ne serait pas un multiple de 100 francs, et l'état de l'actif de la société ne permettant pas de le modifier, certains actionnaires porteurs d'un nombre d'actions non exactement réductible, seraient contraints de vendre leurs actions en surnombre ou d'en acheter pour faire l'appoint. Il est évident que les actionnaires ne sauraient être contraints sans leur consentement à l'une ou l'autre de ces opérations.

636. — Ce serait enfin celui où la société aurait des actions au porteur; on ne pourrait transformer en parts les actions dont les porteurs refuseraient de se dessaisir ou seraient inconnus (PIC et BARATIN, n. 107). L'hypothèse est aussi peu pratique que possible; il convient cependant de l'examiner. Même dans ce cas invraisemblable, nous ne croyons pas que l'unanimité soit nécessaire. Si, en effet, les statuts avaient prévu la transformation, la résistance des porteurs d'actions serait vaine; leurs titres seraient annulés et leur qualité d'actionnaire transformée en celle de porteur de part, quelque volonté contraire qu'ils eussent. Et des parts seraient attribuées pour ordre aux porteurs disparus des actions correspondantes (AUGER, *loc. cit.*). Pourquoi l'autorisation de la loi n'aurait-elle pas leseffets de l'autorisation des statuts ?

637. — Dans le cas où la société à transformer contiendrait des actions de plusieurs catégories, les avantages auxquels elles correspondent devant disparaître, il conviendrait naturellement de réunir autant d'assemblées spéciales que de catégories (Art. 34, C. com.).

638. — *b*) MODE DE RÉALISATION. — Il ne suffira pas d'une simple décision de la société à transformer, il faudra encore que cette société réponde aux conditions exigées pour la validité des sociétés à responsabilité limitée.

Il faudra donc : que la société n'ait pas pour objet l'accomplissement d'opérations d'assurances, de capitalisation ou d'épargne (art. 2, al. 2 de la loi du 7 mars 1925 : DROUETS, n. 213); que le capital social ne soit pas moindre de 25.000 francs, qu'il soit divisé en parts de 100 francs ou de multiples de 100 fr. ;

En outre, que ce capital soit entièrement libéré, même pour les parts souscrites en numéraires ; si donc la totalité du capital numéraire n'a pas été appelée, il faudra ou bien que les actionnaires libèrent intégralement leurs actions, ou bien réduire le capital de la nouvelle société au montant des versements déjà effectués ;

Que les parts soient toutes attribuées (Art. 7, al. 1). Elles pourront l'être, toutefois, pour ordre, à l'actionnaire inconnu détenteur de l'action correspondante; mais le silence de cet actionnaire pourrait entraîner l'attribution de la part à l'Etat (Art. 111, loi du 25 juin 1920).

639. — Si, par suite de pertes, l'actif de la société n'est plus égal au montant nominal de son capital, la transformation de cette société devra être accompagnée d'une réduction de capital. L'opération inverse ne sera pas nécessaire, si l'actif est supérieur au capital. Bien entendu, on pourra incorporer l'excédent (réserves ou plus-values) au capital, et nous conseillons même de le faire si l'on peut par là éviter un regroupement des actions (*V. ci-après*). Mais dans toute autre hypothèse il vaudra peut-être mieux s'abstenir pour éviter d'engager la responsabilité solidaire des associés, et, par suite, de rendre nécessaire un vote des actionnaires (*V. ci-après c*). Et aussi pour éviter les conséquences fiscales fort rigoureuses de ce genre d'opérations.

640. — Si la société qui se transforme a amorti quelques-unes de ses actions, cette opération ne rendra pas la transformation impossible, l'amortissement étant, on le sait, prélevé sur les réserves, sur les bénéfices et non sur le capital, constituant en quelque sorte une avance d'hoirie sur le super-bénéfice de liqui-

dation. Néanmoins, l'actionnaire amorti ne pourra, évidemment, avoir les mêmes droits que ses collègues moins heureux; il faudra lui remettre des parts de jouissance (DROUETS, n° 213).

641. — D'un autre côté, la société anonyme dont les actions seraient d'un taux nominal moindre de 100 francs ou ne correspondant pas à un multiple de 100 francs, serait obligée de procéder au préalable à un groupement de ses actions, à moins que l'importance de l'actif ne permette de donner aux actions une part d'une valeur supérieure à leur valeur nominale.

Signalons que, les parts d'intérêt devant être intégralement libérées, les associés en nom collectif qui auront fait un apport d'industrie ne pourront recevoir de parts en présentation de leur apport. Le capital de la société résultant de la transformation ne pourra donc être composé que de l'actif net de la société transformée, que les associés se répartiront entre eux comme ils jugeront bon. Il y a là un obstacle qui s'opposera à la transformation de beaucoup de sociétés en nom collectif.

642. — Les actes constatant le consentement de tous les associés dans les sociétés de personnes, le procès-verbal de l'assemblée générale dans les sociétés par actions, pourront être sous seings privés, à la condition d'être établis en autant d'originaux qu'il sera nécessaire pour en conserver un au siège social, l'enregistrement et la publicité légale; mais on pourra faire cet acte authentique ou faire dresser le procès-verbal par un notaire (Art. 4); il sera même bon de le faire quand parmi les associés quelques-uns seront les successibles d'un autre. Acte ou procès-verbal contiendront la répartition des parts et constateront qu'elles sont complètement libérées. Il y aura lieu, en outre, de désigner les gérants, et, s'il y a lieu, les membres du premier conseil de surveillance, qui n'est obligatoire que si les associés sont au nombre de plus de 20 (Art. 32), les représentants actuels de la société transformée pouvant, bien entendu, conserver leur fonction sous un autre titre.

643. — Enfin, il y aura lieu à publication de la transformation suivant le mode légal et à inscription ou à modification de l'inscription au registre du commerce (Art. 12 à 20) (*Cpr. ci-dessus*).

644. — c) EFFETS DE LA TRANSFORMATION. — a) *Effets civils.* — 1° *Continuation de l'ancien être moral.* — La Société d'Etudes législatives avait demandé l'insertion dans la loi d'un texte accordant à la transformation des sociétés existantes en S. A. R. L. une immunité fiscale semblable à celle dont jouit la transformation en sociétés commerciales des sociétés civiles de mines (*Art. 38, loi du 31 juillet* 1920).

Cette proposition n'a pas été retenue à la Chambre sans qu'on puisse savoir pourquoi, et son absence a donné l'occasion au Sénat d'une discussion dont nous avons déjà parlé.

Il semble résulter de cette discussion, et c'est aussi l'opinion de MM. Chapsal, Baudoin-Bugnet; ce fut celle de MM. Piot et Drouets, que, toutes les fois que la transformation en société à responsabilité limitée ne serait pas prévue dans les statuts, ou bien qu'il ne s'agirait pas d'une société postérieure à novembre 1913, cette opération créerait un être moral nouveau. En d'autres termes, il y aurait dissolution du groupement primitif et constitution d'une société nouvelle.

Exacte, pour les raisons que nous avons dites, s'il s'agit de transformer une société en participation, cette thèse nous paraît fausse dans tous les autres cas.

Cela ressort du rapport de M. le sénateur Chapsal (*Rec. Jur. Soc., mars-avril* 1925), les auteurs (1) de la loi semblent avoir tiré des conséquences exagérées de la disposition spéciale de l'art. 18 de la loi du 31 juillet 1920, exemptant de perceptions fiscales la transformation en société anonyme des sociétés civiles de mines, minières ou carrières. De l'absence d'une disposition semblable dans le statut d'une société à responsabilité limitée, ils ont cru devoir conclure que, dans le silence de la loi, la transformation prévue par l'art. 41 créerait une société nouvelle.

---

(1) Il semble bien résulter des déclarations susvisées de M. Manceau qu'on les a supprimées comme inutiles ; allant de soi, ce qui est notre avis, que cette transformation ne créait pas un être moral nouveau. L'intérêt de la disposition disparue n'en subsistait pas moins dans le cas d'augmentation de capital par exemple (V. plus loin, n. 27).

645. — Du silence de la loi, nous croyons qu'il faut tirer la conclusion exactement inverse.

Pourquoi la transformation crée-t-elle une société nouvelle ?

Parce qu'elle entraîne une véritable novation par changement de cause des obligations réciproques des associés et par conséquent l'extinction de ces obligations. Novation par changement de cause : en effet, les obligations contractées par chaque associé dans le pacte social — obligations synallagmatiques — ont pour cause les obligations semblables contractées par les autres. Que ces obligations viennent à être radicalement modifiées par la transformation, les obligations de chaque associé perdent leur cause et sont par conséquent éteintes. Mais si, au contraire, la transformation est autorisée, soit par les statuts, soit par une disposition expresse de la loi (même postérieure à la constitution de la société, car il appartenait aux associés de se soustraire aux conséquences de cette disposition en demandant la dissolution de la société à défaut par leurs coassociés de consentir à s'interdire la transformation), chaque associé a accepté la possibilité d'une transformation et a par conséquent accepté de donner éventuellement pour cause, à ses propres obligations qu'il veut bien modifier, les obligations nouvelles qui résulteraient pour ses coassociés de la forme adoptée par la société. Il ne se produit donc plus de novation, et, par suite, pas de rupture du lien social.

646. — C'est la solution qui a été admise dans les différents cas où une disposition expresse de la loi a autorisé des sociétés d'un type déterminé à adopter un autre type, malgré le silence des statuts.

647. — Ainsi l'art. 19 de la loi du 24 juillet 1867 autorise les transformations en sociétés anonymes des commandites par actions dont les statuts prévoyaient la transformation en société anonyme autorisée. La société anonyme de la loi de 1867 et la société anonyme autorisée présentent des différences considérables dont la première, fondamentale, consiste dans la disparition de la garantie assurée aux actionnaires des sociétés autorisées par la surveillance du Gouvernement — et en prévision de laquelle, par hypothèse, les actionnaires de la commandite avaient accepté la transformation. Cette garantie était assurément une condition essentielle de l'engagement des actionnaires, et la suppression eût normalement éteint, en lui enlevant sa cause, l'obligation de chaque actionnaire; néanmoins, il n'est pas douteux que l'opération autorisée par l'art. 19 de la loi du 24 juillet 1867 ne crée pas un être moral nouveau (a contrario : *Paris*, 16 *août* 1879 : *J. Soc.* 1880, 118. — 7 avril 1887 : *S.* 90, 2, 238 - *D.* 89, 2, 41 - *Rev. Soc.*, 88, 8. — PONT, n° 1097).

648. — De même et pour la même raison, la transformation en sociétés anonymes libres des sociétés anonymes autorisées, eût, dans le silence des statuts, normalement entraîné la dissolution de la société et la création d'une nouvelle; mais les art. 46 et 47 de la loi du 24 juillet 1867 autorisent cette transformation. La jurisprudence en a conclu que ladite transformation ne créera pas un être moral nouveau (*Cass. req.*, 24 *janvier* 1893 : *S.* 93, 1, 226 - *D.* 93, 1, 455).

Pour les sociétés à responsabilité limitée d'alors, c'étaient exactement des sociétés anonymes du nouveau modèle, dont elles ne différaient que par le nom. La question ne se posait donc pas ou n'eût pas dû se poser pour elles.

Enfin l'art. 7 de la loi du 1er août 1893 permet aux sociétés civiles, de quelque forme que ce soit, de se transformer en sociétés en commandite par actions, ou en sociétés anonymes, si leurs statuts ne s'y opposent pas. Ici encore on admet que la transformation ne crée pas un être social nouveau (*Cpr. Paris*, 10 *juillet* 1893 : *S.* 96, 2, 57 - *D.* 95, 2, 105 - *Rev. Soc.* 94, 421. D'après cet arrêt, il n'est pas nécessaire de remplir les formalités constitutives de la loi de 1867, parce que la transformation autorisée par la loi n'entraîne pas la création d'une société nouvelle).

649. — Il devait en être de même de la transformation des sociétés civiles de mines en sociétés commerciales par actions.

Pourquoi, alors, les auteurs de la loi du 31 juillet 1920 ont-ils cru devoir exempter de droits cette transformation ? Ce n'est nullement parce que dans leur pensée elle créerait une société nouvelle; c'est tout simplement parce que, dans tous les cas, la transformation peut donner ouverture à des droits, même si l'être moral primitif continue d'exister; droits fixes d'abord; ensuite droits d'apport sur la partie de l'actif capitalisé excédant le capital initial si la transformation s'accompagne d'un nouvel aménagement du capital de la société; enfin, éventuellement, s'il s'agit d'une société par actions adoptant une autre forme de société par actions, impôt sur le revenu de valeurs mobilières, frappant la distribution aux membres de la société transformée des actions supplémentaires représentant la capitalisation des réserves. C'est uniquement pour favoriser l'entrée des sociétés civiles de mines, qu'elle avait au préalable commercialisées, dans le moule des sociétés organisées par la loi du 24 juillet 1867, que la loi du 31 juillet 1920 a exempté leur transformation de tous droits fiscaux si elle se produisait dans un délai déterminé.

On voit qu'il n'y a aucun rapport entre cette mesure de faveur et la conclusion que les auteurs de la loi du 7 mars 1925 croient devoir en tirer. Pour nous, la question ne peut pas faire de doute, mais nous devons reconnaître que l'erreur des travaux préparatoires aurait pu être une source inépuisable de conflits avec le fisc. Heureusement, l'Administration, par une Instruction N° 4851 du 11 avril 1925, et par une réponse ministérielle (*N° 6950, sénateur Courtier*) a conclu formellement dans notre sens : « Lorsque l'acte de transformation réalise uniquement le changement de forme autorisé par l'art. 41 de la loi du 7 mars, il n'est passible que du droit fixe d'enregistrement ». C'est d'ailleurs aujourd'hui l'opinion générale (Drouets, *n. 200 et s.*; Piot, *qui n'est pas très net, n. 64*; Pic et Baratin, *n. 463 et s.*; Pottier, *n. 195*).

650. — 2° *Réserve des droits des tiers.* — Certains membres du Sénat (*Observations de M. Coignet, J. Off., loc. cit. page 124, 1re colonne*) ont interprété ces mots du projet, en ce sens que la société de personnes désireuses d'adopter la forme de société à responsabilité limitée devrait au préalable obtenir le consentement de ses créanciers; c'est une erreur absolue.

En réalité les mots : « sous réserve des droits des tiers » étaient superflus. Il est bien évident que la société ne peut, de son fait, diminuer les sûretés offertes à ses créanciers et cette règle de bon sens n'avait pas besoin d'être exprimée. Les membres d'une société en nom collectif, les gérants d'une société en commandite simple ou par actions, ont contracté envers les créanciers de la société un engagement indéfini et solidaire. Il ne leur appartient pas de rompre cet engagement par une manifestation unilatérale de volonté. Ils demeureront donc responsables, solidairement et au delà de leur mise, des engagements contractés par la société avant sa transformation, à moins que les statuts de la société n'aient prévu cette transformation ou que la dette de cette société soit postérieure au 7 mars 1925, auquel cas les créanciers ne sauraient se plaindre d'une diminution de sûreté à laquelle ils ont virtuellement consenti en traitant.

651. — Il est toutefois une catégorie de créanciers dont il ne sera peut-être pas toujours indispensable de solliciter le consentement, mais de la part de qui des contestations seront à craindre : ce sont les porteurs de parts de fondateur.

On sait en effet que, d'après une jurisprudence aujourd'hui bien assise, les porteurs de parts de fondateur ont un droit acquis à conserver pendant la durée initialement convenue de la société, les avantages stipulés en leur faveur par les statuts ; ils ne peuvent évidemment s'opposer aux mesures que les actionnaires croient nécessaire de prendre; mais toutes les fois que ces mesures sont de nature à leur porter préjudice, elles leur ouvrent droit à indemnité, à moins qu'elles n'aient été impérieusement commandées par l'état de la société. Il en est ainsi, notamment, pour la dissolution; justifiée par les circonstances, elle ne pourra être critiquée par les porteurs de parts (*Cass. civ.*, 27 janvier 1925 : *Rev. Soc.* 1925, 181); dans le cas contraire, il faudra les indemniser (*Trib. civ. Seine*, 13 juin 1927 : *Rec. Jur. Soc.* 1927, 220. — *Voir aussi pour l'amortissement du capital, Cass. req., 3 juin 1924, mines de Peyrebrune : S.* 1926, 1, 49. — *Pour l'augmentation du capital, Bruxelles, 13 juin 1925 : Revue prat. B. Sociétés* 1926, 325).

Dans la mesure où la transformation d'une société anonyme ayant émis des parts nuirait aux porteurs de ces parts, ceux-ci puiseraient donc dans l'art. 31 le droit de s'y opposer, ou tout au moins de se faire payer leur acquiescement. Il en serait nécessairement ainsi dans l'opinion que nous avons combattue, d'après laquelle il ne saurait y avoir de titres de cette nature dans une société à responsabilité limitée. Mais, en dehors de l'hypothèse où cette opinion serait exacte, la transformation ne ferait pas grief aux porteurs de parts, à moins de l'attribution statutaire aux gérants d'une rémunération supérieure au quantum alloué par les anciens statuts au Conseil d'administration. Quant aux traitements non statutaires, charges imputables sur les frais généraux, la société pourrait, semble-t-il, les fixer sans contrôle — hors le cas de fraude — étant toujours libre de mesurer ses charges à ses possibilités.

652. — La transformation d'une société anonyme en société à responsabilité limitée pose une question inverse. On sait que les apporteurs ne sont pas responsables de la valeur attribuée à leurs apports — lorsque cette valeur a été régulièrement approuvée suivant les modes prescrits par la loi du 24 juillet 1867.

653. — Il n'en est pas ainsi en matière de société à responsabilité limitée : les porteurs de parts sont solidairement et indéfiniment responsables de la valeur attribuée à l'actif par le pacte social (art. 8); cette responsabilité dure 10 ans.

654. — Doit-on conclure que les statuts modifiés devront contenir l'évaluation de l'actif, et que les signataires demeureront responsables pendant 10 ans de cette évaluation ?

Nous proposons de distinguer : si la transformation est pure et simple sans évaluation nouvelle du capital, nous ne croyons pas nécessaire de remplir les formalités de l'art. 8 et nous pensons que les tiers n'auront aucune action contre les apporteurs dont les apports auront été régulièrement approuvés, si excessive qu'en soit l'estimation. Il suffira de renvoyer dans l'acte de transformation aux actes constitutifs de la société anonyme, et les apporteurs seront protégés contre l'action éventuelle des tiers par le vote de la seconde assemblée générale constitutive de ladite assemblée.

655. — Si au contraire la transformation est accompagnée d'une mise au point du capital par l'estimation de l'actif à sa valeur réelle ou prétendue telle, serait-ce par voie de réduction, alors les associés seront responsables pendant 10 ans de l'exactitude de cette estimation.

656. — Remarque : de la transformation à terme.

Les associés peuvent vouloir différer les effets de la transformation ; dans le cas, par exemple, d'un travail adjugé à leur société sous la condition formelle qu'elle demeure en nom collectif. Ou encore dans le cas où la société est proche de son terme, et où les parties désirent que la transformation se confonde avec la prorogation.

Il n'y aurait rien d'illégal à transformer ainsi la société à terme, soit certain, soit même incertain. Mais il serait alors impossible de réévaluer le capital ; on s'exposerait en effet à des difficultés avec les tiers, si, au jour fixé, la nouvelle évaluation n'était plus exacte.

657. — *Effets fiscaux.* — La loi prévoyant la transformation des sociétés commerciales en société à responsabilité limitée, cette transformation ne crée pas un être moral nouveau, et par suite il n'y a ni dissolution de la société primitive, ni constitution d'une nouvelle. L'opération sera donc soumise uniquement au droit fixe de transformation qui est de 22 fr. 50 (*V. réponse au sénateur Courtier, n. 6950, précité ; Instruction précitée, n. 23*).

Bien entendu, si la transformation s'accompagne d'une augmentation de capital, il y aura lieu au droit proportionnel en ce qui concerne cette augmentation ; s'il s'agit d'une société par actions et que les actionnaires reçoivent des parts pour une somme supérieure au montant nominal de leurs actions, l'excédent sera soumis à l'impôt sur le revenu des valeurs mobilières.

658. — B) SOCIETES CIVILES. — Nous avons dit que les sociétés civiles n'étaient pas comprises dans l'énumération de l'art. 41 de notre loi.

Seront-elles dans l'impossibilité de prendre la forme de société à responsabilité limitée ? Non, certes, mais elles ne pourront pas y parvenir directement : si deux moyens leur sont ouverts, ce ne sont que des moyens détournés.

Le premier consiste à transformer au préalable la société civile en société en commandite ou anonyme dans les termes de l'art. 7 de la loi de 1893. Elle peut subir cette transformation, pourvu que tous les associés y consentent, sans se dissoudre au préalable. Une fois reconstituée sous cette forme, elle pourra se transformer à nouveau en société à responsabilité limitée.

659. — Rappelons brièvement les formalités nécessaires à cette double opération : il faudra naturellement le consentement unanime de tous les associés, à moins qu'une clause statutaire n'ait prévu la transformation ; le capital social devra être divisé en actions dont le taux devra correspondre à son chiffre ; il faudra en outre, si l'on adopte la forme de société anonyme, que les associés soient au nombre de 7 au moins. Si l'on veut, au contraire, prendre la forme de société en commandite par actions, il suffira de deux associés, un gérant et un actionnaire. Les statuts devront être déposés chez un notaire et contenir la liste des actionnaires avec les attributions d'actions ; pour éviter la réunion d'une assemblée générale spéciale, celle qui aura adopté les modifications aux statuts désignera les premiers administrateurs et les commissaires aux comptes — ou les commissaires de surveillance s'il y a lieu. Il y aura lieu en outre, aux formalités de publicité légale, conformément aux articles 55 et suivants de la loi du 24 juillet 1867, et à l'inscription au Registre du commerce.

660. — Ces formalités remplies, la nouvelle société commerciale se transformera naturellement en société à responsabilité limitée, comme nous l'avons expliqué plus haut.

Cette transformation par échelons produira les mêmes effets civils et fiscaux que les transformations d'un bloc que nous avons examinées pour les sociétés commerciales. Elle sera seulement plus coûteuse, par suite de la multiplicité des formalités et de la double publicité à laquelle il y aura lieu de procéder.

661. — Le second moyen sera de dissoudre la société et de la constituer à nouveau sous forme de société à responsabilité limitée, suivant les procédés et dans les formes analysées ci-dessus, chapitre II, ce second moyen n'appelle d'observation qu'en ce qui concerne l'évaluation du capital de la nouvelle société.

On peut en effet :

Ou bien nommer un liquidateur qui sera chargé de faire à la société à responsabilité limitée l'apport de l'actif net de la société transformée, après extinction du passif : le capital sera alors composé exclusivement de cet actif net, et la société ne pourra se constituer que si l'excédent de l'actif sur le passif est d'au moins 25.000 francs ;

Ou bien apporter à la nouvelle société l'actif brut de la société civile, les associés demeurant responsables du passif à l'exclusion de la nouvelle société, laquelle ne sera tenue que comme tiers détenteur des charges réelles grevant l'immeuble, ou le fonds de commerce, ou le navire apportés ; cette solution n'est pas contraire aux droits des tiers, les créanciers privilégiés ne voyant leurs privilèges atteints d'aucune manière et les chirographaires ne pouvant s'opposer, hors le cas de fraude, à l'aliénation des biens de leur débiteur ; ils pourraient seulement faire opposition à l'apport d'un fonds de commerce, et la société ne pourrait être définitivement constituée qu'après libération du fonds ;

Ou bien enfin, attribuer à la société, à forfait, l'actif et le passif de sa devancière à qui elle sera substituée purement et simplement. Il se produira alors une double opération juridique ; la liquidation de la société civile cédera ses créances à la société à responsabilité limité et déléguera celle-ci à ses propres créanciers. Dans ce cas, l'acte constitutif devra contenir l'évaluation de l'actif net, et les associés seront solidairement responsables, même au delà de leur mise, de l'exactitude de cette évaluation, c'est-à-dire que, si le passif de la société transformée venait à dépasser les prévisions, les créanciers postérieurs à la transformation que l'actif ne suffirait plus à désintéresser pourraient poursuivre les associés pour la différence.

662. — Au point de vue fiscal, à raison de la dissolution de la société civile et de la constitution d'une nouvelle, il y aura ouverture au droit fixe de dissolution et au droit d'apport à la société nouvelle sur le montant du capital de celle-ci, sans parler du droit de transcription sur les immeubles.

En outre, les associés seront considérés comme appropriés de leur part de l'actif pendant le temps qui séparera la dissolution de la constitution de la société nouvelle, en sorte que, si le personnel de la société s'est renouvelé depuis la mise en commun initiale, les apports faits par des associés disparus ou retirés seront passibles du droit de mutation à titre onéreux (*Cass. civ.*, 4 *février* 1901 : *J. S.* 1901, 488. — *Trib. civ., Châteaubriant*, 12 *novembre* 1920 : *Rev. Jur. Soc.* 1925, 133).

663. — C) SOCIETES ALSACIENNES. — Cette question qui, nous l'avons dit, aurait pu, un moment faire difficulté en présence des termes restrictifs de l'art. 41 de la loi du 7 mars 1925, avait été considérablement simplifiée par la loi d'introduction du droit commercial du 1er juin 1924, dont l'art. 5 abrogeait la législation locale en matière commerciale, à l'exception de la loi du 20 avril 1892 revisée en 1898 sur les sociétés à responsabilité limitée ; dont l'art. 18 maintenait les dispositions du droit local en vigueur sans limitation de durée pour les sociétés anonymes existantes, et jusqu'au 1er janvier 1930 pour celles qui voudraient se constituer sous ce régime ; enfin dont l'art. 39 accordait aux autres sociétés un délai d'un an pour adopter la forme française correspondante. Depuis le 5 juin 1925, donc, les seules sociétés soumises au droit local étaient les sociétés anonymes et les sociétés à responsabilité limitée.

664. — *Sociétés anonymes.* — L'art. 41, loi 1925, autorisant sans distinction les sociétés anonymes à se transformer en société à responsabilité limitée, nous estimons que les sociétés anonymes de droit local pourront opérer cette transformation dans les mêmes conditions que les mêmes sociétés du régime français. La transformation devra être décidée par l'Assemblée générale, à la majorité des trois quarts du capital représenté, à moins d'une clause des statuts augmentant ou réduisant ce quorum (*art.* 275, *C. com.* loc.) la modification projetée devra être expressément mentionnée sur l'ordre du jour communiqué aux actionnaires (art. 274). Si la société comporte des actions de différentes catégories, comme ces catégories devront disparaître, tout au moins autant qu'elles correspondent à des droits de vote inégaux (art. 28, 1, 1925), la transformation devra être autorisée par des assemblées spéciales de chaque catégorie d'actionnaires (*Art.* 275, *C. com.* loc.).

Si l'on faisait quelques difficultés pour accepter cette transformation comme telle, c'est-à-dire n'entraînant pas dissolution de la société locale et constitution d'une société à responsabilité nouvelle, les sociétés locales n'auraient qu'à opter au préalable pour la forme anonyme française dans les termes de la loi du 24 juillet 1921.

665. — *Sociétés à responsabilité limitée.* — L'art. 5, al. 8 de la loi du 1er juin 1924 susvisé, qui, avonsnous dit, laissait en vigueur la loi locale sur les Gesellschaften mit beschrannkter Haftung, a été abrogé par l'art. 1er de la loi du 10 février 1926, qui déclare la loi du 7 mars 1925 applicable dans les départements recouvrés, sous réserve de quelques modalités spéciales relatives à la publicité des sociétés.

Les grandes lignes de cette loi doivent être tracées ainsi :

Délai d'un an imparti aux sociétés du type local pour se mouler dans le type de 1925, faute de quoi les dispositions statutaires contraires à la loi française seront réputées non écrites (*art.* 2) ;

Application des causes de nullité de la loi française à partir de la transformation seulement (*art.* 3) ;

Possibilité d'effectuer à la majorité simple les modifications nécessaires aux statuts (*art.* 2) ;

Délai de deux ans imparti aux porteurs de parts non libérées pour s'acquitter intégralement, à défaut de quoi la dissolution pourra être demandée par tout tiers intéressé (*art.* 3) ;

Réserve des droits des tiers (*art.* 2-4°) ;

Dispense de publication (*art.* 4) ;

Dispense de droits fiscaux (*art.* 2-3°) ;

Délais fixés par la loi française ne devant commencer à courir qu'à compter de la transformation (*art.* 5).

666. — Le délai imparti pour la transformation étant aujourd'hui expiré, nous n'examinerons parmi ces points que les suivants, qui seuls présentent encore quelque intérêt :

Sort des sociétés qui ne sont pas transformées ;

Sort des sociétés, entachées de nullité au regard de la loi française ;

Parts non libérées ;

Réserve des droits des tiers ;

Cours des délais fixés par la loi française ;

667. — *Des sociétés qui ne sont pas transformées*. — Aux termes de l'art. 2 de la loi du 10 février 1926, les dispositions statutaires contraires à la loi du 7 mars 1925 sont désormais non écrites (*Trib. civ. Mulhouse, 27 mars 1928,* M. Frey et Stichelberger : D. 28, 2, 153).

Il suit de là que les associés sont dispensés des *nachschrüsse* ;

Que la société ne pourra continuer d'user de sa raison sociale, si celle-ci comporte les noms d'anciens associés ; elle devra, si elle veut la conserver, en faire un nom commercial. Par exemple, fondée par les sieurs Hessli et Mayer, morts depuis longtemps, elle avait encore la raison sociale Hessli et Mayer ; elle devra désormais s'intituler : ancienne maison Hessli et Mayer, ou maison Hessli et Mayer ;

La cession des parts, la révocabilité du gérant seront régies par les dispositions de la loi du 7 mars 1925 ;

Si l'objet de la société est l'un de ceux que la loi du 7 mars 1925 interdit aux S. A. R. L. ; si les nachschüsse étaient indispensables au fonctionnement de la société, qui était, au vrai, ce que nous appellerions une coopérative de production, c'est-à-dire une véritable association ; si la société ne poursuivait pas un but lucratif, la société a été dissoute de plein droit le 9 février 1927, les obligations des associés étant éteintes faute de cause (*art. 1131 C. civ.*) et remplacée :

Dans le premier cas : par une société de fait du type des sociétés en nom collectif, dont les membres sont responsables indéfiniment du passif ;

Dans le second cas, par une société coopérative, d'ailleurs irrégulière, et par suite ne pouvant pas profiter des avantages fiscaux et surtout des avances de l'Etat dont bénéficient les sociétés de ce genre. Les sociétés coopératives, sont on le sait, de deux sortes : les unes sont de véritables associations qui n'ont de sociétés que la forme et le nom, ce sont celles qui ne réalisent pas de bénéfices distribuant à leurs membres la totalité de leurs recettes, moins les frais de fabrication et les frais généraux ; les autres sont de véritables sociétés qui n'ont de particulier que de devoir absorber la production de leurs membres. Elles sont le plus souvent constituées sous la forme de sociétés anonymes à capital variable. Les G. M. B. H. de l'ancien droit local à objet agricole auraient dû prendre cette forme ; faute de l'avoir fait, elles sont devenues, comme celles du premier cas, des sociétés de fait genre société en nom collectif ;

Dans le troisième cas, par une véritable association qui, faute de déclaration, n'aura pas de personnalité civile.

668. — *Des sociétés entachées de nullité d'après la loi française*. — Ce seront celles qui n'auront plus les deux associés fatidiques ;

Dont les membres n'auront pas comparu en personne ou par fondé de pouvoirs spécial à l'acte de transformation ; dont le nombre d'originaux sera insuffisant ;

Dont les parts seront d'une valeur moindre de 100 francs ;

Dont les statuts nouveaux stipuleront que la libération intégrale des parts ne sera pas exigée immédiatement ou dans le délai de la loi, ou continueront de contenir l'attribution de parts en échange de prestations successives ;

Dont le capital sera moindre de 25.000 francs.

Les effets de cette nullité seront les mêmes que ceux de la nullité initiale dans le système de la loi de 1925. Nous y renvoyons.

669. — *Parts non libérées*. — A moins de stipulation contraire des nouveaux statuts, les associés ont eu jusqu'au 12 février 1928 pour libérer leurs parts, quand leur apport initial n'était pas intégralement versé, et quand, au moment de la transformation, le capital n'a pas été réduit au montant de la portion versée. S'ils ne se sont pas acquittés dans ce délai la société n'est pas nulle ; elle conserve le droit d'agir en libération, en premier lieu contre le titulaire actuel des parts non soldées, en second lieu contre les titulaires précédents jusqu'à 5 ans en arrière. *Mais les tiers ont dès à présent le droit de demander la dissolution,* s'ils y ont intérêt (*art.* 3) de toute société dont le capital ne sera encore que partiellement libéré, si faible que soit la dette de l'associé en retard. On voit les spéculations et les chantages auxquels cette disposition donnera lieu. Heureusement, la dissolution ne sera pas de plein droit ; le tribunal devra non pas la constater, mais la prononcer ; d'où il suit qu'elles ne se placera qu'au jour du jugement, et que par suite les associés seront toujours à même de régulariser la situation en cours d'instance.

670. — *Réserve des droits des tiers.* — Aux termes de l'art. 2 de la loi du 10 février 1926, la transformation n'a pas touché aux droits et obligations des tiers.

Pour les obligations, c'est exact ; cela ne l'est pas pour les droits.

Supposons, en effet, qu'un tiers ait eu droit à des prestations complémentaires exigées d'un associé dans les termes de la loi locale, par exemple, comme vendeur de l'immeuble ou du fonds de commerce apporté par cet associé dont la société a pris en charge les dettes relatives à cet imeuble ou à ce fonds. Son droit est éteint et résolu en dommages-intérêts.

D'un autre côté, les tiers avaient une action conjointe mais non solidaire contre les associés pour les obliger à compléter la part de certains d'entre eux défaillants ; ce droit est éteint et remplacé par celui de demander la dissolution.

671. — *Cours des délais prévus par la loi française.* — Ces délais sont :

10 ans, pour l'introduction de l'action en nullité (*art.* 10) ou en responsabilité contre les fondateurs pour surestimation des apports (*art.* 8) ;

Un mois pour la publicité ;

La période d'installation, pour les intérêts intercalaires.

Ces deux derniers délais n'ont pas couru, la transformation ayant été dispensée de publicité (*art.* 4, *l. du 10 février* 1926) et les intérêts statutaires ne pouvant à l'évidence être dus pour une nouvelle période par suite de la transformation ; restent les deux délais de 10 ans.

S'il s'agit d'une surestimation commise ou d'une nullité encourue, *au moment de la constitution de la* société, nous estimons que la transformation donne aux intéressés l'action en nullité ou en garantie du droit français, parce que ce droit améliorant la situation des tiers, ceux-ci doivent en bénéficier. Mais c'est du jour de la constitution de la société que partira le délai de 10 ans ; il serait inique que l'introduction du droit français en Alsace vint rajeunir une faute ou une erreur qui n'ont eu en somme aucune conséquence fâcheuse, puisque l'irrégularité commise n'a pas entravé la marche de la société, et que les tiers n'ont pas eu à souffrir du soufflage des apports, puisque la société, jusqu'ici, était *in bonis.*

S'agit-il au contraire d'une nullité encourue ou d'une surestimation commise dans l'acte de transformation par suite de la réévaluation de l'actif par exemple) le délai de 10 ans courra de la transformation.

II. — Transformation des sociétés à responsabilité limitée en société d'un autre type

671 *bis.* — Nous avons dit que l'art. 45 du projet primitif prévoyait la transformation des sociétés anonymes en sociétés à responsabilité limitée, et réciproquement. La Chambre a élargi cette faculté qu'elle a étendue à toutes les autres sociétés commerciales publiques; mais elle a oublié d'étendre de même la faculté accordée aux sociétés à responsabilité limitée d'adopter une autre forme, et l'art. 41 actuel ne les autorise encore qu'à se transformer en sociétés anonymes.

672. — Ce n'est pas à dire toutefois que les autres types leur soient interdits. L'art. 31 permet à la

majorité des associés représentant les trois quarts du capital social, sauf stipulation contraire, de modifier toutes les dispositions des statuts, excepté d'augmenter les engagements des actionnaires et de changer de na-tionalité ; il permet donc, en principe, toutes sortes de transformations.

673. — Bien entendu, l'adoption d'une forme qui exposerait les porteurs de parts à être tenus au delà de leur mise des engagements de la société, nécessiterait leur consentement unanime ; ce sera le cas pour la société civile ou la société en nom collectif, à moins d'une clause des statuts, bien entendu. Il faudra, tout au moins le consentement des porteurs de parts qui deviendront gérants, pour la commandite simple ou par actions ; la majorité de l'art. 31 suffira pour les au tres.

674. — Il faudra encore l'unanimité, malgré les termes de l'art. 41, si pour transformer la société en société anonyme, il faut faire de nouveaux versements.

Même pour des modifications de cette importance la loi n'exige pas la tenue d'une assemblée générale dans les sociétés de vingt membres et au dessous ; il suffira d'adresser à chaque associé le texte exprès et explicite, de la décision sollicitée, et l'associé émettra son vote par écrit. Nous croyons cependant préféra-ble de réunir les intéressés : ils peuvent avoir des ob servations à formuler sur les nouveaux statuts.

675. — Au demeurant, l'opération ne présente pas de difficultés spéciales : c'est une transformation semblable à celle du droit commun. Signalons seulement que nonobstant leur transformation en actionnai-res ou en commanditaires, les associés originaires de meureront responsables pendant 10 ans à compter de la constitution définitive de la société sous la forme à responsabilité limitée de la valeur attribuée dans le pacte social aux apports en nature. Et ceux à qui la nullité sera imputable demeureront aussi responsables vis-à-vis de leurs coassociés et des tiers, des conséquences dommageables de l'annulation.

B. — FUSION

676. — Aucune disposition légale, aucune consi dération tenant à la forme de cette société, n'empê-chent une société à responsabilité limitée de se fusionner soit avec une société similaire soit avec une société de tout autre type. La fusion n'est aussi bien qu'une modalité de la transformation et de la dissolution qui peuvent l'une et l'autre être décidées à la seule majo rité des voix.

677. — FORMES ET MODALITES DE LA FUSION. — En principe, la décision doit être prise en assemblée (*art.* 26). Mais la tenue de cette assemblée n'est obligatoire que si la société compte plus de vingt membres. Pour les autres, il suffira aux promoteurs de la fusion — qui seront généralement le ou les gérants; sinon, il leur faudra (*art.* 29) représenter plus de la moitié du capital social, ou mettre en avant le conseil de surveil-lance s'il en existe un — il suffira donc aux promoteurs d'envoyer à chaque associé le texte des décisions ou résolutions à prendre expressément formulées, et l'associé émettra son vote par écrit (*art.* 26). Si la so-ciété comprend plus de vingt membres, le vote par correspondance n'est pas admis : il faut nécessaire-ment tenir une assemblée. Cette Assemblée pourra aussi bien être l'Assemblée ordinaire annuelle, qu'une as-semblée spécialement convoquée par le gérant, le con seil de surveillance, ou un nombre suffisant d'action-naires (*art.* 29).

678. — Dans les deux cas — assemblée ou vote par correspondance — chaque associé possède autant de voix que de parts sociales (*art.* 28), et la fusion doit être décidée à l'unanimité, si elle doit avoir pour conséquence le changement de nationalité de la société ou des engagements nouveaux des sociétaires ; dans le cas contraire, il suffira de la majorité des associés représentant les trois quarts au moins du capital social (*art.* 31). Il n'est pas prévu de quorum décroissant.

CHAPITRE XI

Dissolution — Liquidation — Partage

SOMMAIRE

A. — DISSOLUTION

I. — Dispositions spéciales de la loi du 7 mars 1925

679. — La loi du 7 mars 1925 n'a consacré qu'un seul article à la dissolution : c'est l'art. 36, aux termes duquel la société à responsabilité limitée n'est point dissoute par : « l'interdiction, la faillite, la déconfiture ou la mort d'un des associés, sauf en ce dernier cas stipulation contraire des statuts ». Cet article n'est pas autre chose qu'une simple référence au droit commun, à laquelle il apporte seulement une exception : on sait en effet que, normalement, la mort, l'interdiction ou la déconfiture d'un associé sont des causes de dissolution de plein droit d'une société.

La raison de cette exception est le caractère mixte de la société à responsabilité limitée, dans laquelle *l'intuitus personae* ne joue pas le même rôle que dans les sociétés de personnes proprement dites, puisque les parts sont cessibles. L'interdiction ou la déconfiture (ou faillite) d'un des associés n'auront donc pas des inconvénients suffisants pour entraîner la dissolution de la société. Pourquoi alors, avoir laissé aux associés la faculté de se placer sous le régime du droit commun, pour le cas de mort ? Les travaux préparatoires ne le disent pas et, de vrai, la raison de cette disposition n'apparaît pas. Elle tient probablement au caractère d'association familiale que la société à responsabilité limitée a dans l'esprit du législateur : le chef de famille mort, l'association perd sa raison d'être et disparaît.

Sans doute. Mais il en est de même pour l'interdiction ou la faillite...

II. — Causes de dissolution du droit commun

680. — Les autres causes de dissolution du droit commun sont :

L'arrivée du terme ;

L'extinction de la chose, ou la consommation de la négociation ;

La volonté qu'un seul ou plusieurs des associés expriment de n'être plus en société, à quoi il faut ajouter (*art.* 1867) la perte de l'apport d'un associé avant la constitution de la société, et la perte de la chose dont la jouissance seule a été apportée (*art.* 1871) ; la dissolution judiciaire pour justes motifs ; et enfin la réunion de toutes les parts en une seule main (*Cpr. art.* 2-1°, 7 *mars* 1925). Les causes . joueront-elles pour nos sociétés ?

687. — Oui, incontestablement, pour l'arrivée du terme, l'extinction de la chose proprement dite (perte du bateau ou mort du cheval de course non assurés, ép uisement de la mine, etc...), ou la consommation de la négociation, c'est-à-dire l'achèvement de l'entreprise pour laquelle la société a été constituée.

Mais devra-t-on assimiler à l'extinction de la chose la perte totale du capital social, comme la jurisprudence le fait en ce qui concerne les sociétés anonymes ?

La raison de le faire serait que les sociétés à responsabilité limitée n'offrent elles aussi aux tiers que leur capital pour toute garantie, au lieu que les sociétés de personnes possèdent encore la fortune personnelle et le crédit de leurs membres associés en nom collectif, et que le capital des sociétés à responsabilité limitée ne saurait descendre au-dessous de 25.000 francs. Cette dernière raison est très forte ; car, si la société était empêchée de se constituer par l'insuffisance de son capital, ne sera-t-elle pas empêchée de continuer, si cette insuffisance se produit au cours de son existence ? Néanmoins, nous hésitons. Tant que les associés continuent de faire marcher l'affaire en faisant des avances à la société, il n'y a point de raison de les protéger contre eux-mêmes en déclarant celle-ci dissoute de plein droit à partir du jour où le capital a été totalement perdu : le remède serait pire que le mal. Pour l'argument tiré d'un capital minimum obligatoire, on peut répondre que la loi n'ayant pas prévu cette clause de dissolution, s'en est rapportée au droit commun, où elle n'existe pas, et pour cause ; qu'en outre en exigeant un minimum initial de garantie, elle a entendu prémunir les tiers contre le danger de contracter avec des entreprises imprudemment constituées, mais non contre celui résultant de la soumission de leur débiteur aux risques du commerce, sans quoi elle eût dû prescrire la dissolution aussitôt que le capital serait, si peu que ce soit, entamé. Et l'on peut encore raisonner par analogie — lointaine — avec la loi de 1867. Celle-ci exige un nombre minimum d'associés, à défaut duquel la société est nulle. Mais que ce nombre vienne à ne plus être atteint au cours de la société, celle-ci ne sera pas dissoute de plein droit ; elle pourra seulement être judiciairement dissoute, si cette situation anormale s'est prolongée plus d'un an. Le législateur de 1867 a donc pensé que, dans le silence de la loi, la réduction à moins de 7 du nombre des actionnaires, si contraire à sa volonté qu'elle fût, n'eût pas entraîné la dissolution. Nous devons interpréter de même le silence du législateur de 1925, dans l'hypothèse somme toute voisine que nous examinons (*Sic.* Piot, n. 76. — Pic et Baratin, n. 391. — Drouets, n. 443).

Mais la perte totale du capital peut constituer un juste motif de dissolution (*V. ci-après*).

682. — Seront de même une cause de dissolution : la réunion des parts en une seule main ;

La perte de l'apport d'un associé avant la constitution de la société — évènement qui empêche bien plutôt la constitution qu'on ne doit le considérer comme un cas de dissolution ;

La perte de la chose dont un associé a apporté la jouissance. Ainsi une société est constituée pour exploiter une service de transports en commun : un associé apporte la jouissance d'un autobus ou d'un autocar ; cet appareil, non assuré, est incendié ou tombe dans un ravin où il est totalement détruit ; la société sera dissoute.

683. — Quant à la volonté qu'un seul ou plusieurs expriment de n'être plus en société, c'est-à-dire à la renonciation (*art.* 1869) d'une part, et, de l'autre, à la volonté commune, il faut distinguer.

684. — La renonciation — qui ne jouerait que dans le cas de sociétés à durée illimitée ou à durée supérieure à la vie humaine — nous avait paru et nous paraît encore incompatible avec notre genre de sociétés. Du moment que tout associé peut se retirer en cédant ses parts, il n'y a aucune raison, pensions-nous, de sacrifier la société pour lui rendre sa liberté. Tel est aussi l'avis de MM. Piot (n. 78), Drouets (n. 450), Pottier (148), Gain (97). — Mais MM. Defresnoy. (n. 329) et Pic et Baratin (n. 398) sont d'un avis opposé, à raison des obstacles apportés par la loi à la cession des parts, et il est vrai que, d'après la jurisprudenc, l'art. 1869 joue quand les dispositions de l'acte de société entravent le droit de cession (*Cpr. Cass. civ.*, 1er *juin* 1859, *Granier c. Durand et autres : D.* 59, 1, 244 - *S.* 61, 1, 113 - *Pand. fr. Chr.* 3, 1, 389). Ce motif ne nous paraît pas déterminant.

Si la loi autorise la renonciation, c'est surtout que, dans les sociétés réglementées par les art. 1832 et suivants C. civ. l'associé est responsable à l'infini de sa part des dettes sociales, en sorte que retiré des affaires, il traînerait encore comme un boulet des possibilités de ruine, voire de faillite, non contrebalancés par des avantages que son âge ne lui permettrait plus de recueillir. Rien de pareil dans la société à responsabilité limitée, dont les membres ne supportent aucune autre obligation que de laisser leur argent dans la caisse sociale ; en sorte qu'ils ne risquent plus que leur mise. Ce risque n'est pas si grand qu'il faille leur permettre de détruire la société.

D'ailleurs, si la cession des parts peut être ralentie ou entravée par le jeu des articles 22 et 23, elle n'est jamais totalement empêchée, à moins d'un singulier concours de circonstances ou d'une mauvaise volonté obstinée des autres associés. Dans ce cas, mais dans ce cas seulement, nous accepterions, avec M. Piot, que l'art. 1869 jouât (*V. aussi* AUGER, *Rev. Soc.* 1927, 133). Il servirait ainsi de levier pour triompher de la résistance des autres associés à une cession de parts.

Signalons que la question est beaucoup plus importante qu'il n'y paraît, à raison de la jurisprudence qui considère comme illimitées les sociétés contractées pour plus de 30 ans; or, les S. A. R. L. prévues pour 50 ans et plus abondent.

685. — Au contraire, la volonté commune des associés constituera une cause de dissolution. Cela ne fait pas de doute, si cette volonté est unanime (Art. 1134) ou si les statuts ont prévu la dissolution à la majorité; mais, dans le silence du contrat, il est discuté que l'assemblée générale, ou les associés décidant par correspondance, puissent dissoudre la société à la majorité (CHAPSAL, *p.* 61). Nous ne croyons pas cette hésitation fondée. Hormis le changement de nationalité et l'augmentation des engagements des associés, toutes les modifications aux statuts (ce qui comprend la dissolution, soit directe, soit indirecte par suite d'une fusion ou d'une transformation sont décidées à la double majorité en nombre et en capital prévue par l'art. 31 (PIC et BARATIN, *n.* 194 ; PIOT, 74 ; DROUETS).

686. — A l'inverse, la *prorogation* pourra également être votée par l'assemblée générale, à la même majorité. Elle n'entraînera pas constitution d'une société nouvelle, si elle est votée avant la dissolution.

687. — Dans les deux cas, l'assemblée ou la consultation des associés, si elle n'est pas provoquée par le ou les gérants, pourra l'être par le conseil de surveillance, et, en tous cas, par des associés représentant plus de la moitié du capital social (Art. 29).

688. — Reste l'art. 1871. On décide aujourd'hui unanimement, du moins en jurisprudence, que cet article s'applique à toutes les sociétés, y compris les sociétés anonymes. Nous ne voyons pas de raison de

ne pas décider de même en ce qui concerne les sociétés à responsabilité limitée, pour qui la faculté ouverte par cet article ne serait pas moins précieuse (Sic : *Trib. com. Seine, 26 février 1926, Garibaldi c. Saporito Parziale : Gaz. Soc. juin 1926 - J. Trib. com.* 1927, 148 - *Rev. Soc.* 1927, 199; *ce même tribunal, 8 novembre 1927, Delaney c. Romanof : Rev. Soc.* 1928,271).

Que devra-t-on considérer comme justes motifs ? Ce seront autant de questions d'espèce à résoudre par les tribunaux en s'inspirant de l'intérêt bien compris de la société : tout événement qui compromettra d'une manière permanente la prospérité de celle-ci constituera un juste motif. Citons quelques exemples :

Mésintelligence entre associés, et surtout entre gérants statutaires;

Perte d'une part importante du capital;

Circonstances économiques favorables à une dissolution — par exemple, l'usine exploité par la société est détruite par un incendie, et l'indemnité d'assurance permettra de rembourser les parts, tandis que reconstruire l'usine absorbera des capitaux nouveaux, avec des chances de gain pratiquement nulles;

Etc., etc...

689. — L'action devra être intentée individuellement par un ou plusieurs associés, devant le Tribunal de commerce dans le ressort duquel se trouvera le siège social, et dirigée contre les gérants en exercice; à défaut de gérant contre les autres associés.

III. — Causes de dissolution statutaires

690. — Aux causes de dissolution du droit commun pourront s'ajouter les causes statutaires : nous avons vu que les parties étaient libres de subordonner la continuation de la société à telle ou telle hypothèse. Ces dispositions statutaires ne soulèvent pas de difficultés particulières aux sociétés à responsabilité limitée, et nous pouvons nous contenter de renvoyer au droit commun.

691. — Publication. — En dehors du cas où la société est arrivée à son terme, a terminé l'entreprise en vue de laquelle elle avait été constituée, a perdu sa chose, a été dissoute conformément à ses statuts par la mort d'un de ses membres, ou l'arrivée de tel autre événement prévu au pacte social, *la dissolution devra être publiée* dans les mêmes formes que la constitution ou les modifications aux statuts. On déposera aux greffes un double de l'acte par lequel les associés auront convenu de dissoudre la société, le traité de fusion, un extrait du jugement prononçant la dissolution, l'acte constatant la réunion entre les mains d'un seul de toutes les parts sociales, etc...; l'inscription de la société au registre du commerce sera rayée.

B. — LIQUIDATION

692. — Pas plus que pour aucun autre type de société, la loi n'a prévu un mode spécial de liquidation pour la société à responsabilité limitée, liquidation qui est la suite nécessaire de la dissolution comme aussi de l'annulation. Le droit commun sera donc applicable.

Par suite, *le gérant ne sera pas liquidateur de droit.* Tous les associés ont une égale vocation à liquider concurremment, tirée par analogie de l'art. 1859, 1°, C. civ. Mais les statuts comblent fréquemment la lacune de la loi soit en désignant par avance nommément le liquidateur — ce qui ne se pourra que dans les sociétés à court terme — soit en chargeant le ou les gérants de la liquidation, soit en organisant par avance la gérance en laissant aux associés du moment le soin de désigner à la majorité le liquidateur — soin qui leur appartiendra encore, si le liquidateur statutaire est mort ou a cédé ses parts lors de la dissolution. Ce n'est que dans le cas d'annulation, de mésintelligence entre les associés rendant impossible toute collaboration, de minorité ou d'incapacité de tous les porteurs de parts, que l'on devra recourir à justice pour obtenir la nomination d'un liquidateur judiciaire. Il existe auprès des principaux tribunaux de commerce, à Paris et à Lyon notamment, de véritables corporations d'agents « le plus souvent désignés par le tribunal » pour liquider les sociétés dont les membres n'ont pu s'entendre pour le choix amiable d'un liquidateur. Organisés en compagnies à nombre limité, sous la surveillance du tribunal, ces agents offrent aux parties les plus grandes garanties de compétence et d'honorabilité. A la différence des syndics de faillite et liquidateurs judiciaires de la loi de 1889, *ils ne représentent pas les créanciers, ils sont les mandataires des associés*, en sorte que, tout comme les liquidateurs statutaires ou élus, ils peuvent coexister avec un syndic.

693. — Dans tous les cas, les pouvoirs des liquidateurs sont les mêmes. *Ils ne comprennent pas le droit de continuer les opérations sociales*, à moins qu'il ne soit avantageux de vendre le fonds de commerce en bloc. Dans tous les autres cas, il faudra seulement liquider, c'est-à-dire, sous la surveillance de l'assemblée générale et avec son autorisation pour les actes les plus importants, transformer en argent les différents éléments de l'actif, faire rentrer les créances sociales (prévoir dans ce cas l'éventualité de donner mainlevée des privilèges ou hypothèques par lesquelles la créance de la société était garantie), poursuivre le cas échéant les gérants à raison des fautes commises dans leur gestion, etc...

Sur la somme ainsi obtenue, on prélèvera les frais de liquidation, qui sont privilégiés; le montant des dettes privilégiées ou hypothécaires, dans l'ordre de leur rang ou de leurs inscriptions; le passif chirographaire. Si l'actif est insuffisant pour désintéresser intégralement le passif chirographaire, il faudra négocier auprès des créanciers la distribution amiable d'un dividende. S'ils n'acceptent pas, le liquidateur devra déposer le bilan de la société.

C. — PARTAGE

694. — Si l'actif est suffisant pour éteindre le passif et laisser un boni, on prélèvera d'abord sur ce boni de quoi rembourser les parts à leur valeur nominale; l'excédent sera réparti conformément aux statuts (dans le cas où il existerait des parts bénéficiaires ou industrielles elles auraient droit à cet excédent) et, dans le silence des statuts, également entre toutes les parts.

Dans le cas où les affaires de la société auraient été à ce point florissantes qu'il n'aurait pas été utile de vendre la totalité de l'actif pour éteindre le passif et recueillir de quoi rembourser les parts souscrites en numéraire, les apports en nature subsistant, ou tout au moins certains d'entre eux, le liquidateur pourra-t-il les remettre purement et simplement à l'apporteur ? En principe, oui; mais en pratique, il y aura lieu de tenir compte des plus-values ou des moins-values subies par ces choses, par l'effet desquelles l'apporteur se trouverait favorisé ou lésé.

695. — *Prescription*. — Toute action des tiers dirigée contre le liquidateur pris en cette qualité, dure 30 ans. Pour les associés non liquidateurs, et le liquidateur pris comme simple associé, au contraire, nous pensons que la prescription quinquennale de l'art. 64 C. com. jouera. C'est aussi l'opinion générale (PIOT, n. 81; POTTIER, n. 152; DROUETS, n. 456; LEPARGNEUR, n. 4 et 47; PIC et BARATIN, n. 408).

Cet accord cesse s'il y a concours de cette prescription avec celle de 10 ans prévue par l'art. 8 pour l'action en responsabilité solidaire de l'évaluation des apports en nature, et l'art. 10 pour le dommage causé par la constitution irrégulière de la société — concours qui ne peut se produire que dans le cas d'une société dissoute et liquidée avant l'expiration de sa cinquième année. Les uns estiment que les associés initiaux continueront d'être responsables jusqu'à l'expiration des 10 ans de la valeur attribuée par eux aux apports en nature (DROUETS, 456); les autres estiment au contraire que l'art. 64 s'appliquera même à ces associés (PIOT, n. 81; LEPARGNEUR, n. 47; PIC et BARATIN, n. 409). Dans ce conflit nous prendrons parti pour M. Drouets pour deux raisons :

L'art. 64 C. de com. vise les engagements sociaux, les art. 8 et 10 de la loi de 1925 la responsabilité encourue par les fondateurs, *qui peuvent ne plus être associés*, à raison de fautes commises dans la constitution de la société; on ne peut appliquer la prescription de l'art. 64 à des actions que cet article n'a aucunement prévues, et pour cause; ce n'est que par extension, par analogie, que nous déclarons l'art. 64 applicable aux sociétés à responsabilité limitée; dans ces conditions il paraît osé de se servir de ce texte pour abréger la durée d'actions que la loi a expressément permis d'intenter pendant 10 ans,

DEUXIÈME PARTIE

FORMULAIRE

PLAN

FORMULE I

Pouvoir à fin de concourir à la constitution d'une Société à responsabilité limitée

---

La loi du 7 mars 1925, art. 4, § 3, prescrit que l'acte de Société devra être signé des parties elles-mêmes ou d'un mandataire porteur d'un pouvoir spécial.

Il résulte de ce texte que le pouvoir général d'administrer ou même d'aliéner serait absolument insuffisant pour permettre au mandataire de contracter valablement une Société à responsabilité limitée.

Par pouvoir spécial on doit entendre celui qui sépare, sommairement, mais clairement, les clauses que le mandant accepte devoir insérer dans les statuts, qui indique notamment la valeur maxima qu'il convient de donner aux apports en nature et précise les fonctions que ce mandant accepte de remplir.

Les prescriptions de la loi sont justifiées par l'importance des obligations personnelles contractées par l'associé à responsabilité limitée, notamment en matière d'évaluation des apports en nature, obligations dont il ne saurait se charger sans son consentement exprès.

Par devant M⁰ ...., notaire à ....

      A comparu :

M...........

Lequel a déclaré constituer pour son mandataire M..........., ici présent et qui accepte, à l'effet de...........

Prendre part à la constitution d'une société à responsabilité limitée au capital de X fr., divisé en parts de Z francs et d'une durée de .... au   { **minimum** / **maximum** }

ayant pour objet : ....

M'engager à contribuer à la composition de ce capital jusqu'à concurrence de .... francs;

A apporter à ladite société (*EN TOUTE PROPRIETE OU EN JOUISSANCE*), tels biens dont j'estime la valeur à .... ;

Stipuler en échange l'attribution de .... parts et tels avantages particuliers;

Consentir, au cas d'insuffisance de souscription, la réduction du capital jusqu'à concurrence de .... francs;

Accepter, au cas où les concours réunis par MM............ (*les promoteurs*), dépasseraient la somme de .... prévue pour les souscriptions de numéraires, la réduction proportionnelle de mes engagements et du nombre correspondant de parts auquel ils m'auraient donné droit, mais jusqu'à concurrence de .... francs et .... parts seulement;

Faire les versements nécessaires au moyen des fonds remis à cet effet;

Prendre part à la confection d'un acte de société, sous seings privés ou authentique; vérifier la spécialité des mandats, s'il en est présenté, vérifier la souscription intégrale du capital social, et la libération totale des apports; vérifier la valeur attribuée aux apports des autres souscripteurs; exiger à cette fin et produire les justifications nécessaires, et au besoin élever toutes contestations utiles;

Exiger l'insertion dans les statuts des clauses suivantes :............

Conférer la fonction de gérant à .... (*ou : AU MIEUX DES INTERETS DE LA SOCIETE*) ;

Au besoin, l'accepter en mon nom;

Limiter les pouvoirs du gérant aux actes suivants :

Nommer (*s'il y a lieu*) les membres du conseil de surveillance; accepter en mon nom éventuellement cette fonction;

Donner et retirer tous reçus et décharges;

Aux effets ci-dessus, faire et signer tous actes, feuilles de présence, registres, procès-verbaux et pièces quelconques; substituer, et généralement faire le nécessaire, promettant l'avouer.

Dont acte.

FORMULE II

Statuts-types d'une Société composée de moins de 21 associés

Observation générale. — Les obscurités contenues dans la loi du 7 mars 1925 imposent au rédacteur des statuts de résoudre par des clauses précises, les différentes difficultés qui peuvent se poser au cours de la vie sociale.

Il ne s'agit donc plus, dans ce cas, de se demander quelles ont pu être les intentions véritables du législateur sur un point déterminé, mais de rechercher pour celles des dispositions de la loi qui ne sont pas d'ordre public, les modalités de gestion les plus propres à assurer l'équilibre commercial de l'entreprise.

Capacité. Mineurs. — Si le mineur est émancipé, il peut valablement entrer comme associé dans une Société à responsabilité limitée.

S'il n'est pas émancipé, il peut également y entrer à condition d'être pourvu des autorisations nécessaires. Ce principe nécessite cependant quelques explications.

Dans les sociétés commerciales en général, le fait d'être commanditaire ou actionnaire n'entraîne pas la qualité de commerçant et si le mineur agissant seul ne peut souscrire, son tuteur peut employer les deniers pupillaires en actions de société ; le tuteur peut également, avec l'autorisation du Conseil de famille, faire apport de biens corporels jusqu'à concurrence d'une valeur de 1.500 francs et de biens incorporels dépassant 1.500 francs ou de biens immobiliers, avec cette autorisation homologuée par le tribunal. Ces règles sont fondées sur l'engagement limité du commanditaire ou actionnaire, engagement qui n'oblige le mineur que jusqu'à concurrence de son apport. Or, dans les sociétés à responsabilité limitée, si les associés ne sont tenus des dettes sociales que jusqu'à concurrence de leurs mises, ils sont solidairement responsables de la valeur donnée aux apports en nature : comme la responsabilité civile du mineur existera quelles que soient les fautes ou les légèretés du gérant sauf recours contre celui-ci au cas où les créanciers exigeraient des associés le complément d'apports, on a pu se demander si cette responsabilité ne mettait pas obstacle à l'entrée des mineurs dans ces sociétés.

Nous estimons qu'il y a lieu de se montrer particulièrement libéral dans cette question, car le législateur a considéré la nouvelle forme de société principalement comme de nature à favoriser les entreprises familiales et les conséquences d'une interprétation trop stricte des textes serait contraire à l'esprit de la loi.

Femme mariée. — La femme commune en biens ne peut, sans l'autorisation de son mari, et à moins qu'il ne s'agisse du placement de ses biens réservés, être associée dans une société à responsabilité limitée; séparée de biens, elle peut, sans autorisation, faire un apport de numéraire ou un apport de mobiliers ou de la jouissance d'un immeuble, mais il lui faut l'autorisation de son mari pour apporter un immeuble à la société en propriété.

Si la femme mariée est séparée de corps, elle jouit d'une capacité absolue et peut contracter en société sans aucune autorisation.

Interdits. — Les interdits étant assimilables aux mineurs, mais n'étant pas susceptibles contrairement à ces derniers, d'être émancipés, peuvent être associés à condition d'être pourvus d'une autorisation.

Par devant M⁰ ...., **notaire** à ...., **soussigné,**

    Ont comparu :

M. Jacques, industriel, demeurant à ...., rue ....

M. Paul, négociant, demeurant à ...., rue ....

M. René, rentier, demeurant à ...., rue ....

Qui ont établi ainsi qu'il suit les statuts d'une Société à responsabilité limitée devant exister entre eux.

Les statuts des sociétés à responsabilité limitée peuvent être notariés ou sous seings privés : dans ce dernier cas rédiger de la façon suivante :

Les soussignés,

Jacques, industriel, demeurant à ...., rue ....

Paul, négociant, demeurant à ...., rue ....

René, rentier, demeurant à ...., rue............

Ont établi ainsi qu'il suit les statuts d'une Société à responsabilité limitée devant exister entre eux.

ARTICLE PREMIER

Formation

Il est formé entre les comparants (*ou bien : SOUSSIGNES*), **attributaires des parts ci-après créées, une société à responsabilité limitée régic par les lois en vigueur sur les sociétés et par les présents statuts.**

ARTICLE 2

Objet

La Société a pour objet l'exploitation de l'entreprise industrielle de tannerie, appartenant à M. Jacques, sis à ...., rue .... Et en général toutes opérations industrielles, commerciales, mobilières et immobilières se rapportant à l'industrie de la tannerie directement ou indirectement.

La société à responsabilité limitée peut, en principe, avoir pour objet toute entreprise commerciale ou industrielle ; il suffit que l'objet soit possible et licite conformément au droit commun. Toutefois, les sociétés d'assurances, de capitalisation et d'épargne ne peuvent adopter la forme « à responsabilité limitée »; le législateur a édicté sur ce point une prohibition absolue.

La jurisprudence considère d'autre part comme illicites :

1° Les sociétés formées pour pratiquer la contrebande soit en France, soit à l'étranger ;

2° Les sociétés formées pour entraver la liberté des enchères ;

3° Les sociétés ayant pour objet l'exploitation de la passion du jeu : sociétés pour l'exploitation des maisons de jeu, pour l'exploitation des paris de courses, pour effectuer des prêts d'argent aux joueurs, pour constituer des loteries;

4w Les sociétés entre médecins et non médecins pour l'exploitation d'une clientèle médicale, mais une pareille société qui aurait pour objet l'exploitation d'une maison de santé, d'un journal médical, ne serait pas illicite;

5° Les sociétés entre médecins pour l'exploitation de leur clientèle;

6° Les sociétés créées pour l'exploitation d'un office ministériel ;

7° Les sociétés d'avocats ;

8° Les sociétés ayant pour objet l'exploitation d'une marque usurpée;

9° Les sociétés constituées en violation du principe de la liberté du commerce : truts ;

10° Les sociétés pour l'exploitation de maisons de tolérance ;

11° Les sociétés pour l'échange d'effets de complaisance ;

12° Les sociétés constituées entre pharmaciens et non pharmaciens ;

13° Les sociétés entre pharmaciens et médecins.

(V. pour une rédaction plus précise de l'objet suivant la nature de l'exploitation, Jur.-Class., Sociétés, Formulaire, Division F, ou Jur.-Class. Notarial, Formulaire, V° Société, Division F).

ARTICLE 3

Dénomination

La société prend la dénomination de : Tannerie Jacques « Société à responsabilité limitée ».

Les sociétés à responsabilité limitée peuvent prendre comme dénomination, soit une raison sociale, soit un nom technique ou fantaisiste quelconque; dans tous les cas, cette dénomination doit être suivie des mots « Société à responsabilité limitée ».

On peut se demander s'il serait possible de mettre dans la raison sociale un nom simplement, sans faire suivre ce nom de « et Cie ».

Nous estimons que l'affirmative s'impose, aucune confusion n'étant possible dans l'esprit des tiers puisque la dénomination doit toujours être suivie de la mention « Société à responsabilité limitée ».

ARTICLE 4

Siège social

Le siège social est à Paris, rue .... Il peut être transféré en tout autre endroit de la même ville par simple décision du gérant notifiées par lettre aux associés, ou dans toute autre localité en vertu d'une délibération ordinaire des associés.

La Société peut avoir, en outre, des succursales, bureaux et agences en France, dans ses colonies, dans tous les pays de protectorat et à l'étranger.

Il a été jugé que la clause des statuts conférant droit au Conseil d'administration de transférer le lieu du siège social « dans tous autres endroits » n'emporte faculté pour le Conseil que de modifier le lieu du siège social dans la même ville à l'exclusion de son transport dans une autre ville ou dans un autre département.

Il y a donc lieu de préciser sur ce point les pouvoirs qu'on entend conférer au gérant et réserver à l'assemblée des associés.

ARTICLE 5

Durée

La durée de la Société est fixée à .... années à compter du jour de sa constitution définitive, sauf les cas de dissolution anticipée ou de prorogation prévus aux statuts.

ARTICLE 6

Apports en nature

M. Jacques apporte à la Société sous les garanties de droit :

1) L'établissement de tannerie qu'il possède et exploite à ...., rue ...., dans l'immeuble ci-après apporté; ledit établissement comprenant la clientèle, le nom commercial, le

bénéfice des contrats passés, le matériel de nature immobilière..., le tout évalué à ....
francs.

2) Les marchandises en magasin et en cours de fabrication, les espèces en caisse et effets
à recevoir, tel que le tout existait au .... d'après l'inventaire spécialement dressé à cette
date. Cet apport représente une valeur de .... francs.

3) Un immeuble sis à ...., rue ...., n° ......, occupé par la fabrique et les magasins dudit établissement comprenant ...., ainsi que le matériel et tous objets réputés
meubles qui en dépendent, le tout évalué à .... francs.

Les associés comparants (*ou bien : SOUSSIGNES*), se déclarent solidairement responsables de
la valeur estimative donnée à ces apports.

MM. Paul et René apportent chacun à la société une somme en espèces de fr. ....

Tout associé doit apporter quelque chose à la société dont la valeur soit appréciable en argent.
On peut donc apporter de l'argent, des biens même immeubles, corporels et incorporels et notamment un fonds de commerce avec tous les effets ou droits qui y sont attachés, un brevet d'invention,
une marque de fabrique, un secret de fabrication non breveté, l'actif d'une société dissoute, une ouverture de crédit, etc... Mais il y a lieu de remarquer qu'on ne doit considérer comme apport dans
le sens de l'article 1832 que les valeurs susceptibles d'être rémunérées en parts de capital ; ainsi une
personne ne saurait être valablement considérée comme associée si elle se contente d'effectuer un apport ne pouvant être rémunéré en actions ou parts de capital, aussi bien dans les sociétés par actions
que dans les sociétés à responsabilité limitée.
D'autre part comme les associés sont solidairement responsables de la valeur estimative donnée
aux apports, il y a lieu d'évaluer les éléments des apports en nature avec le maximum de précision
et notamment si l'on peut se contenter dans l'actif des sociétés de donner un chiffre global d'évaluation pour les immeubles, pour les marchandises dépendant d'un fonds de commerce, pour la valeur
des créances à recouvrer sur les clients, etc..., il y a lieu dans un état annexe, de préciser par un
inventaire spécialement dressé à cet effet, la valeur des multiples éléments du fonds ou de l'établis-
ment indiqué.

ARTICLE 7

Rémunération des apports

En rémunération des apports qui précèdent, il est attribué à M. Jacques .... parts
d'associés de 100 francs chacune.

D'autre part, en rémunération des apports en espèces, il est attribué à M. .... X parts
d'associés de .... francs chacune; à M............ X parts d'associés de .... francs chacune, etc...

Les parts créées doivent être intégralement attribuées aux souscripteurs, il faut donc que les
souscriptions portées sur un nombre de parts suffisent pour représenter la totalité du capital énoncé
dans les statuts.

ARTICLE 8

Capital social

Le capital social est fixé à .... de francs divisé en .... parts de .... francs.
.... parts attribuées à M. Jacques, en rémunération de ses apports en nature.
.... parts attribuées à M. Paul, en rémunération de son apport en espèces.
.... parts attribuées à M. René, en rémunération de son apport en espèces.

Le capital social doit être d'au moins 25.000 francs et divisé en parts de 100 francs ou multiple de 100 francs.

Comme la loi de 1925 ne reproduit pas l'article 34 du Code de commerce qui prescrit que les actions aient une valeur nominale égale, il nous paraît avec la majorité des auteurs que le capital peut être divisé en parts de valeur inégale ; en pratique il paraîtra préférable de diviser en parts de 100 francs le montant total du capital et d'attribuer à chaque apporteur autant de parts de 100 francs que son apport représente de fois ce diviseur commun pour éviter toute difficulté relativement au calcul de voix dans les délibérations des associés.

ARTICLE 9

Augmentation de capital

Le capital peut être augmenté en une ou plusieurs fois par la création de parts nouvelles en représentation d'apports en nature ou contre espèces par l'application des fonds disponibles des comptes de réserves ou par tout autre moyen, en vertu d'une délibération des associés.

Aucune souscription publique ne peut être ouverte à cet effet.

L'augmentation de capital ne peut être attribuée qu'aux associés ou à des personnes présentées par l'un des associés et agréés aux conditions fixées à l'article 13 pour les cessions de parts. Lors de chaque augmentation de capital les associés anciens ont, dans la proportion de leurs droits sociaux un droit de préférence à la souscription du nouveau capital.

Sous réserve du respect de ces conditions le gérant est dès à présent autorisé à porter le capital à ...., soit par tranches successives de .... francs, soit en une seule fois, selon les besoins de la Société.

La loi du 7 mars n'édicte aucune disposition spéciale relativement aux modalités de réalisation des augmentations de capital.

La seule prescription qui s'impose aux associés est de ne pas ouvrir de souscription publique pour couvrir cette augmentation.

La publicité de la délibération portant augmentation de capital devra contenir les noms de tous les souscripteurs nouveaux.

ARTICLE 10

Réduction de capital

Les associés peuvent, par décision extraordinaire, décider la réduction du capital par tous moyens, sans toutefois que cette décision puisse faire descendre le capital au-dessous de 25.000 francs.

ARTICLE 11

Libération des parts

Les parts attribuées soit lors de la contribution, soit lors d'augmentation de capital, doivent être entièrement libérées.

Les parts doivent, aux termes de l'article 7 de la loi, être intégralement libérées soit avant la constitution définitive de la société, soit avant la décision des associés portant augmentation de capital.

La règle est identique s'il s'agit de parts souscrites en numéraire ou de parts représentatives d'apport en nature, ce qui exclut nécessairement la souscription de parts au-dessous du pair.

ARTICLE 12

Les parts sociales ne peuvent être représentées par des titres négociables nominatifs, au porteur ou à ordre.

Les droits de chaque associé résulteront tant des présentes, que des actes modificatifs ultérieurs et des cessions régulièrement consenties.

Le deuxième paragraphe pouvant être rédigé ainsi:

IL SERA DELIVRE AUX ASSOCIES, EN REPRESENTATION DE LEURS DROITS, DES CERTIFICATS DE PARTS SOCIALES NON NEGOCIABLES; CES CERTIFICATS, FRAPPES DU TIMBRE DE LA SOCIETE, EXTRAITS D'UN REGISTRE A SOUCHE ET NUMEROTES, DEVRONT ETRE SIGNES DU GERANT ET D'UN ASSOCIE.

ARTICLE 13

Cession de parts

La cession des parts entre associés est libre. Au contraire, si le cessionnaire est étranger à la société, la cession n'est valable qu'autant qu'elle a été adoptée par une délibération des associés représentant au moins les trois quarts du capital social.

Les cessions des parts sociales doivent être constatées par un acte notarié ou sous seings privés. Elles ne sont opposables à la Société et aux tiers qu'après qu'elles ont été signifiées à la Société, ou acceptées par elle dans un acte notarié, conformément à l'article 1690 C. civ.

La cession des parts d'associés doit être considérée à un double point de vue suivant qu'il s'agit d'une cession à un associé ou d'une cession à un étranger.

Dans le premier cas la cession est entièrement libre; dans le deuxième cas la cession n'est régulière qu'autant qu'elle est consentie :

1° Par la majorité des associés ;

2° Par délibération ou les 3/4 du capital social soient représentés.

Ces prescriptions sont d'ordre public et toute stipulation statutaire qui y dérogerait, serait nulle de plein droit.

Au cas où le gérant de la société serait pris en dehors des associés, nous estimons qu'il n'aurait pas la qualité d'étranger au point de vue de la cession de parts ; ce gérant est, en effet, un tiers, mais il serait contraire à l'interprétation de la volonté des associés, de le considérer comme un étranger et la loi ayant employé ce dernier terme, on doit y attacher toutes les conséquences juridiques qu'il comporte.

Le prix de la cession des parts doit en principe être débattu librement entre le cédant et le cessionnaire, mais il pourrait être valablement stipulé dans les statuts que la cession devrait toujours être faite soit à un prix déterminé, soit à un prix fixé chaque année par les associés, soit à un pirx déterminé forfaitairement en fonction de certains éléments du bilan.

La cession ne peut avoir lieu que par les voies civiles nonobstant toute stipulation contraire, ainsi il serait impossible de céder des parts par la voie commerciale, c'est-à-dire par transfert, tradition ou endossements.

La cession, pour être régulière, doit être faite par acte notarié ou sous seings privés et signifiée (par huissier notamment) à la société ou acceptée par elle dans un acte authentique.

ARTICLE 13-2

Droit de préemption

AU CAS OU UN ASSOCIE PROPOSERA LA CESSION DE SES PARTS A UN TIERS, GERANT EXCEPTE, LES AUTRES ASSOCIES AURONT LE DROIT D'EXERCER UN DROIT DE PREEMPTION

SUR CES PARTS, SOIT AU PRIX PROJETE DE LA CESSION, SOIT, SI CE PRIX DEPASSE LE TAUX MOYEN DE CAPITALISATION DES PARTS, A ... P. 100 POUR LES TROIS DERNIERES ANNEES, AU PRIX DETERMINE PAR CETTE CAPITALISATION.

AU CAS OU LES DEMANDES D'EXERCICE DU DROIT DE PREEMPTION NE POURRAIENT ETRE SATISFAITES EN RAISON DE L'IMPOSSIBILITE DE DIVISION DES PARTS A CEDER, LES DEMANDEURS POSSEDANT LES DROITS LES PLUS IMPORTANTS EN CAPITAL AURONT PRIO-RITE SUR LES AUTRES, A DEFAUT D'ACCORD AMIABLE, POUR L'EXERCICE DE LEURS DROITS. LE DROIT DE PREEMPTION AINSI DETERMINE NE PEUT PLUS ETRE EXERCE POSTERIEURE-MENT A LA DECISION EXTRAORDINAIRE DES ASSOCIES SUR LA CESSION PROJETEE.

ARTICLE 14

Indivisibilité des parts

Les parts sont indivisibles et la Société ne reconnaît qu'un propriétaire pour chaque part. Les copropriétaires indivis d'une part ou les héritiers et ayants cause d'un actionnaire décédé, sont tenus de se faire exercer leurs droits de vote dans la société par une seule et même personne nommés d'accord entre eux ou à défaut par le président du Tribunal de commerce du lieu du siège social à la requête de la partie la plus diligente.

Les usufruitiers représentent valablement les parts à l'exclusion des nus propriétaires.

ARTICLE 15

Droits des parts

Chaque part d'associé donne droit dans la propriété de l'actif social à une part proportionnelle au montant de la valeur des parts existantes.

Elle donne droit, en outre, à une part dans les bénéfices ainsi qu'il est stipulé dans les articles ci-après.

ARTICLE 16

Responsabilité des associés

Les associés ne sont responsables que jusqu'à concurrence du montant des parts qu'ils possèdent et au delà tout appel de fonds est interdit; ils ne peuvent être soumis à aucune restitution d'intérêts ou dividendes régulièrement perçus.

Un des caractères essentiels de la société à responsabilité limitée est que les associés ne sont responsables du passif social envers les tiers que jusqu'à concurrence de leur mise; c'est, appliqué à des sociétés de personnes, le même principe qui régit les sociétés de capitaux.

Mais le législateur, pour protéger les créanciers contre certains abus qui avaient été reconnus dans ces dernières sociétés, a décidé, comme nous l'avons précédemment indiqué, l'obligation pour les associés de certifier par leur signature que la valeur donnée aux apports était bien la valeur réelle des biens ou espèces apportés et il a ainsi garanti la réalité du capital social.

ARTICLE 17

Adhésion aux statuts. — Scellés. — Immixtion dans la gestion

La possession d'une part emporte de plein droit adhésion aux statuts de la Société et aux résolutions prises par les associés.

Les héritiers ou créanciers d'un actionnaire ne peuvent, sous quelque prétexte que ce soit, requérir l'apposition des scellés sur les biens et papiers de la Société, en demander le partage ou la licitation, ni s'immiscer en aucune manière dans les actes de son administration; ils doivent, pour l'exercice de leurs droits, s'en rapporter aux inventaires et aux décisions des associés.

ARTICLE 18

Administration

La Société est administrée par M. Jacques, en qualité de gérant.

Le gérant peut être nommé par une clause spéciale du contrat ou par acte postérieur.

Le nombre des gérants peut être d'un ou de plusieurs ; les gérants peuvent être choisis soit parmi les associés, soit en dehors de la société.

Qu'il soit choisi parmi les as.oc.és ou en dehors d'eux, le gérant est un mandataire : ce poste pourra donc être occupé par un incapable, une femme mariée non autorisée par exemple, un mineur non émancipé. Aucun obstacle de droit ne s'oppose à ce principe. On doit, en effet, considérer les gérants des sociétés à responsabilité limitée comme étant dans la même situation juridique que les administrateurs de sociétés anonymes et on admet généralement qu'un incapable même peut être administrateur.

Il convient de remarquer d'ailleurs que « la responsabilité du mandataire incapable ne sera engagée que dans les limites où il aura pu s'obliger valablement (Art. 1990 C. civ.). Il est tout naturel qu'une femme mariée, qui a accepté un mandat sans l'autorisation de son mari, oppose son incapacité à son mandant pour se soustraire aux obligations qu'elle a assumées. De même, si le mandataire est mineur. Celui qui donne un mandat à un incapable, le fait donc à ses risques et périls. Si le mandataire n'a pas la capacité de s'obliger lui-même, il ne sera responsable, à raison de l'exécution du mandat qu'autant qu'il aura commis un dol ou réalisé un enrichissement » (Planiol, II, 2240. — Cpr. Trib. com. Seine, 12 juin 1869 : J. Trib. com. 1870, 7). En ce qui concerne la femme mariée, spécialement, si le mandat d'administrer lui a été conféré par les statuts ou, dans le silence des statuts, si elle administre en vertu de l'article 1859 du Code civil, le mari qui, par hypothèse, a connu les statuts, l'a autorisé *ipso facto* à accepter ce mandat exprès ou tacite, sera donc valablement tenu des fautes commises par elle dans l'exécution de ce mandat. Si, au contraire, le mandat d'administrer lui a été conféré par une délibération spéciale des associés, l'autorisation spéciale du mari devient nécessaire, aux termes de l'article 1990, pour que la femme puisse être pleinement tenue envers ses mandants.

ARTICLE 19

Pouvoirs du gérant

Le gérant a les pouvoirs les plus étendus pour contracter au nom de la société; il engage la société par tous les actes portant la signature sociale. Il est cependant expressément convenu entre associés, bien que les dispositions qui suivent ne soient pas opposables aux tiers, que le gérant ne pourra, sans obtenir d'approbation des associés représentant la moitié du capital social, ni vendre les imeubles sociaux, ni les hypothéquer, ni donner le fonds de commerce en nantissement, ni se faire consentir en banque des ouvertures de crédit pour une somme dépassant cinquante mille francs, ni conférer en général un droit réel quelconque sur un des éléments de l'actif social.

La loi du 7 mars a profondément innové dans la matière des pouvoirs conférés au gérant.

Les sociétés à responsabilité limitée se distinguent sur ce point de façon absolue de toutes les autres sociétés commerciales.

De l'article 24 de la loi, on peut en effet dégager les deux principes suivants :

1° Entre associés, le défaut dans toutes précisions statutaires relatives aux pouvoirs du gérant, donne à celui-ci les pouvoirs les plus étendus pour contracter, au nom de la société, les restrictions apportées devant toujours être interprétées restrictivement.

2° Vis-à-vis des tiers, le gérant engage toujours la société par sa signature, qu'il agisse ou non dans les limites précisées par le pacte social.

Ainsi au cas où les statuts sont muets sur l'étendue des pouvoirs, le gérant a la faculté de faire non seulement l'ensemble des actes nécessaires à la poursuite de l'objet social, mais encore de réaliser des opérations qui, dans les sociétés commerciales, paraissent excéder les pouvoirs des gérants ou des administrateurs et notamment emprunter, hypothéquer, donner un nantissement, transiger.

Si les statuts contiennent des clauses restrictives, des pouvoirs, le gérant est responsable civilement de l'infraction de ces dispositions envers les associés, mais les actes passés n'en restent pas moins valables vis-à-vis des tiers.

ARTICLE 20

Signature

Tous les actes concernant la Société ainsi que les retraits de fonds ou valeurs, les mandats sur les banquiers, débiteurs et dépositaires, et les souscripteurs, endos, acceptations ou acquits d'effets de commerce, sont signés par le gérant.

Il en est de même des actes de service journaliers, de la correspondance, des pièces comptables.

ARTICLE 21

Responsabilité du gérant

Le gérant ne contracte, à raison de sa gestion, aucune obligation personnelle ni solidaire relativement aux engagements de la Société. Il n'encourt de responsabilité personnelle que dans le cas où il a commis une faute lourde dans l'exécution du mandat à lui confié, ou dans le cas où il aurait agi au delà des pouvoirs que la Société lui a conférés.

Les causes de responsabilité des gérants sont celles qui ont trait tant au respect des règles du mandat et du contrat de société, qu'aux règles générales de responsabilité quasi délictuelles contenues dans les articles 1382 et 1384 du Code civil.

Les quatre causes principales de responsabilité sont les infractions à la loi, les infractions aux statuts, les fautes de gestion, les délits ou quasi-délits.

Les juges du fond jugeront souverainement les questions de fait relatives à la responsabilité des gérants quant à son principe ou à son étendue.

En dehors de la responsabilité civile, les gérants des sociétés à responsabilité limitée sent susceptibles d'être poursuivis correctionnellement soit pour avoir enfreint certaines règles impératives de la loi du 7 mars 1925, soit pour avoir commis des délits relevant du droit commun (abus de confiance, diffamations).

ARTICLE 22

Traitement

Le gérant a droit à un traitement fixe de .... francs par mois. Il a droit, en outre, à une part des bénéfices de la Société ainsi qu'il est dit à l'article 33 ci-après.

De sa nature, le mandat est gratuit, mais on ne devrait pas préjuger de cette gratuité par absence de toutes clauses statutaires fixant un traitement; il a été reconnu par la jurisprudence, sur ce point que le juge du fait avait pouvoir de dire quelle portée on devait attribuer à ce silence.

Le traitement du gérant comporte normalement un salaire fixe et un pourcentage sur les bénéfices ; il peut comprendre exceptionnellement l'attribution de parts bénéficiaires ou industrielles.

ARTICLE 23

Consultations des associés : modalités

Lorsque les associés sont consultés, leurs décisions sont prises d'après les modalités suivantes : le gérant envoie par lettre recommandée le texte de résolutions à prendre à tous les associés sans exception; il y joint, pour les assemblées ordinaires annuelles, le résumé du bilan, du compte profits et pertes et un rapport succinct sur la marche de la Société. Lorsque des résolutions ont été proposées par les associés, il joint à leurs textes l'exposé des motifs rédigé par ces associés, s'il en existe.

Sur deuxième consultation, le gérant n'envoie que le texte des résolutions par lettre recommandée avec accusé de réception.

> La loi ne fournit aucune précision sur les modalités de délibération des associés. Il y a donc lieu de prévoir dans les statuts par quels moyens les associés pourront se rendre compte de façon non douteuse de la régularité des délibérations prises.

ARTICLE 24

Registre des consultations. — Réponses tardives

Le gérant est tenu d'avoir un registre spécial pour consigner les résolutions soumises à l'approbation des associés. Il y inscrit la date du départ des lettres et annexes, les récépissés de recommandation pour les premières consultations. Il consigne sur ce registre, à leur date d'arrivée, les réponses des associés.

Quinze jours entiers après avoir envoyé sa dernière lettre, le gérant clôture la consultation. Les réponses non parvenues ou arrivées en retard sont considérées comme nulles.

ARTICLE 25

Droit de vote

Les associés ont autant de voix qu'ils possèdent ou représentent de parts.

> L'article 28 décide de façon non équivoque que les associés ont droit dans les délibérations à autant de voix qu'ils possèdent ou représentent de parts.
>
> Par notre formule, nous avons rendu l'application de ce principe tout à fait clair, car nous avons divisé les parts en fractions égales de 100 francs. Mais s'il existe des parts de différente valeur, il apparaît impossible de ne pas suivre à la lettre les prescriptions de l'article 28 et il conviendra donc de n'allouer aux porteurs de grosses parts, qu'une voix par part, même s'il existe des parts moins fortes donnant chacune droit à une voix aux attributaires.
>
> Ainsi le législateur qui a voulu prohiber de façon formelle les parts à droit de vote plural, va se trouver en présence d'une situation identique, légale, à cause d'une rédaction défectueuse de cet article.

ARTICLE 26

Consultations ordinaires; approbation des comptes annuels.

Chaque année, dans les trois mois de la clôture de l'exercice, le gérant doit demander aux associés l'approbation de ses comptes.

Il est, en outre, toujours libre de provoquer sur un sujet déterminé la décision des associés, soit à titre obligatoire s'il s'agit de décisions nécessitant l'approbation des associés, soit à titre facultatif pour toutes autres décisions.

> Il est bon de prévoir, bien que la loi soit muette sur ce point, que les associés devront être nécessairement consultés sur l'approbation des comptes dans les trois mois qui suivront la clôture de l'exercice social ; il faut craindre en effet que la négligence du gérant ou les difficultés financières non avouées de l'entreprise n'amènent un retard dans les délibérations, retard préjudiciable à tous les associés.

ARTICLE 27

Droit de proposition des associés

Le gérant doit obligatoirement soumettre au vote dans le mois de leur dépôt, les résolutions qui lui sont présentées par deux associés au moins représentant plus de la moitié du capital social.

ARTICLE 28

Règles spéciales aux consultations ordinaires

Aucune délibération ordinaire n'est valablement prise qu'autant qu'elle a été adoptée par des associés représentant plus de la moitié du capital social.

Faute de ce quorum, il est procédé à une deuxième consultation qui est alors prise à la simple majorité des votes émis.

ARTICLE 29

Modifications aux Statuts

Les associés peuvent modifier les statuts dans toutes celles de leurs dispositions qui n'ont pas un caractère d'ordre public aux conditions de quorum et de majorité ci-après déterminées.

L'unanimité est nécessaire pour rendre valable une délibération tendant à modifier soit la nationalité de la Société, soit les engagements des actionnaires.

Toutes autres modifications peuvent être apportées à la condition de réunir la majorité des associés représentant soit les trois quarts du capital social, sur première consultation, soit la moitié du capital, sur deuxième consultation.

ARTICLE 30

Année sociale

L'année sociale commence le 1er janvier et finit le 31 décembre. Par dérogation à cette règle, le premier exercice sera clos le 31 décembre 19......

ARTICLE 31

Inventaire semestriel

Il est dressé tous les six mois un état de la situation active et passive de la Société. Cet état est transcrit dans le mois de son établissement sur un registre spécial et mis à la disposition des associés ou de leur fondé de pouvoirs.

ARTICLE 32

Intérêts fixes

Pendant les deux premiers exercices, la Société devant procéder à la revision de son matériel, à l'agrandissement de l'établissement, et se trouvant par suite dans l'impossibilité de produire normalement des bénéfices, il est convenu que les parts produiront, mais seulement dans cette période, un intérêt fixe de ... p. 100, et que ces intérêts seront alloués même en l'absence de bénéfices.

Les sommes ainsi distribuées seront mises au compté des frais de premier établissement.

Quoique la loi du 7 mars soit particulièrement scrupuleuse de sauvergarder la valeur réelle du gage donné aux créanciers, elle admet pendant la période de préparation et d'installation d'entreprise, la possibilité pour les associés de décider le paiement d'un intérêt fixe annuel dont le montant sera mis au compte des frais de premier établissement.

La durée des versements d'intérêts fixes doit être limitée dans le temps par les statuts ; si les statuts étaient muets sur cet élément particulier, la clause ne serait pas nulle en elle-même, la loi n'entendant pas impliquer à cette omission la nullité absolue, mais les intérêts fixes ne pourraient être valablement payés que durant la période précédant réellement l'exploitation et les créanciers seraient en droit de considérer comme dividendes fictifs tous versements opérés dans les exercices suivants.

ARTICLE 33

Bénéfices. — Répartition

Le bénéfice net actuel de la Société est constitué par l'excédent de l'actif sur le passif, tel qu'il ressort du bilan.

Il est réparti de la façon suivante :

5 p. 100 sera d'abord prélevé pour constituer le fonds de réserve légale. Les versements à cette réserve cessent d'être obligatoires lorsque le fonds a atteint une somme égale au dixième du capital social. Ils reprennent leurs cours si la réserve vient à être entamée.

La somme nécessaire pour payer aux parts à titre de premier dividende ... p. 100 de leur montant; sur le surplus .... p. 100 sont alloués au gérant.

Le solde est réparti aux parts après constitution de réserves si les associés en décident ainsi.

Le paiement des dividendes se fait annuellement au siège social à l'époque fixée par le gérant.

ARTICLE 34

Transformation

La Société pourra se transformer en Société commerciale de tout autre forme par décision des associés, prise aux conditions déterminées par l'art. 29 des statuts.

L'article 31 de la loi permet à la majorité des associés représentant les 3/4 du capital social de modifier toutes les dispositions des statuts, excepté d'augmenter les engagements des actionnaires et de changer la nationalité de la société : il permet donc toute transformation des sociétés à responsabilité limitée en sociétés d'un autre type.

Bien entendu la transformation qui exposerait les porteurs de parts à être tenus au delà de leur mise des engagements de la société, nécessiterait soit une stipulation précise des statuts, soit le consentement unanime; ce sera le cas pour la transformation en société civile ou en société en nom collectif.

Il faudra encore l'unanimité si pour transformer la société en société anonyme, il faut faire de nouveaux versements.

ARTICLE 35

Perte du capital social

En cas de perte des trois quarts du capital social, le gérant est tenu de provoquer la délibération des associés à l'effet de statuer sur la question de savoir s'il y a lieu de continuer la Société ou de prononcer sa dissolution.

Le texte des délibérations proposées, doit être accompagné d'un exposé de la situation fait par le gérant.

Les conditions du quorum et de majorité pour la validité de la décision sont déterminées par l'art. 29.

ARTICLE 36

Dissolution. — Liquidation

A l'expiration du terme fixé par les statuts, ou en cas de résolution décidant une dissolution anticipée de la Société, la liquidation est faite par le gérant assisté de l'associé propriétaire de la part la plus importante.

Les associés peuvent remplacer les liquidateurs qui possèdent à cet égard les pouvoirs les plus étendus. Ils peuvent notamment faire apport à une Société française ou étrangère de l'ensemble des biens, droits et obligations de la Société dissoute.

Après l'extinction du passif, il est procédé au remboursement du capital nominal des parts. Le solde est partagé de la façon suivante, 80 p. 100 aux parts et 20 p. 100 au gérant.

ARTICLE 37

Souscription et libération des parts

M. Jacques et M. Paul, fondateurs de la Société, déclarent que la totalité des parts a été répartie entre les associés et qu'elles sont intégralement libérées.

ARTICLE 38

Election de domicile

Pour exécution des présentes, les soussignés font élection de domicile au siège social de la Société, avec attribution de juridiction au Tribunal de commerce de la Seine.

ARTICLE 39

Publication

Les présents statuts seront déposés et publiés conformément à la loi. Pour faire ces dépôts et publications, tous pouvoirs sont donnés au porteur d'une expédition des présentes (*ou bien : D'UN ORIGINAL DES PRESENTES*).

ARTICLE 40

Frais

Les frais de timbre, rédaction et enregistrement des présentes ainsi que ceux des dépôts et publications et généralement tous débours occasionnés par les présentes, seront portés au compte des frais généraux et amortis dès le premier exercice.

Dont Acte... (*ou bien :*)

FAIT, EN QUATRE ORIGINAUX, DONT DEUX SERONT DEPOSES, L'UN AU GREFFE DE LA JUSTICE DE PAIX ET L'AUTRE AU GREFFE DU TRIBUNAL DE COMMERCE, LE DERNIER DE-VANT RESTER AU SIEGE DE LA SOCIETE, ET LE QUATRIEME ETRE REMIS A L'ADMINISTRA-TION DE L'ENREGISTREMENT, A PARIS, LE....

(Signature de tous les associés
sous la mention autographe : Lu et approuvé.)

PUBLICATIONS

Suivant acte reçu par Mᵉ............, notaire à ...., le............,
M............
M............

Ont établi les statuts d'une société à responsabilité limitée dont il a été extrait littéralement ce qui suit :

(Copier tous les articles sauf 21 à 30, 35, 37, 38, 39, 40. On pourait simplifier cette publication, la publication de nombreux articles n'étant pas prescrite à peine de nullité, mais nous conseillons pour éviter toutes difficultés de se montrer très large dans les extraits publiés.)

Une expédition dudit acte de la société a été déposé conformément à la loi le ...., tant à la Justice de paix du canton de .... qu'au Greffe du Tribunal de commerce de ....

Pour extrait et mention :

(Signature du notaire.)

FORMULE III

Statuts-types d'une Société composée de plus de 20 associés

ARTICLES 1 à 22

Les vingt-deux premiers articles des statuts de sociétés composées de moins de 21 associés peuvent s'appliquer (V. ci-dessus Formule I).

Il n'y a lieu que de donner les noms de tous les associés, quelqu'en soit le nombre, et de déterminer le nombre de parts qui leur sont attribuées.

ARTICLE 23

Assemblées générales

Les associés se réunissent en Assemblée ordinaire, une fois par an, pour examiner les comptes de l'exercice écoulé, et ce dans le courant du semestre qui suit la clôture de l'exercice, au lieu désigné par le gérant.

En dehors de ces réunions annuelles, l'Assemblée générale ordinaire peut être convoquée par le gérant lorsqu'il en reconnaît l'utilité ou par le conseil de surveillance.

Enfin, s'il y a lieu de modifier les statuts, l'Assemblée générale extraordinaire se réunit conformément aux articles 24 et suivants ci-après.

ARTICLE 24

Dispositions communes aux Assemblées générales ordinaires et extraordinaires

Convocation

Les convocations en Assemblées générales sont faites vingt jours au moins à l'avance par lettre recommandée adressée aux associés. Le délai est franc ; son point de départ est le jour de l'envoi de la dernière lettre.

Le jour de départ des lettres est consigné sur un registre spécial auquel est annexé les talons de recommandation.

Sur deuxième convocation le gérant peut envoyer des lettres non recommandées.

Les avis de convocation doivent indiquer sommairement l'objet de la réunion.

ARTICLE 25

Droit d'assister aux Assemblées générales

Tous les associés, quelque soit le nombre des parts dont ils sont attributaires, ont le droit d'assister aux assemblées.

Nul ne peut représenter un actionnaire à l'Assemblée s'il n'est lui-même membre de cette Assemblée ou représentant légal d'un membre de l'Assemblée.

ARTICLE 26

Bureau

L'Assemblée générale est présidée par le gérant.

Les fonctions de scrutateurs sont remplies par les associés présents et acceptants qui représentent le plus grand nombre de parts.

Le bureau désigne le secrétaire qui peut être pris en dehors des membres de l'Assemblée.

Il est tenu une feuille de présence contenant les noms et domiciles des actionnaires présents et représentés et le nombre des parts possédées par chacun d'eux. Cette feuille est certifiée par le bureau ; elle est déposée au siège social et doit être communiquée à tout requérant

ARTICLE 26-2

Ordre du jour

L'ordre du jour est arrêté par le gérant si la convocation est faite par lui, ou par le conseil de surveillance si ce dernier a lui-même provoqué la consultation.

Il n'y est porté que les propositions émanant du gérant ou du conseil de surveillance et celles du ressort de l'Assemblée générale ordinaire, qui ont été communiquées au gérant ou audit conseil, quinze jours au moins avant la réunion, avec la signature de membres de l'Assemblée représentant au minimum la moitié du capital social.

Il ne peut être mis en délibération aucun objet que ceux portés à l'ordre du jour.

ARTICLE 26-3

Délibérations

Les délibérations des Assemblées générales sont constatées par des procès-verbaux inscrits sur un registre spécial et signés par les membres composant le bureau. Les copies ou extraits de procès-verbaux, à produire en justice ou ailleurs, sont signés par le gérant.

Après la dissolution de la Société et pendant la liquidation les copies ou extraits sont signés par deux liquidateurs, ou, le cas échéant, par le liquidateur unique.

ARTICLE 26-4

Pouvoirs généraux de l'Assemblée

L'Assemblée générale, régulièrement constituée, représente l'universalité des associés. Elle peut être ordinaire et extraordinaire, si elle réunit les conditions nécessaires.

Les délibérations de l'Assemblée prises conformément à la loi et aux statuts obligent tous les associés, même les absents ou dissidents.

ARTICLE 26-5

Règles spéciales aux Assemblée générales ordinaires

Vote

Les délibérations de l'Assemblée générale ordinaire sont prises à la majorité des voix des membres présents ou représentés; toute décision pour être valable doit réunir la moitié du capital sur première convocation, et la simple majorité des votes émis sur seconde convocation.

Chaque membre de l'Assemblée a autant de voix qu'il possède ou représente de fois une part sociale.

ARTICLE 26-6

Attributions de l'Assemblée générale ordinaire.

Les Assemblées générales ordinaires ont à statuer sur toutes les questions qui excèdent la compétence du gérant; elles confèrent à ce dernier les autorisations nécessaires pour tous les cas où les pouvoirs à lui attribués seraient insuffisants; d'une manière générale, elles règlent les conditions du mandat imparti au gérant, et elles déterminent souverainement la conduite des affaires de la Société.

L'Assemblée générale ordinaire doit, notamment, entendre le rapport du gérant sur les affaires sociales, ainsi que le rapport du Conseil de surveillance sur l'administration de la Société, sur le bilan et sur les comptes présentés par le gérant.

Elle approuve, discute ou redresse les comptes; elle examine les actes de gestion du gérant et lui donne quitus.

Elle décide les amortissements et fixe les dividendes à répartir.

Elle nomme le gérant et les membres du Conseil de surveillance.

Elle peut révoquer le gérant pour causes légitimes.

Elle autorise toute vente d'immeubles sociaux, constitutions d'hypothèques, nantissement du fonds de commerce ou toute ouverture de crédit dépassant 50.000 francs.

Elle délibère sur toutes les propositions portées à son ordre du jour et rentrant dans les limites de l'administration ou dans les limites de l'application ou de l'interprétation des statuts.

Les délibérations concernant l'approbation du bilan et des comptes doivent être précédées du rapport du ou des commissaires à peine de nullité.

ARTICLE 26-2

Règles spéciales aux Assemblées générales extraordinaires

Composition

L'Assemblée générale extraordinaire se compose de tous les associés quel que soit le nombre des parts qu'ils possèdent.

ARTICLE 26-3

Vote

Ses délibérations sont prises à la majorité des associés représentant les trois quarts du capital social sur première convocation et à la majorité des associés représentant la moitié du capital social sur deuxième et troisième convocation.

Chaque membre de l'Assemblée a autant de voix qu'il possède et représente de parts sans limitation.

ARTICLE 27

Pouvoirs

Les associés peuvent modifier toutes les clauses statutaires. Ils ne peuvent cependant ni changer la nationalité de la Société, ni augmenter les engagements des associés qu'à la condition de réunir un vote unanime de la totalité de ceux-ci.

ARTICLE 28

Conseil de surveillance

Il est établi un conseil de surveillance composé de trois associés qui représentent les associés dans leurs rapports avec la gérance.

ARTICLE 28-2

Administration

Le premier conseil est composé de.........; il est nommé pour trois ans. A l'expiration de la durée de ses fonctions, le conseil sera nommé pour six ans par l'assemblée générale et renouvelable par tiers, de deux en deux ans. Le sort décide de l'ordre de sortie de chacun des membres pour les deux premiers renouvellements. Les membres sortent ensuite par rang d'ancienneté; ils sont toujours rééligibles.

Dans le cas où il y a lieu de remplacer un des membres du conseil par suite de décès, démission ou toute autre cause, le conseil pourvoit lui-même à ce remplacement en attendant l'époque fixée pour l'assemblée générale qui procède alors à une nomination définitive.

Le membre remplaçant ne reste en exercice que jusqu'à l'époque à laquelle devaient expirer les fonctions de celui qu'il a remplacé.

ARTICLE 29

Bureau. — Mode de délibération

Le Conseil de surveillance nomme chaque année, parmi ses membres, un Président et un Secrétaire. En cas d'absence du Président, le doyen d'âge remplit ses fonctions. Les délibérations sont prises à la majorité des membres présents ; en cas de partage, la voix du Président ou du membre en faisant fonction est prépondérante.

Il exige, pour la validation des délibérations du Conseil, la présence de deux membres au moins ; lorsque deux membres seulement sont présents, les décisions ne sont valables qu'autant qu'elles sont prises à l'unanimité.

Nul ne peut voter par procuration dans la réunion du Conseil.

ARTICLE 29-2

Pouvoirs

Le Conseil se réunit au siège social de la Société toutes les fois qu'il le juge convenable, et au moins une fois tous les mois. Il peut, en outre, être convoqué extraordinairement par son Président ou par le gérant de la Société.

Le gérant lui soumet à la fin de chaque mois un état de la situation des opérations de la Société.

Le Conseil est chargé de surveiller les actes de la gérance et de se faire rendre compte par elle de la marche et de la situation des affaires de la Société. Il fait, chaque année, un rapport à l'Assemblée générale sur les inventaires et les propositions de distribution de dividende faites par le gérant. Ce rapport est déposé au siège social quinze jours au moins avant l'Assemblée générale pour être communiqué à ceux des actionnaires qui le désirent.

Le Conseil peut convoquer les actionnaires en Assemblée générale extraordinaire, mais cette convocation n'est valable qu'autant qu'elle est votée par la majorité du Conseil.

Les opposants, s'il y en a, font consigner dans le procès-verbal de la délibération leurs motifs d'opposition, afin de les soumettre, au besoin, à l'Assemblée.

ARTICLE 30

Communication des résolutions prises

Toutes délibérations du Conseil de surveillance sont transcrites sur un registre spécial et signées par les membres qui y auront pris part. Elles seront communiquées séance tenante au gérant.

Les copies ou extraits de ces délibérations, à produire en justice ou ailleurs, sont signés par le gérant et visés par l'un des membres du Conseil.

ARTICLE 29

Rémunération

Les fonctions des membres du Conseil de surveillance sont gratuites, elles pourront seulement donner lieu à des jetons de présence dont la valeur sera déterminée par l'Assemblée générale.

ARTICLE 30 ET SUIVANTS

(*V. Formule p. 142 et s.*).

Société à responsabilité limitée entre deux associés gérants

Par devant M^e............, notaire à............, soussigné,

Ont comparu :

M. Jean Bierre, industriel, demeurant à ....

Et M. Paul Davy, industriel, demeurant à............

Qui ont établi ainsi qu'il suit les statuts d'une Société à responsabilité limitée.

(Ou bien :

ENTRE LES SOUSSIGNES,

M........   M........

IL A ETE ARRETE ET CONVENU CE QUI SUIT :)

ARTICLE PREMIER

Formation

Il est formé entre MM. Bierre et Davy (*ou bien : ENTRE LES SOUSSIGNES*), attributaires des parts ci-après créées, une Société à responsabilité limitée, régie par les lois en vigueur et par les présents statuts.

ARTICLE 2

Objet

La Société a pour objet les affaires immobilières et généralement toutes opérations commerciales et industrielles s'y rattachant directement ou indirectement.

ARTICLE 3

Dénomination

La Société prend comme dénomination :............ Cette dénomination pourra être modifiée d'un commun accord entre les associés.

ARTICLE 4

Siège social

Le siège social est à............ Il peut être transféré en tout endroit 'de la même ville ou dans toute autre localité par décision des associés.

La Société peut avoir, en outre, des succursales, bureaux et agences en France, dans ses colonies, dans tous les pays de protectorat et à l'étranger.

ARTICLE 5

Durée

La durée de la Société est fixée à............ années entières et consécutives à dater du........., sauf les cas de dissolution anticipée ou de prorogation prévus aux présents statuts.

ARTICLE 6

Apports

MM. Bierre et Davy apportent chacun à la Société la somme de............ francs.

ARTICLE 7

Parts - Capital

Le capital est fixé à .... francs divisé en .... parts de .... francs. En rémunération des apports qui précèdent, il est attribué à MM. Bierre et Davy, ... parts de .... francs.

ARTICLE 8

Augmentation de capital

Le capital peut être augmenté en une ou plusieurs fois par la création de parts nouvelles en représentation d'apports en nature ou contre espèces par l'application des fonds disponibles des comptes de réserves ou par tout autre moyen, en vertu d'une délibération des associés.

Aucune souscription publique ne peut être ouverte à cet effet.

L'augmentation de capital ne peut être attribuée qu'aux associés ou à des personnes présentées par l'un des associés et agréées aux conditions fixées par l'article 11 ci-après pour les cessions de parts.

Au cas d'adjonction d'associés, les statuts seront modifiés en conséquence.

ARTICLE 9

Libération des parts

Les parts attribuées lors de la constitution de la Société et celles qui pourront être attribuées au titre des augmentations de capital devront être entièrement libérées.

MM. Bierre et Davy, fondateurs de la Société, déclarent que la totalité des parts a été répartie entre eux et qu'elles ont été entièrement libérées.

ARTICLE 10

Avances en compte courant

Chaque associé pourra, mais seulement avec le consentement de l'un des gérants, verser dans la caisse sociale des fonds en compte courant libre; ces fonds produiront des intérêts à 6 % l'an qui pourront être prélevés tous les six mois.

Dans le cas où il serait fait usage de la présente autorisation, aucun des associés ne pourra effectuer aucun retrait pour quelque chose que ce soit sans en avoir avisé l'autre associé par lettre recommandée trois mois à l'avance; les retraits ne devront pas être supérieurs à cinq mille francs chacun et ils seront d'ailleurs soumis à la condition que la Société ait à cette époque des disponibilités suffisantes pour que ses opérations normales et régulières ne soient entravées de ce fait.

ARTICLE 11

Cession des parts

Les cessions des parts sociales ne sont valables qu'autant qu'elles sont faites d'un commun accord entre les associés; elles doivent être constatées par un acte notarié ou sous seing privé. Elles ne sont opposables à la Société et aux tiers qu'après qu'elles ont été signifiées à la Société, ou acceptées par elle dans un acte notarié, conformément à l'article 1690 C. civ.

ARTICLE 12

Indivisibilité des parts

Les parts sont indivisibles et la Société ne reconnaît qu'un propriétaire pour chaque part. Les copropriétaires indivis d'une part ou les héritiers et ayants cause d'un associé décédé, sont tenus de faire exercer leurs droits de vote dans la Société par une seule et même personne nommée d'accord entre eux ou, à défaut, par le Président du Tribunal de commerce du lieu du siège social à la requête de la partie la plus diligente.

Les usufruitiers représentent valablement les parts à l'exclusion des nus propriétaires.

ARTICLE 13

Droits des parts

Chaque part d'associé donne droit dans la propriété de l'actif social à une part proportionnelle au montant de la valeur des parts existantes.

Elle donne droit, en outre, à une part dans les bénéfices ainsi qu'il est stipulé sous l'article 22 ci-après.

ARTICLE 14

Responsabilité des associés

Les associés ne sont responsables que jusqu'à concurrence du montant des parts qu'ils possèdent et au-delà, tout appel de fonds est interdit ; ils ne peuvent être soumis à aucune restitution d'intérêts ou dividendes régulièrement perçus.

ARTICLE 15

Adhésion aus statuts - Scellés - Immixtion dans la gestion

La possession d'une part emporte de plein droit adhésion aux statuts de la Société et aux résolutions prises par les associés.

Les héritiers ou créanciers d'un associé ne peuvent, sous quelque prétexte que ce soit, requérir l'apposition des scellés sur les biens et papiers de la Société, en demander le partage ou la licitation, ni s'immiscer en aucune manière dans les actes de son administration; ils doivent, pour l'exercice de leurs droits, s'en rapporter aux inventaires et aux décisions des associés.

ARTICLE 16

Administration

La Société est administrée par MM. Bierre et Davy en qualité de cogérants.

ARTICLE 17

Pouvoirs

Les gérants ont chacun les pouvoirs les plus étendus pour contracter au nom de la Société; ils engagent la Société par tous les actes portant la signature sociale. Il est cependant expressément convenu que les gérants ne pourront hypothéquer les immeubles sociaux, donner le fonds de commerce en nantissement, se faire consentir en banque des ouvertures de crédit pour une somme dépassant dix mille francs, ou conférer en général un droit réel quelconque sur un des éléments de l'actif social, que d'un commun accord.

ARTICLE 18

Signature

Tous les autres actes concernant la Société ainsi que les retraits de fonds ou valeurs, les mandats sur les banquiers, débiteurs ou dépositaires, et les souscripteurs, endos, acceptations ou acquits d'effets de commerce, sont signés par l'un des gérants.

Il en est de même des actes de service journaliers, de la correspondance, des pièces comptables,

ARTICLE 19

Responsabilité des gérants

Les gérants ne contractent, à raison de leur gestion, aucune obligation personnelle ni solidaire relativement aux engagements de la Société. Ils n'encourent de responsabilité personnelle que dans le cas où ils ont commis une faute lourde dans l'exécution du mandat à eux confié, ou dans le cas où ils auraient agi au delà des pouvoirs que la Société leur a conférés.

ARTICLE 20

Traitement

Les gérants ont droit chacun à un traitement fixe de .... francs par mois. Ils ont droit, en outre, à une part des bénéfices de la Société ainsi qu'il est dit à l'article 22 ci-après.

ARTICLE 21

Année sociale

L'année sociale commence le 15 juillet et finit le 14 juillet de l'année suivante.

Toutefois, il est dressé tous les six mois un état de la situation active et passive de la Société. Cet état est transcrit sur un registre spécial.

ARTICLE 22

Bénéfices

Le bénéfice net et annuel de la Société est constitué par le solde créditeur du compte profits et pertes.

Il est réparti de la façon suivante :

5 % sera d'abord prélevé pour constituer le fonds de réserve légale. Les versements à cette réserve cessent d'être obligatoires lorsque le fonds a atteint une somme égale au dixième du capital. Ils reprennent leurs cours si la réserve vient à être entamée.

Il est prélevé ensuite la somme nécessaire pour payer aux parts à titre de premier dividende 10 % de leur montant.

Le solde est réparti aux parts ou affecté à un fonds de réserve.

En cas de décès de l'un des associés, il sera prélevé 20 % de ce solde au profit de la gérance après constitution de réserves, s'il y a lieu. Le reste sera réparti également entre les parts.

ARTICLE 23

Décès d'un associé

En cas de décès de l'un des associés, la Société continuera entre l'associé gérant survivant et les veuve, héritiers ou représentants de l'associé décédé, titulaires des parts de leur auteur. Les droits des parts dans les bénéfices seront alors réglés conformément aux dispositions du dernier paragraphe de l'article 22.

L'associé survivant sera seul gérant avec les pouvoirs les plus étendus.

Les personnes aux droits de l'associé décédé pourront requérir dans les conditions prévues à l'art. 12 la communication sur place des comptes, bilans et écritures, une fois tous les trois mois. Elles seront appelées à l'inventaire par simple lettre recommandée, et si elles ne se rendent pas à la convocation, il sera procédé valablement sans elles aux opérations d'inventaire.

Si les veuves, héritiers ou représentants de l'associé décédé, en manifestent le désir dans les trois mois de la mort de leur auteur, l'associé survivant devra racheter tout ou partie de leurs parts. Dans ce cas, la valeur des parts sera déterminée à forfait, et à titre de convention entre associés, par le dernier inventaire majoré de 5 % à titre de représentations forfaitaire des bénéfices en cours, et cela quel que soit le temps couru depuis cet inventaire.

Le prix des parts sera payable dans un délai de deux années à compter du jour de l'évènement qui rendra la présente clause applicable, en huit fractions trimestrielles égales, et pour la première fois trois mois après ledit événement. Les sommes dues produiront à compter de ce jour des intérêts au taux de 8 % par an qui seront payables par trimestre en même temps que les fractions exigibles du principal.

L'associé débiteur aura la faculté de se libérer par anticipation, mais par fractions qui ne pourront être moindres du dixième du capital, à charge seulement de prévenir le créancier au moins quinze jours d'avance par lettre recommandée, tous paiements anticipés devant s'imputer sur les échéances les plus éloignées.

Tout ce qui resterait ou serait dû deviendrait immédiatement et de plein droit exigible :

1° A défaut de paiement exact à son échéance soit d'une seule fraction du capital, soit d'un terme d'intérêts ;

2° Outre les cas légaux d'exigibilité avant terme, en cas de décès du débiteur, vente de l'établissement, apport à une autre société, cessation de l'exploitation dation en nantissement, ou changement de tout ou partie de l'établissement.

ARTICLE 24

Incapacité permanente.

L'incapacité légale ou physique permanente et dûment constatée d'un des associés sera assimilée à son décès.

ARTICLE 25

Transformation.

La société pourra se transformer en Société Commerciale de toute autre forme par décision unanime des gérants ; au cas où la Société s'adjoindrait d'autres associés et comprendrait au moins trois associés, la transformation devra être votée par les deux tiers des associés représentant les trois quarts du capital social.

ARTICLE 26

Perte du capital social

En cas de perte des trois quarts du capital social, les associés auront à décider s'il y a lieu de continuer la société ou d'en prononcer la dissolution.

ARTICLE 27

Dissolution

A l'expiration du terme fixé par les statuts ou en cas de résolution décidant une dissolution anticipée de la Société, la liquidation sera faite par les deux gérants qui en régleront les modalités. Après extinction du passif, l'actif disponible sera réparti également entre les parts.

ARTICLE 28

Election de domicile.

Pour l'exécution des présentes, les comparants (*ou bien : SOUSSIGNES*) font élection de domicile au siège social de la Société avec attribution de juridiction au Tribunal de Commerce de ....

ARTICLE 29

Publications.

Les présents statuts seront enregistrés, déposés et publiés conformément à la loi. Pour faire ces dépôts et publications tous pouvoirs sont donnés au porteur d'une expédition ou d'un extrait des présentes.

ARTICLE 30

Frais.

Les frais de timbre, rédaction et enregistrement des présentes ainsi que ceux des dépôts et publications et généralement tous débours occasionnés par les présentes seront portés au compte des frais généraux et amortis dès la première année.

Dont acte.

(*Ou bien :*

FAIT A......, LE......, EN.....)

V. – Transformation d'une société en nom collectif en société à responsabilité limitée

Une société commerciale et une société en nom collectif en particulier peut valablement se transformer en société à responsabilité limitée. Ce changement de forme ne crée pas un être nouveau ; l'ancien être moral est censé continuer, du moins lorsque la transformation n'est pas accompagnée de modifications aux éléments essentiels de l'acte statutaire (V. Juris-Class. Soc. Fasc. 42, Princ. 126 s.).

Les associés en nom collectif ne peuvent réaliser cette transformation que par délibération prise par l'unanimité d'entre eux; il est inutile, pour la validité de cet acte et pour les conséquences fiscales qu'il entraîne, quela faculté de modifier la forme de la société ait été prévue dans les statuts.

Par devant M⁰ ....,

Ont comparu :

1° M. X ...., industriel, demeurant à .... ;

2° M. Y ...., négociant, demeurant à .... ;

3° M. Z ...., rentier, demeurant à .... ;

Seuls associés de la société en nom collectif ...., constituée le ...., dont le siège social est à ...., réunis sur convocation verbale le ...., qui ont pris les résolutions suivantes :

(Ou bien :)

ENTRE LES SOUSSIGNES :

1° M. X .... ;

2° M. Y .... ;

3° M. Z .... ;

SEULS ASSOCIES DE LA SOCIETE EN NOM COLLECTIF ...., DONT LE SIEGE SOCIAL EST A ....,

Il A ETE CONVENU CE QUI SUIT :

PREMIERE RESOLUTION

Les associés de la société en nom collectif............, comparants (*ou : SOUSSIGNES*), décident à l'unanimité de transformer ladite société en société à responsabilité limitée, à partir de ce jour.

DEUXIEME RESOLUTION

Le capital reste fixé (*ou : EST FIXE*), à .... francs, chiffre qui correspond exactement à la valeur de l'actif net de l'entreprise tel que cette valeur apparaît au bilan dressé à ce jour.

(Actif)   *(Passif)*

Le capital de la société à responsabilité limitée doit correspondre à la valeur exacte de l'actif net au jour de la transformation; cet actif qui constitue le seul élément dont les associés soient responsables vis-à-vis des tiers, doit être réel et les associés répondent solidairement de l'évaluation donnée.

Il convient de remarquer que la simple décision de la société en nom collectif de transformer n'est pas suffisante à assurer la validité de cette transformation ; il convient que la société en nom collectif réponde de plus aux conditions exigées pour la validité des sociétés à responsabilité limitée.

Il faudra donc que le capital social ne soit pas moindre de 25.000 francs, qu'il soit divisé en parts de 100 francs ou de multiples de 100 francs.

Il faudra, en outre, que ce capital soit entièrement libéré, même pour les parts souscrites en numéraire.

Si donc la totalité du capital numéraire n'a pas encore été appelée, il faudra ou bien que les associés libèrent intégralement leurs parts, ou bien réduire le capital de la nouvelle société au montant des versements déjà effectués.

Si par suite de pertes l'actif de la société n'est plus égal au montant nominal de son capital, la transformation de la société devra être accompagnée d'une réduction de capital.

L'opération inverse ne sera pas nécessaire si l'actif est supérieur au capital; mais dans bien des cas, on pourra incorporer l'excédent (compte courant, réserves ou plus-values) au capital; nous conseillons même de le faire.

En ce qui concerne particulièrement les comptes courants, il y aura lieu d'indiquer dans le tableau du passif cette capitalisation en mettant à côté dup oste compte courant, les mots « compte capitalisé ».

D'autre part, sans qu'il soit nécessaire d'introduire dans le texte des délibérations d'autres précisions, nous pensons qu'il sera utile que le gérant dresse avant la transformation un inventaire détaillé des différents éléments de l'actif, de telle façon que les tiers ne puissent venir, en cas de faillite, contester la valeur donnée.

TROISIEME RESOLUTION

Le capital se divise en X parts de francs chacune.

X parts sont attribuées à M .... ;

X parts sont attribuées à M .... ;

X parts sont attribuées à M .... ;

Ces parts sont intégralement libérées.

QUATRIEME RESOLUTION

Les clauses relatives à l'objet de la société, à sa durée, ne sont pas modifiées.

L'administration de l'Enregistrement estime qu'il y a société nouvelle lorsqu'une société change son objet ou modifie la durée de la société ; toutes autres modifications sont sans influence sur la personnalité de la société; on doit même admettre que si l'objet était seulement étendu ou modifié légèrement le principe que nous indiquons ne s'appliquerait plus.

CINQUIEME RESOLUTION

La société à responsabilité limitée aura pour dénomination : Y... et Cie, société à responsabilité limitée.

SIXIEME RESOLUTION

Les comparants (*ou bien : LES SOUSSIGNES*) ont établi, d'autre part, le texte des statuts qui se substituera à celui de la société en nom collectif ; le nouveau texte ne modifie l'ancien dans ces éléments fondamentaux qu'en tant que ces modifications sont nécessitées par le respect de la loi du 7 mars 1925.

(*Texte des statuts.*)

(*Signature de tous les associés
sous la mention Lu et approuvé.*)

Dont acte (*s'il y a lieu*).

VI. - Transformation d'une société en commandite par actions en société à responsabilité limitée

Une société en commandite par actions (aussi bien d'alileurs qu'une société anonyme) peut se transformer en société à responsabilité limitée.

La décision doit être prise, en principe, par une délibération des associés à la majorité irréductible de moitié du capital social si la société est antérieure au 22 novembre 1913, et aux trois quarts du capital sur première convocation si la société a été constituée postérieurement (moitié sur deuxième convocation).

Mais au cas où il existe des apports en nature, ce qui sera la règle, n ous estimons que l'unanimité des actionnaires doit être exigée en raison de l'obligation solidaire que ces derniers assument vis-à-vis des tiers de la réalité de la valeur des apports.

A. — La société comprend des apports en nature

Par devant M⁰ ....,

Ont comparu :

M .... ;

M .... ;

M .... ;

Seuls associés commandités et comanditaires de la société en commandite par actions ....
............, constituée le ...., dont le siège social est à ...., réunis sur convocation verbale le ...., qui ont pris les résolutions suivantes :

(*Ou bien :*)
ENTRE LES SOUSSIGNES :
M .... ;

M .... ;

M .... ;

SEULS ASSOCIES COMMANDITES ET COMMANDATAIRES........, ETC.,

IL A ETE CONVENU CE QUI SUIT :

PREMIERE RESOLUTION

Les associés commandites et commanditaires de la société en commandite par actions ......, comparants (*ou : SOUSSIGNES*), décident à l'unanimité de transformer ladite société en société à responsabilité limitée à partir de ce jour.

DEUXIEME, TROISIEME, QUATRIEME, CINQUIEME ET SIXIEME RESOLUTIONS

(V. *supra, Formule* IV).

B. — La société ne comprend que des apports d'espèces

L'an 1926, le ...., à ....,

Les actionnaires de la société en commandite par actions dite ...., au capital de ...., divisé en .... actions de .... chacune,

Se sont réunis en assemblée extraordinaire au siège social à ...., rue ...., sur convocation qui leur a été faite d'assister à la présente réunion suivant avis inséré dans le journal ...., feuille du ....

M .... préside la séance. — MM. X .... et Y ...., les deux plus forts actionnaires présents et acceptant sont nommés scrutateurs ; M. .... est nommé secrétaire.

Le bureau étant ainsi composé, M. le Président constate, d'après la feuille de présence, que .... actionnaires, possédant ou représentant .... actions sont présents ou représentés. L'assemblée réunissant plus .... du capital social est déclaré régulièrement constituée.

M. le Président expose que, d'après l'ordre du jour de convocation, l'assemblée générale se trouve réunie pour décider la transformation de la société en société à responsabilité limitée.

Après l'échange d'observations, M. le Président met aux voix les résolutions suivantes :

PREMIERE RESOLUTION

(V. supra *ainsi que pour les résolutions suivantes.*)

Mettre après chaque résolution :

Cette résolution est adoptée à l'unanimité (*ou bien : PAR .... VOIX CONTRE ....*).

VII. - Transformation d'une société anonyme en société à responsabilité limitée

L'an 19..., le ...., à .... heures,

Les actionnaires de la Société anonyme ...., dite ....,

Dont le siège est à ...., rue ....,

Se sont réunis en assemblée générale extraordinaire sur la convocation que leur a été faite par le Conseil d'administration, suivant avis paru le ...., dans le Journal d'annonces légales .... ;

Il a été dressé une feuille de présence qui a été signée par les membres du Bureau.

M. .... préside la séance et qualité de président du conseil d'administration ;

MM. .... les deux plus forts actionnaires présents et acceptant sont désignés comme scrutateurs ;

M. .... tient les fonctions de secrétaire.

M. le Président constate que .... actionnaires, possédant .... actions, sont présents ou représentés.

L'assemblée réunissant plus .... du capital social est déclarée régulièrement constituée.

M. le Président rappelle aux actionnaires que l'assemblée se trouve convoquée pour se prononcer sur la transformation de la société en Société à responsabilité limitée ; il indique que cette transformation emporterait *ipso facto* retrait des administrateurs en service et du commissaire de surveillance, puis nomination d'un gérant et d'un conseil de surveillance.

Il donne lecture du rapport du conseil d'administration et donne la parole aux actionnaires.

Après différentes observations et personne ne demandant plus la parole, M. le Président met aux voix les résolutions suivantes :

PREMIERE RESOLUTION

L'assemblée décide la transformation, à dater de ce jour, de la société en société à responsabilité limitée.

Cette résolution est adoptée ....

DEUXIEME RESOLUTION

Le capital social est fixé à ...., chiffre qui correspond exactement à la valeur de l'actif net de l'entreprise tel que cette valeur apparaît au bilan dressé ce jour.

Actif	*Passif*

Cette résolution est adoptée ....

TROISIEME RESOLUTION

Les clauses relatives à l'objet de la société, à sa durée, ne sont pas modifiées.

Cette résolution est adoptée ....

QUATRIEME RESOLUTION

La société aura pour dénomination « ...., société à responsabilité limitée ».
Cette résolution est adoptée ....

CINQUIEME RESOLUTION

M............ est nommé gérant de la société.
Cette résolution est adoptée ....

SIXIEME RESOLUTION

M............,
M............,
M............ sont nommés membres du conseil de surveillance pour une durée de ....
années.
Cette résolution est adoptée ....

SEPTIEME RESOLUTION

Le texte des nouveaux statuts qui régissent la société est établi ainsi qu'il suit (*copier la formule des S. A. R. L. de plus de 20 associés*).
Cette résolution est adoptée ....

HUITIEME RESOLUTION

Les actionnaires donnent aux administrateurs, MM............., quitus de leur gestion.
Cette résolution est adoptée ....

NEUVIEME RESOLUTION

Pour faire publier les présentes tous pouvoirs sont donnés au porteur d'une copie de ces documents.
Cette résolution est adoptée ....

Cession civile de parts sociales

Par devant Mᵉ ...., notaire à .... , soussigné,

Ont comparu :

M. Jean Bierre, industriel, demeurant à............

Lequel a, par ces présentes, cédé, sous les conditions ordinaires et de droit, à M. Davy, commerçant à ...., à ce présent et qui accepte.

(Ou bien :

ENTRE LES SOUSSIGNES,

M............, D'UNE PART,

ET M............, D'AUTRE PART,

IL A ETE CONVENU CE QUI SUIT :

M............ CEDE A M............, SOUS LES GARANTIES ORDINAIRES ET DE DROIT
A M............ QUI ACCEPTE),

Deux parts de 1.000 francs de la Société à responsabilité limitée X, et Cie.

Etant expliqué :

a) **Que d'après la loi, la cession des parts ne peut être effectuée que par acte notarié ou sous seings privé, signifiée à la Société ou acceptée par elle dans un acte notarié.**

b) **Que cette cession, pour être valable, doit être autorisée par une décision extraordinaire des associés.**

Cette autorisation a été donnée pour la présente cession le ....;

Une copie de cette décision, délivrée par le gérant de la Société et certifiée conforme, est demeurée ci-après annexée.

M............ sera propriétaire, à compter ce jour, de tous droits et obligations attachés aux

parts qu'il achète. Il ne répondra pas cependant de la responsabilité éventuelle de M............
pour la valeur attribuée aux apports en nature lors de la constitution de la Société.

M............ s'oblige à l'exécution des statuts de ladite Société dont il reconnaît avoir pris
connaissance.

La présente cession est faite moyennant un prix de 10.000 francs que M......... reconnaît
avoir reçu de M......... à qui il donne quittance.

Les frais et droits auxquels la cession donnerait ouverture seront supportés par M.........
qui s'y oblige.

Pour faire signifier les présentes à ladite Société, tout pouvoir est donné au porteur de
l'un des originaux.

Fait en double à ...., le ....

(Ou bien : DONT ACTE).

PUBLICATION DES CESSIONS DE PARTS

Suivant acte reçu par M°............, notaire à ...., le ....

(Ou bien :

PAR ACTE SOUS-SEINGS PRIVES, FAIT A ...., LE ....)

M. X. (profession), demeurant à ...., a cédé à M. Y., demeurant à .... X parts
d'une valeur nominale de X francs lui appartenant dans la Société à responsabilité limitée et
constituée le ...., et dont le siège social est à ...., ladite cession autorisée par délibération de l'assemblée générale extraordinaire (ou : PAR DECISION EXTRAORDINAIRE DES
ASSOCIES), prise le ....

Cette cession a eu lieu moyennant un prix qui a été payé comptant aux termes dudit acte
qui en contient quittance.

La présente cession a été signifiée à M............, gérant de la Société, suivant exploit de
M° ...., huissier à ...., en date du ....

Une copie de l'acte susénoncé a été déposée le ...., au greffe de la justice de paix et
au greffe du Tribunal de commerce de ....

(Le Gérant.)

FORMULE IX

———

Délibérations ordinaires

———

1° *Décisions prises par correspondance.* — Les décisions ne peuvent être prises par correspondance, c'est-à-dire sans tenir d'assemblée générale, que dans les sociétés composées de moins de 21 associés.

Nous avons donné, formule I, art. 2 et s., les modalités générales les plus pratiques que nous concevons pour ces sortes de délibérations ; le texte des formules suivantes en est directement inspiré.

2° Il convient toutefois de remarquer que nonobstant les modalités de délibérations prévues aux statuts, les associés auront toujours le droit de prendre une décision valable en se réunissant *à l'unanimité.* Dans ce cas il y a lieu de considérer que les associés ont entendu suspendre, pour les délibérations prises, les formalités statutaires.

A. — AUTORISATION AU GERANT

a) Lettre du gérant

Le ....

Monsieur,

J'ai l'honneur de soumettre à votre décision la résolution suivante :

Le gérant est autorisé à emprunter une somme de 500.000 francs aux conditions suivantes :

α) *Intérêt à 6 p. 100 brut au maximum.*

ϐ) *Remboursement dans un délai de 10 ans.*

γ) *Garanties hypothécaires éventuelles sur les immeubles de la société.*

δ) *Réalisation du prêt par tranches successives ou simultanées de 100.000 francs.*

J'estime que cet emprunt s'impose pour les raisons suivantes : ....

Vous voudrez bien me retourner dans le plus bref délai et au plus tard le ...., conformément aux statuts, le bulletin de vote ci-annexé.

Veuillez agréer...

b) *Bulletin de vote annexé à la lettre*

M............, demeurant à ....,

Attributaire de .... parts de la société à responsabilité limitée ....,

Sollicité par le gérant, en date du ...., de prendre une décision sur la proposition suivante (*répéter ici le texte de l'ordre du jour*), est d'avis de :

consentir }
refuser } l'autorisation demandée.

Fait à ...., le ....

c) *Texte à insérer au registre des consultations*

L'an 19......, le ....,

Le gérant de la société à responsabilité limitée ....,

A adressé à tous les attributaires des parts, par lettres recommandée, dont les doubles et les bulletins de recommandation sont annexés au présent registre, la lettre suivante (*V. supra*) :

X... associés, attributaires de X... parts, ont répondu à cette lettre dans les délais statutaires, soit au plus tard le ....

Plus de la moitié du capital étant ainsi représentée la décision pouvait être régulièrement prise.

Le gérant a constaté que sur ces .... réponses :

X voix s'étaient prononcées affirmativement et sans restrictions sur les pouvoirs à donner au gérant.

X voix s'étaient prononcées négativement ou avec réserves.

La majorité des réponses ayant été affirmative l'autorisation est acquise au gérant.

Certifié sincère et véritable.

Le Gérant.

B. — DECISION SUR LES COMPTES ANNUELS

a) *Lettre du gérant*

Monsieur,

Conformément à l'art. ...... des statuts, j'ai l'honneur de soumettre à votre décision l'approbation du bilan et des comptes de l'exercice .... ainsi que des répartitions de dividendes.

Vous trouverez annexées à la présente lettre :

1° Le rapport du gérant sur l'exercice clôturé;

2° L'inventaire de l'actif et du passif au ....;

3° Le bilan de la société au même jour;

4° Un bulletin de vote.

Comme suite à la présentation de ces comptes, je soumets à votre acceptation les résolutions suivantes :

PREMIERE RESOLUTION

Les associés, après avoir pris connaissance du rapport du gérant et des comptes sur l'exercice ...., approuvent les comptes et le bilan tels qu'ils ont été présentés.

DEUXIEME RESOLUTION

Les associés fixent à .... francs par part sociale le dividende à répartir pour l'exercice ....

Le montant des dividendes sera mis à la disposition des associés, au siège social, à compter du ...., sous déduction des impôts.

Vous voudrez bien me retourner dans le plus bref délai et au plus tard le ...., conformément aux statuts, le bulletin de vote ci-annexé.

6) Bulletin de vote

M............, demeurant à ....,

Attributaire de .... parts de la société à responsabilité limitée ....,

Sollicité par le gérant, en date du ...., de prendre une décision sur les résolutions suivantes :

(*Rappeler les résolutions*)

est d'avis :

1° { d'accepter / de rejeter } la première résolution;

2° { d'accepter / de rejeter } la seconde résolution.

Fait à ...., le ....

2° Décisions prises en assemblée

L'an ....;

Le ....;

Les associés de la société à responsabilité limitée, dite ....;

Se sont réunis en assemblée générale sur la convocation qui leur a été faite par le gérant suivant lettre recommandée adressée à chacun d'eux le ....;

Il a été dressé une feuille de présence qui a été signée par les membres du bureau;

M............ préside la séance en qualité de gérant;

M............ et M............, les deux plus forts associés présents et acceptants, sont nommés scrutateurs;

M............ est désigné comme secrétaire.

(*En cas d'assemblée annuelle,*

M. LE PRESIDENT DEPOSE SUR LE BUREAU DE L'ASSEMBLEE :

1° LE BILAN DE L'EXERCICE .... ;

2° *L'INVENTAIRE AU* .... ;
3° *LE RAPPORT DU GERANT ;*
4° *LE RAPPORT DU CONSEIL DE SURVEILLANCE.*)

Il déclare que, d'après la feuille de présence certifiée véritable par les membres du bureau, que X associés, représentant .... parts, sont présents ou représentés.

L'assemblée réunissant .... peut régulièrement délibérer.

Le secrétaire donne lecture de l'ordre du jour ainsi que des rapports du gérant et du conseil de surveillance.

M. le Président donne ensuite la parole aux associés.

....
....
....

Personne ne demandant plus la parole, M. le Président met aux voix les résolutions suivantes :

PREMIERE RESOLUTION

L'assemblée générale, après avoir entendu le rapport du gérant et celui du conseil de surveillance sur les comptes de l'exercice ...., approuve les comptes tels qu'ils ont été présentés.

Cette résolution est adoptée ....

DEUXIEME RESOLUTION

L'assemblée fixe à .... le dividende à répartir pour l'exercice .... à chaque part.

Ce dividende sera mis à la disposition des actionnaires, au siège social, à partir du ...., sous déduction des impôts.

Cette résolution est adoptée ....

TROISIEME RESOLUTION

Le montant du pourcentage dû au gérant sur les bénéfices est fixé à ....
Cette résolution est adoptée ....

QUATRIEME RESOLUTION

L'assemblée générale réélit comme membres du conseil de surveillance dans les termes de l'article .... des statuts :

M .... ;
M .... ;

pour une durée qui expirera lors de la prochaine assemblée générale annuelle.

Elle fixe à .... la rémunération de chacun des membres du conseil.

Cette résolution est adoptée ....

Rien n'étant plus à l'ordre du jour la séance est levée à ....

De tout ce que dessus il a été dressé le présent procès-verbal, qui a été signé par les membres du bureau, après lecture.

FORMULE X

Délibérations extraordinaires

A) AUGMENTATION DE CAPITAL

1° DECISION PRISE PAR CORRESPONDANCE

a) Lettre du gérant

Monsieur,

Conformément à l'autorisation qui m'a été donnée par l'art. .... des statuts, j'ai réuni, tant parmi les anciens associés que parmi les nouveaux souscripteurs, un capital de ...., en .... parts de .... chacune.

Vous avez pu librement souscrire à cette augmentation de capital en exerçant votre droit de préférence sollicité par ma lettre du ....

En fait, toutes les demandes qui m'ont été formulées par d'anciens associés ont été servies.

Je déclare que l'augmentation de capital a été entièrement souscrite et les parts entièrement libérées, comme l'indique l'état annexé à la présente lettre.

En conséquence, je vous demanderais d'adopter les résolutions suivantes qui rendraient définitive l'augmentation de capital visée.

PREMIERE RESOLUTION

Les associés reconnaissent sincère et véritable la déclaration faite par le gérant suivant lettre en date du ...., de la souscription et de la libération intégrale des .... parts nouvelles de ...., représentant l'augmentation de capital de .... décidée par l'art. ...... des statuts.

(*Ou : PAR LA DELIBERATION DES ASSOCIES EN DATE DU* ....)

Ils acceptent comme nouveaux membres de la société :

M............

M............

Ils constatent que l'augmentation de capital est définitivement réalisée.

DEUXIEME RESOLUTION

L'art. .... des statuts est modifié ainsi qu'il suit :

Art. .... Le capital social est fixé à ...., divisé en .... parts de ....
chacune.

Ces X parts ont été attribuées, en représentation de leurs apports, savoir :

A M............

    M............

TROISIEME RESOLUTION

Pour faire publier les présentes décisions tous pouvoirs sont donnés au porteur d'une
copie.

b) Bulletin de vote

V. le texte utilisé pour les décisions ordinaires

c) Texte à insérer au registre des consultations

V. le texte utilisé pour les décisions ordinaires

On modifiera ainsi la dernière phrase :

Le gérant a constaté que la majorité requise par la loi avait été obtenue et a conclu que
l'augmentation de capital était définitivement et régulièrement réalisée.

APPORTS EN NATURE

*Au cas où le nouveau capital serait réalisé par voie d'apports en nature, il serait nécessaire de faire voter
les associés sur la résolution complémentaire suivante.*

.... RESOLUTION

Les associés estiment que les nouveaux apports en nature de la présente augmentation de
capital représentent bien la valeur des parts attribuées en rémunération aux apporteurs.

*Dans ce cas, à la lettre du gérant, devra être joint un rapport sur la consistance et la valeur des
apports.*

2° DECISIONS PRISES EN ASSEMBLEE

L'an............

Le ...., à ....

Les associés de la société à responsabilité li mitée, dite ...., se sont réunis en assemblée
générale sur la convocation qui leur a été faite par le gérant suivant lettre recommandée adressée à chacun d'eux, le ....

Il a été dressé une feuille de présence qui a été signée par les membres du bureau.

M............ préside la séance en qualité de gérant.

M............ et M............, les deux plus forts associés présents et acceptants, sont nommés scrutateurs.

M............ est désigné comme secrétaire.

M. le Président déclare, d'après la feuille de présence certifiée véritable par les membres du bureau, que .... associés, représentant .... parts, sont présents ou représentés.

L'assemblée réunissant .... peut régulièrement délibérer.

M.............. lit l'ordre du jour de la séance ainsi que le rapport du gérant.

Le Président donne la parole aux associés.

Personne ne demandant plus la parole, M. le Président met aux voix les résolutions suivantes :

(Copier les résolutions précisées supra dans la lettre du gérant en remplaçant les mots : « LES ASSO-CIES » PAR « L'ASSEMBLEE GENERALE » et mettre à la fin de chaque résolution

« Cette résolution est adoptée... »)

B) MODIFICATIONS STATUTAIRES DIVERSES

Pour toutes modifications statutaires on utilisera le cadre de délibérations que nous venons de rappeler à propos des augmentations de capital.

C) PUBLICATIONS

D'une décision en date à ...., du ...., les associés de la société à responsabilité limitée dite ...., ont apporté les modifications suivantes aux statuts :

Art............

Copie de la présente décision a été déposée tant à la justice de paix .... qu'au greffe du tribunal de commerce de ...., le ....

Pour extrait et mention.

Cette formule peut servir, quel que soient les modalités suivant lesquelles les associés ont délibéré.

FORMULES XI ET XII

XI. — POUVOIRS POUR REPRESENTATION A UNE ASSEMBLEE

Je soussigné ....,

Demeurant à ....,

Propriétaire de .... **parts de la société à responsabilité limitée dite «** .... **».**

Donne pouvoir à M.............,

Demeurant à ....

(Ajouter, s'il y a lieu : OU A SON DEFAUT A M.........*).*

De me représenter à l'assemblée générale ordinaire (ou extraordinaire) convoquée pour le .... *(date de l'assemblée).*

En conséquence, assister à la réunion de cette assemblée et à celle qui aurait lieu ultérieurement si la première ne pouvait valablement délibérer; signer toutes feuilles de présence; prendre part à toutes délibérations et à tous votes sur les questions portées à l'ordre du jour.

Signer toutes pièces et généralement faire tout ce que le mandataire jugera convenable.

Fait à............ *(indiquer le lieu où le mandant établit le pouvoir),* **le**............ *(date).*

Bon pour pouvoir. *(Signature du mandant.)*

XII. — TRAITE DE GERANCE

Entre les soussignés :

M.............

« Agissant au nom de la société à responsabilité limitée dite « .... », en vertu des « pouvoirs qui lui ont été délégués à l'effet des présentes par une décision des membres de cette « société en date du............, dont un extrait certifié conforme est joint à chacun des originaux « des présentes »

D'une part,

Et M.............,

d'autre part,

Il a été expliqué et convenu ce qui suit :

I. — Aux termes de l'article ...... des statuts de la société à responsabilité limitée dite « .... », établis suivant acte sous seings privés en date du ...., il a été stipulé que la société serait administrée par un ou plusieurs gérants nommés par les associés et pris parmi ceux-ci ou en dehors d'eux.

II. — M ...., premier gérant nommé par les statuts, ayant démissionné le ...., une décision des associés en date............, a délégué à M............, le soin de passer avec la personne de son choix, un traité de gérance pour la direction de la société.

III. — Les présentes ont pour objet de préciser les conditions de cette nomination.

Article 1er

M............ est nommé gérant de la société à responsabilité limitée dite « .... ». En cette qualité il aura la direction complète des affaires de la société à responsabilité limitée « .... », aussi bien technique, commerciale qu'administrative.

Il exercera cette gérance au mieux des intérêts de la société et sera seul en rapport avec les tiers. Il devra tout son temps et tous ses soins aux affaires sociales. Il se conformera aux prescriptions générales des statuts sociaux concernant la gérance dont il est seul investi.

Article 2

Le présent contrat est fait pour toute la durée de la société.

Toutefois le traité sera résilié de plein droit sans aucune indemnité d'une part ni d'autre :

En cas de dissolution de la société avant terme,

En cas de révocation de M............ pour causes légitimes.

Article 3

En cas de démission de M............, celui-ci s'interdit, dès à présent, de gérer ou administrer directement ou indirectement à .... et dans un rayon de .... kilomètres de cette ville et pendant .... années à compter de son départ, une maison de commerce ou un établissement de même nature que celui de la présente société.

Article 4

En rémunération de ses fonctions, M............ aura droit :

1° A titre de traitement fixe, à un appointement annuel de .... francs, payable par douzièmes à la fin de chaque mois ;

2° Et à une participation proportionnelle de .... % sur les bénéfices nets réalisés par la société tels qu'ils sont déterminés par l'article .... des statuts et après déduction des prélèvements à opérer pour la réserve légale (5 %) et de l'intérêt de .... % à servir au capital; ladite participation payable dans les .... mois qui suivront l'assemblée générale annuelle.

· *Article 5*

Les contestations auxquelles pourrait donner lieu le présent contrat seront soumises aux tribunaux compétents de l'arrondissement de ...., auxquels il est fait attribution de juridiction.

Fait en trois originaux,

A ...., le ....

APPENDICE

RÉGIME FISCAL DES SOCIÉTÉS A RESPONSABILITÉ LIMITÉE

I. — DROITS DE TIMBRE.

    A. — Timbre de dimension.

    B. — Timbre proportionnel.

II. — DROITS D'ENREGISTREMENT.

    A. — Constitution de la Société.

      a) *Formalités.*

      b) *Droits à payer.*

    B. — Droits dus au cours de la vie sociale.

      a) *Modifications aux statuts.*

      b) *Cession de parts.*

    C. — Dissolution ou partage.

III. — IMPOTS A LA CHARGE DE LA SO-CIETE.

    A. — Contribution foncière.

    B. — Taxe de mainmorte.

    C. — Impôts cédulaires.

    Taxe spéciale sur le chiffre d'affaires.

    D. — Patente.

IV. — IMPOTS A LA CHARGE DES ASSOCIES.

    A. — Impôts cédulaires.

      a) *Gérants.*

      b) *Simples associés.*

    B. — Impôt général sur le revenu.

Composé hybride des sociétés de personnes et des sociétés de capitaux, les sociétés à responsabilité limitée ne sont pas soumises à un régime fiscal spécial. Les seules dispositions fiscales qui les visent sont d'abord l'art. 42 de la loi du 7 mars 1925, aux termes duquel, d'une part, l'impôt sur le revenu des capitaux mobiliers ne s'applique pas aux dividendes, intérêts, arrérages et autres produits revenant aux gérants; d'autre part, elles sont soumises aux droits de communication institués par les articles 16 et 28 de la loi du 5 juin 1850, 22 de la loi du 23 août 1871, et 7 de la loi du 21 juin 1875; ensuite l'art. 4 de la loi du 30 décembre 1928, qui rétablit la rémunération des gérants dans les bénéfices quand le ou les gérants possèdent la majorité des parts. Il n'est donc statué à leur égard que sur des points de détail. Mais, à raison de leur structure particulière, l'application du droit commun conduit en ce qui les concerne à des solutions originales qu'il convient d'exposer.

Nous étudierons successivement :

les droits de timbre ;

les droits d'enregistrement ;

les taxes directes ou indirectes dues par la société pendant son existence ;

les taxes dues par ses membres,

auxquels la naissance, la vie et la mort d'une société à responsabilité limitée donnent ouverture.

I. — DROITS DE TIMBRE

A. — Timbre de dimension

Tous les originaux de l'acte constitutif, des modifications aux statuts, quelque anodines qu'elles soient, de l'acte de dissolution et de l'acte de partage ; les pouvoirs spéciaux donnés par un souscripteur pour constituer la société, en modifier les statuts, la dissoudre, assister aux assemblées générales, etc... ; les pouvoirs donnés par un gérant à un mandataire ; les titres délivrés aux membres de la société ; les actes de cession de parts ; les contrats de droit civil passés par la société, doivent être établis sur papier timbré de dimension de la Régie ou timbré à l'extraordinaire.

Mais on sait que les dimensions de la Régie ne c orrespondent pas aux dimensions habituelles du commerce. dont seul le papier dit écolier se rapprocherait, quant à la taille, du papier à 10 fr. 80, ou moyen papier, qu'on ne trouve d'ailleurs pas dans les recettes buralistes, approvisionnées seulement en petit papier (7 fr. 20 la feuille, 3 fr. 60 la demi-feuille). Quand une feuille de papier dépasse de si peu que ce soit le format du timbre correspondant, elle supporte le tarif de la dimension supérieure ; ainsi, la feuille simple du format commercial dépasse de peu la dimension du timbre à 3 fr. 60 ; elle devra donc être timbrée à 7 fr. 20. Nous appelons sur cette particularité l'attention de nos lecteurs, qui feront bien de se servir tout simplement du papier de la débite. Sans doute, dans le cas de pluralité d'originaux, l'épaisseur de ce papier présentera-t-elle des inconvénients en empêchant sur la plupart des machines de frapper plus de deux exemplaires à la fois ; mais il sera facile d'obvier à cet inconvénient en établissant un stencil des statuts, qu'on reportera ensuite sur timbre avec un simple rouleau encreur.

Sont exemptés de timbre :

les deux exemplaires des actes soumis à inscription ou à transcription qui doivent être établis à l'encre indélébile, sur du papier spécial fourni à titre onéreux par l'enregistrement ;

les aces d'échange d'immeubles ;

les actes de vente d'immeubles de peu d'importance (jusqu'à 5.000 francs) ;

les contrats commerciaux proprement dits ;

les registres des délibérations prises par le collège des gérants, par le conseil de surveillance ou par la collectivité des associés, à la condition toutefois que ces procès-verbaux ne contiennent rien qui doive servir de titre à un tiers ;

les feuilles de présence des assemblées générales ;

les rapports des gérants, du conseil de surveillance, ou, s'il y a lieu, de l'agent chargé par l'assemblée générale de contrôler les écritures du gérant (DROUETS, n. 529).

B. — Timbre proportionnel

Ce droit, institué par la loi de 1850, réglementé aussi par diverses autres lois codifiées sous les articles 1, § I, et 6, § 2 du *Code des valeurs mobilières* ne frappe que les « titres d'actions négociables ». Il ne frappe donc pas les parts, qui ne sont pas négociables (DROUETS, n. 528. — CARLOT, p. 56. — PIC ET BARATIN, n. 438. — *Inst. Enreg.*, 11 avril 1925, n.3851-3°).

La question ne semble pas faire de difficulté. Elle n'a été discutée que dans le cas de transformation en société à responsabilité limitée d'une société anonyme abonnée au timbre, à raison de ce que l'abonnement est dû pour toute la durée de la société (*Art. 6, § 2 du C. des Valeurs mobilières*). On objecte que l'abonnement suppose l'existence de titres sur lesquels le droit de timbre soit dû; du moment que ces titres disparaissent, il n'y a pas de raison de continuer à en exiger le paiement du droit représentatif d'un droit qui cesse d'être dû (CARLOT, *p.* 58. — PIC ET BARATIN, *n.* 438); mais cette objection ne paraît pas décisive. Si la société avait payé le droit de timbre au comptant, il n'aurait pas été question pour elle d'en obtenir le remboursement proportionnel; nous ne voyons pas pourquoi il en serait différemment dans le cas d'abonnement (*Cpr. pour le cas de transformation d'une simple commandite par actions en commandite simple : Cass. civ., 9 août 1865 : D. 65, 1, 311. — Voir aussi Cass. civ., 2 mai 1865 : D. 65, 1, 270*).

Mais l'Administration a suivi l'opinion de MM. Pic et Baratin et de Mlle Carlot; pour être peu logique, cette opinion, très favorable aux sociétés à responsabilité limitée dont elle favorisera l'essor, doit être somme toute approuvée.

II. — DROITS D'ENREGISTREMENT

A. — Constitution de la Société

a) FORMALITÉ. — L'acte constitutif doit nécessairement être enregistré dans le délai de la loi de frimaire an VII (15 jours au plus) s'il est notarié, dans les trois mois de la constitution définitive (dernière signature apposée ou réalisation de la condition suspensive) s'il est sous seings privés (*Art. 12 de la loi du 29 juin 1918*) mais ce dernier délai n'est que théorique, car l'enregistrement doit nécessairement précéder la publicité, laquelle doit avoir lieu dans le mois, comme on l'a vu.

L'enregistrement a lieu par la présentation de tous les originaux de l'acte au bureau d'enregistrement dans le ressort duquel ledit acte a été passé (à Paris, au bureau des sociétés, 13, rue de la Banque), le bureau en garde un et revêt les autres d'une mention.

Si les statuts ont été rédigés par acte séparé, un exemplaire signé des parties et établi sur timbre devra être déposé au bureau.

b) DROITS A PAYER. — 1° *Apports rémunérés par des parts sociales.* — D'abord, le droit d'apport (3 %) sur la totalité du capital social (*Code Enreg., art. 47-19°*).

Ensuite le droit de transcription (2,40 %) sur la valeur des apports immobiliers. Dans le cas d'apports à la fois mobiliers et immobiliers, la valeur respective des deux sortes de biens doit être indiquée distinctement, à peine de quoi le droit de transcription portera sur l'ensemble, à moins que le receveur ne puisse faire la ventilation (*Code Enreg., art. 271, § 13-4° in fine, et art. 273*).

En troisième lieu, au cas de transcription seulement, formalité qui n'est jamais obligatoire, la taxe hypothécaire (0,48 %, art. 32, 273, § 13-4° in fine, C. Enr.) et le salaire du conservateur (0,20 % jusqu'à 50.000 fr.; 0,10 de 50.001 à 100.000 fr.; 0,05 de 100.001 à 500.000 fr.; 0,02 % de 500.001 à 1.000.000; 0,01 au-dessus).

En quatrième lieu, au cas d'apport d'un droit de bail, le droit de bail (0,72 %) sur le montant cumulé des loyers (*C. Enr. art. 97 et 271, § 6-1°*).

2° *Apports rémunérés en argent ou autres droits non sociaux; dispositions indépendantes.*

Les apports rémunérés en argent ou en échange desquels la société contracte des obligations diverses non constatées par la remise de parts (par exemple obligation de payer tout ou partie du passif de l'apporteur) sont considérés comme de véritables ventes, soit pour la totalité, soit pour partie. Ils sont donc assujettis dans la mesure où ils constituent une vente, au *droit de mutation à titre onéreux*, qui est :

15 % pour les immeubles, plus une surtaxe de 1,20 % sur la tranche 300.001-500.000 fr. et 2,40 % sur la tranche excédant ce dernier chiffre; ce droit comprend le droit de transcription, mais non la taxe hypothécaire ni le salaire du conservateur.

9 % pour l'ensemble des droits corporels et incorporels, matériel, marchandises, matières premières, droit au bail, clientèle, etc.., composant un fonds de commerce, outre une surtaxe de 1,20 % sur la tranche de 300.001 à 500.000 fr., et 2,40 % sur la tranche excédant ce dernier chiffre, et à Paris une taxe municipale de 0,22 sur les marchandises neuves et matières premières comprises dans la vente du fonds.

0,60 % pour les meubles, marchandises, matières premières cédés à titre principal (c'est-à-dire autrement que comme accessoire d'un fonds de commerce) outre 0,22 % au profit de la Ville de Paris sur les marchandises neuves et les matières premières.

18 % sur le prix de cession pour le droit au bail (*Art.* 271, § 19 *C. Enr.*), plus 0,72 % sur les loyers cumulés restant à courir pendant la durée du bail.

Enfin, si l'immeuble ou le fonds de commerce apportés à titre onéreux n'ont pas fait l'objet d'une mutation depuis le 3 août 1926, il y aura lieu de percevoir la taxe de première mutation de 7 %. Mais en ce qui concerne les fonds de commerce, *cette taxe n'est perçue que sur les éléments incorporels et sur le matériel.*

Les autres dispositions indépendantes, c'est-à-dire les stipulations accessoires contenues dans l'acte de société au profit soit de celle-ci, soit de tiers, soit des associés, donnent également ouverture aux droits qui leur sont propres.

B. — Droits dus au cours de la vie sociale

a) LES MODIFICATIONS AUX STATUTS (transfert au siège social, changement de dénomination, réduction ou extension des pouvoirs des gérants), donnent ouverture en règle générale, au seul droit fixe de 22 fr. 50. Toutefois :

L'augmentation du capital donne lieu au droit proportionnel de 3 % et autres droits examinés plus haut, lettre A, comme au cas de constitution, sur la valeur des apports nouveaux;

La prorogation donne lieu au droit de 3 % sur le *montant de l'actif social* et non pas du capital. Dans le cas où ce montant serait supérieur au capital, et où ce capital serait augmenté par incorporation des réserves et attributions de nouvelles parts, il n'y aurait pas lieu de percevoir deux fois le droit d'apport. Dans le cas où, au contraire, il y aurait simultanément prorogation et augmentation de capital par apport d'argent frais ou de nouveaux biens ne consistant pas en numéraire, il y aurait lieu, bien entendu, à la perception du droit de 3 %, et sur l'actif social et sur les nouveaux apports;

Le remboursement de tout ou partie des parts aux fins de réduction du capital supporte le droit de partage (0,60 %);

La transformation, quand elle entraîne création d'une société nouvelle, supporte le droit de dissolution (55 fr. 20), le droit de partage (0,60 %), le droit de mutation s'il y a lieu (*V. plus loin*), et le droit de constitution de la société nouvelle. Dans le cas contraire, elle ne donne ouverture qu'au droit fixe de 22 fr. 50.

b) CESSION DE PARTS. — Les parts étant nécessairement nominatives et n'étant pas représentées par des certificats négociables ni surtout par des titres au porteur, il n'y a lieu ni au paiement de la taxe de transmission, ni à déclaration d'existence, ni au relevé des mutations de titres. Mais chaque cession, entre quelque partie que ce soit (entre associés ou entre associés et tiers), donne ouverture *au droit de transmission* sur le prix de cession (1,08 %) (*Art.* 271, § 8 *C. Enr.*).

Toutefois, dans le cas de cession de parts remises en représentation d'un apport en nature effectuée au cours des deux premières années de la société, la cession sera considérée au point de vue fiscal comme ayant pour objet les biens en nature représentés par les parts cédées (art. 24, loi 30 décembre 1928). Disposition qui a pour objet d'empêcher les vendeurs d'immeubles ou de fonds de commerce d'éviter les droits de mutation en constituant une société.

C. — Dissolution ou partage

La *dissolution* pure et simple, c'est-à-dire non accompagnée d'un partage, d'une cession de l'actif social ou de toute autre stipulation donnant ouverture à un droit spécial, supporte seulement un droit fixe de 56 fr. 20.

Partage. — Le partage pur et simple dans lequel chacun reprend sa part de l'actif net sans obligation, ni libération, ni transmission des biens meubles ou immeubles, est soumis à un droit proportionnel de 0,60 % sur le montant de l'actif partagé (*Art.* 47-21° *et* 271, § 5-1° *C. Enreg.*).

L'attribution d'un bien, meuble ou immeuble, à un autre qu'à l'apporteur ou à la personne qui a acquis les parts dans le délai prévu a l'article 24 de la loi du 30 décembre 1928 (V. ci-dessus lettre B) donne ouverture au droit de vente et à la taxe de première mutation.

L'attribution d'un acquêt à un associé à charge de soulte est également considérée comme une vente jusqu'à concurrence de la soulte.

Dans les deux cas, le droit de transcription n'est pas dû, mais seulement la taxe hypothécaire et le salaire du conservateur.

Fusion. — La fusion de deux société à responsabilité limitée paie le plein tarif (3 %). Les réductions et exemptions de la loi du 19 mars 1928 ne s'appliquent, en effet, qu'aux sociétés par actions.

III. — IMPOTS A LA CHARGE DE LA SOCIETE.

A. — Contribution foncière

A. — La société doit *la contribution foncière sur la propriété bâtie ou non bâtie,* dans les mêmes conditions que les contribuables physiques, sur les immeubles qu'elle possède.

B. — Taxe de mainmorte

B. — Elle doit aussi *la taxe de mainmorte* quand il n'est pas stipulé que la mort de l'un de ses membres entraînera sa dissolution (*Circ. Contributions directes, 26 juillet* 1926, *p.* 19. — LECERCLÉ, *Rec. Jur. des Sociétés,* 1925, 198. — LÉPARGNEUR, *n.* 61. — DROUETS, *n.* 530. — MOLIÉRAC, *Rev. Soc.,* 1926, p. 405). A moins qu'elle n'ait pour objet exclusif la vente ou l'achat d'immeubles (*Loi du 14 décembre* 1875, *par extension* : CARLOT, *p.* 63) ou la construction et la vente d'habitations à bon marché (*Art.* 6, *loi du 12 avril* 1906).

Cette opinion générale rencontre deux contradicteurs, qui professent des thèses exactement opposées. L'un M. LEROY (*p.* 140) soutient que des S. A. R. L. sont astreintes dans tous les cas à la taxe de mainmorte ; l'autre, M. PIOT (*n.* 86), prétend qu'elles ne le sont jamais. Tous deux semblent négliger le texte de l'article 2 de la loi du 31 mars 1903 qui assujettit à la taxe de mainmorte « toutes les collectivités qui ont une existence propre et qui subsistent indépendamment des mutations qui peuvent se produire dans leur personnel, à l'exception des sociétés en nom collectif et des sociétés en commandite simple ».

Le taux de cette taxe accessoire de la contribution foncière est de 0,72 par franc du principal de ladite contribution (*Art.* 24, *loi du 3 août* 1926).

C. — Impôts cédulaires

C. — Suivant son genre d'activité, elle doit *l'impôt sur les bénéfices agricoles; l'impôt sur les bénéfices des professions non commerciales,* lorsqu'elle exerce une profession qui ne rentre dans le cadre d'aucun autre impôt cédulaire : par exemple enseignement; culture de champignons sur couche dans des carrières; \fin *l'impôt sur les bénéfices industriels et commerciaux.*

A raison du caractère commercial attribué à ces sociétés par l'article 3 de la loi du 7 mars 1925, on a soutenu qu'elles devaient dans tous les cas ce dernier impôt. Mais l'Administration a reconnu que, seu-

.es, en étaient redevables celles qui ont pour objet d'accomplir habituellement des actes de commerce (*Réponses du Ministre des Finances à MM. Bergeon, sénateur : J. O. 30 octobre 1925 ; Cadilhon, sénateur : J. O. 12 novembre 1926; Tilloy, député : J. O. 23 novembre 1926. — V. dans le même sens :* Lecerclé, *p.* 186. — Pic et Baratin, *n.* 466. — Drouets, *n.* 537. — Carlot, *p.* 105. — *Circulaire précitée, n.* 1466).

. a) Les sociétés à responsabilité limitée étant soumises au droit de communication de l'Enregistrement sont privées par l'article 12 de la loi du 30 décembre 1928 de la taxation forfaitaire à *l'impôt sur les bénéfices agricoles.* Elles doivent déclarer leur bénéfice réel dans les conditions et les délais indiqués plus bas lettre c). Le taux de l'impôt est de 12 % ; l'impôt ne frappe que les revenus supérieurs à 2.500 fr. la fraction comprise entre 2.501 et 4.000 francs compte pour un quart ; la tranche 4.001-8.000 francs compte pour moitié. Les pertes d'un exercice peuvent être déduites du bénéfice de l'exercice suivant, et reportées, au cas d'insuffisance, sur les deux subséquents (art. 3, 1. 30 décembre 1926).

b) *L'impôt sur les bénéfices des professions non commerciales (Art. 54 et suiv. C. Imp. Rev.)* est un impôt de déclaration, c'est-à-dire assis sur le revenu déclaré par le contribuable. Le revenu servant de base à cet impôt est constitué par l'excédent des recettes sur les dépenses nécessitées par l'exercice de la profession. Parmi ces dépenses figurent les *acquisitions de matériel qui peuvent être amortis en une seule fois (Conseil d'Etat, 10 août 1926 : Req. quest. fisc., 1927, 5).* L'impôt est progressif; jusqu'à 7.000 fr. on ne paie rien; de 7.000 à 20.000, le revenu est compté pour moitié; de 20.001 à 40.000. pour trois quarts; au delà, pour la totalité.

Le revenu imposable ainsi déterminé supporte un prélèvement de 12 %.

c) *L'impôt sur les bénéfices industriels et commerciaux (Art. 1er et suiv. C. Imp. Rev.)* nous retiendra plus longtemps.

Depuis la loi du 4 avril 1926, c'est, dans tous les cas, un impôt de *déclaration,* assis sur le bénéfice *réel* réalisé par le contribuable au cours de l'exercice de douze mois qui a précédé l'année de l'imposition, et déclaré par lui avant le 28 février (le 31 mars pour les sociétés ayant clos leur exercice le 31 décembre) de ladite année avec production d'un résumé de son compte de profits et pertes. Le taux est de 15 %. Mais, lorsque le bénéfice net n'atteint pas 50.000 fr., le contribuable n'est plus tenu à aucune production. La loi établit un certain nombre de tranches de 1 à 50.000 francs et fixe la somme due par tout contribuable dont le bénéfice cadrera avec une de ces tranches; il suffit d'indiquer celle dans laquelle on se croit propre à rentrer.

Ces tranches sont les suivantes et paient :

de 1 à 800 francs	22 fr. 50
de 801 à 1.500 francs	45 fr. 00
de 1.501 à 3.000 francs	150 fr. 00
de 3.001 à 5.000 francs	300 fr. 00
de 5.001 à 7.000 francs	750 fr. 00
de 7.001 à 10.000 francs	1.050 fr. 00
de 10.001 à 15.000 francs	1.500 fr. 00
de 15.001 à 20.000 francs	2.250 fr. 00
de 20.001 à 25.000 francs	3.000 fr. 00
de 25.001 à 30.000 francs	3.750 fr. 00
de 30.001 à 35.000 francs	4.500 fr. 00
de 35.001 à 40.000 francs	5.250 fr. 00
de 40.001 à 45.000 francs	6.000 fr. 00
de 45.001 à 50.000 francs	6.550 fr. 00

Le bénéfice net est obtenu, dit l'art. 4 C. Imp. Rev., « après déduction de toutes charges, y compris la valeur locative des immeubles affectés à l'exploitation, et les amortissements généralement admis d'après les usages de chaque nature d'industrie ou de commerce » (les charges comprennent notamment d'après le règlement d'administration publique du 30 décembre 1926, l'intérêt des capitaux prêtés à l'entreprise; les traitements, salaires, rétributions du personnel; les assurances et frais généraux, y compris les impôts). Il y a lieu en outre de déduire (Art. 6) le produit du portefeuille mobilier de la société, alors même qu'il ne paierait pas d'impôt cédulaire, comme c'est le cas des rentes sur l'état et des bons du trésor. Toutefois, d'après l'article 2 de la loi du 13 juillet 1925, il y a lieu d'imputer sur ce produit une part des frais généraux proportionnelle à la fraction du bénéfice total qu'il représente. Il y a lieu encore de déduire les revenus agricoles, non commerciaux, etc... réalisés par la société dans les exploitations agricoles, les établissements non commerciaux qu'elle posséderait à côté de son entreprise commerciale.

Supposons une société à responsabilité limitée possédant simultanément une sucrerie-distillerie ; une exploitation agricole; une école d'agriculture; un portefeuille mobilier. Elle réalise pour le tout un profit brut de 1.000, imputable pour 500 à la distillerie-sucrerie; 400 à l'exploitation agricole; 2 à l'école; 98 au portefeuille; les frais généraux sont de 100, imputables pour 1 au portefeuille; 1 à l'école; 48 à l'exploitation agricole; 50 à la sucrerie. Cette dernière est exploitée dans des bâtiments dont le revenu net servant de base à la contribution foncière est de 50. Le portefeuille représentant un dixième du profit brut supportera un dixième de frais généraux, qui viendra en déduction de la part de ces frais à défalquer du bénéfice commercial. Elle paiera donc :

l'impôt sur les bénéfices agricoles sur 352;
l'impôt sur les bénéfices des professions non commerciales sur 1;
la contribution foncière sur 50;
l'impôt sur les bénéfices commerciaux sur (500 — 50 — 40 =) 410.

La plupart des questions posées par l'application de l'impôt sur les bénéfices industriels et commerciaux aux sociétés à responsabilité limitée ne présentent pas de difficultés ou du moins pas de difficultés particulières; celles d'ordre général qu'elles soulèvent ne pourraient être résolues ici. Nous examinerons donc seulement celles dont la difficulté tient au régime spécial des sociétés à responsabilité limitée, à savoir :

s'il y a lieu d'imposer distinctement les associés;
s'il y a lieu de comprendre, dans le bénéfice imposable, la réserve légale;
les intérêts statutaires servis au capital pendant la période d'établissement;
les intérêts ou autres produits des sommes versées en compte ou déposées par les associés;
les sommes versées aux gérants;
quelle est l'étendue du droit de contrôle de l'administration sur la comptabilité de la société;

A) *S'il y a lieu à imposition distincte pour les associés*. — On sait que, d'après l'article 14, al. 2 du Code des impôts sur le revenu (*Art. 11 de la loi du 30 juin* 1923) dans les sociétés en nom collectif, chacun des associés est personnellement imposé pour la part des bénéfices sociaux correspondant à ses droits dans la société. Cette disposition, dont le bénéfice est étendu par l'alinéa suivant aux commandites simples pour la part du ou des gérants, ne saurait profiter aux sociétés à responsabilité limitée; c'est une disposition exceptionnelle qui doit par conséquent être interprétée restrictivement (Lecerclé, *p.* 185).

B) *Si le bénéfice imposable comprend la réserve légale*. — On sait que l'article 33 de la loi du 7 mars 1925 exige que les sociétés à responsabilité limitée mettent tous les ans un vingtième de leurs bénéfices en réserve. Cette réserve sera-t-elle comprise dans le bénéfice imposable ? Pour les sociétés anonymes, la loi du 1er juillet 1916 l'excluait tant du bénéfice normal que du bénéfice en période de guerre, pour le calcul de la contribution extraordinaire sur les bénéfices de guerre. Le Conseil d'Etat n'a pas pensé que, dans le silence de la loi du 31 juillet 1917, la même règle fût applicable en matière d'impôts sur les bénéfices industriels et commerciaux (*Conseils d'Eta t,* 10 *mars* 1923; 27 *juillet* 1923, *etc...*).

Ce qui a été jugé pour les sociétés anonymes est également vrai pour les nôtres; la réserve même légale n'est pas une charge.

C) Si les intérêts statutaires servis au capital pendant la période d'établissement doivent être réintégrés dans les bénéfices.

Il n'y a aucun rapport entre le bénéfice de l'exercice et les *intérêts* servis au capital à l'issue de cet exercice au cours de la période d'établissement, dans les termes de l'art. 34 de la loi. Au contraire, ces intérêts supposent qu'il n'y a pas de bénéfice ; ils sont pris sur le capital dont ils constituent une véritable réduction. Le fait qu'il est servi un intérêt ne constituera donc pas une présomption de bénéfice. D'un autre côté cet intérêt ne constitue pas une charge de l'entreprise puisqu'il rétribue un apport. Il ne sera donc pas déduit du bénéfice s'il y en a un. Comme il ne constitue pas une perte, il ne semble pas que les sociétés qui ont dû servir à leurs membres un semblable intérêt soient fondées à user de l'art. 3 de la loi du 30 décembre 1928 (art. 4, nouveau, C. imp. rev.) pour le déduire du bénéfice imposable des trois exercices suivants.

d) S'il y a lieu de déduire les intérêts et autres produits des sommes versées en compte ou déposées par les associés. Losrqu'il est stipulé qu'une part déterminée des dividendes de chaque part sera laissée dans les caisses de la société, au compte du porteur, pour lui constituer en quelque sorte un complément d'apport soustrait aux créanciers sociaux — sauf à concourir avec ceux-ci au cas de faillite — que ce complément d'apport n'a droit qu'à une part dans les bénéfices, la rémunération qu'il reçoit ne constitue pas une charge déductible. Il en serait de même des sommes versées en compte, ou en dépôt, aux mêmes fins.

Que si, au contraire, la société emprunte aux porteurs de parts, conclut avec ces derniers un véritable contrat de compte courant, les intérêts de ces emprunts ou comptes seront déductibles (Drouets, *n.* 542, rép. du Min. des Fin. à M. Duqzaire, sénateur : *J. Off.,* 25 *mars* 1926).

e) Si l'on doit comprendre dans le bénéfice imposable la rétribution des gérants.

Cette question semble devoir être résolue par une distinction.

Le traitement fixe constitue un salaire. Il devra être déduit de toutes façons, que le gérant soit ou non associé — à moins, si le ou les gérants sont associés, qu'ils ne possèdent ensemble la majorité des parts, auquel cas (art. 4, L. 30 décembre 1928) le traitement doit être réintégré dans les bénéfices.

Au contraire, *la participation aux bénéfices* qui peut être stipulée en sa faveur comme complément de traitement ne sera pas déductible, à moins qu'elle ne doive statutairement ou contractuellement être calculée sur le bénéfice brut. Dans ce cas, nous inclinerions à penser qu'elle doit figurer parmi les charges de l'entreprise. S'agit-il au contraire d'un prélèvement sur le bénéfice net, nous estimons que ce prélèvement doit être réintégré dans le bénéfice pour le calcul du revenu imposable; il ne s'agit plus alors du loyer d'un travail mercenaire, mais de la rétribution d'un apport d'industrie.

Telle est aujourd'hui à peu près l'opinion générale (Drouets, 543. — Pic et Baratin, *n.* 472); nous disons à peu près, parce que ces auteurs font entre le gérant associé et le gérant non associé une distinction qui ne nous paraît pas exacte, parce qu'elle méconnaît ce point essentiel, que les membres d'une société à responsabilité limitée ne sont associés que jusqu'à concurrence de leur mise, et pour le surplus sont des tiers vis-à-vis de la société. Du moment qu'il ne s'agit pas de dividendes ,gérant associé ou non associé, c'est tout un.

f) Quelle est l'étendue du droit de contrôle de l'Administration?

Le second alinéa de l'art. 42 de la loi du 7 mars 1925 assujettit les sociétés à responsabilité limitée au même droit de communication du fisc que les sociétés anonymes ou civiles (art. 16 et 28, loi du 5 juin 1850; 22, loi du 23 août 1871; 7, loi du 21 juin 1875); elles sont donc tenues de présenter à toute réquisition des agents de l'Enregistrement et des Contributions directes — sans parler du droit de communication spécial aux contributions indirectes dont nous (dirons plus loin quelques mots — leurs livres, pièces comptables de toutes sortes, titres, soit à leur siège social, soit à leurs agences et succursales, qu'il s'agisse de contrôler les impôts dus par la société ou ceux dus par ses membres (*Code du Timbre, art.* 29. — *Des valeurs mobilières, art.* 87 et 89).

La sanction de ce droit est une amende *fiscale* (c'est-à-dire qui ne supporte que huit décimes au lieu de 65), de 1.000 francs à 10.000 francs (Loi du 17 avril 1926, art. 5), sans parler de l'astreinte de 100 francs au minimum par jour de retard, à laquelle les sociétés obstinées dans leur refus peuvent être condamnées.

Annexe. — Taxe spéciale sur le chiffre d'affaires. — Cette taxe réglementée par les art. 23 et suiv., C. Imp. Rev., frappe la portion du chiffre d'affaires excédant un million réalisé par les entreprises ayant pour objet principal la vente au détail de denrées ou marchandises (épiceries et grands magasins), c'est un impôt direct dont le taux croissant va de 1,20 à 6 pour mille du chiffre d'affaires imposable.

D. — Patente

La société à responsabilité limitée est débitrice, comme toute autre société, de la patente (qui n'est plus aujourd'hui qu'une taxe locale), lorsque l'industrie ou le commerce qu'elle exerce ne sont pas exemptés de cette contribution par la loi du 1er juillet 1880. A vrai dire, il n'existe qu'une profession accessible à une société de ce genre qui soit exemptée de patente : celle d'agriculteur.

On sait que les professions ou industries patentables sont nommément désignées et énumérées dans quatre tableaux (A. B. C. D.); la patente se calcule différemment suivant le tableau où la profession qu'on exerce est rangée.

Sauf en ce qui concerne le tableau D, qui comprend surtout les professions libérales, la patente comprend deux droits :

Le droit fixe ainsi appelé parce qu'il varie avec la population de la ville, les moyens de production (outillage, machines, personnel, etc.), de chaque établissement;

Le droit proportionnel établi sur la valeur locative « des magasins, boutiques, usines, ateliers, hangars, remises, chantiers et autres locaux servant à l'exercice des professions imposables » (Art. 12, loi de 1880).

Pour les sociétés de personnes, le droit fixe est dû sur l'habitation de l'associé principal; il n'en est naturellement pas ainsi pour les sociétés à responsabilité limitée.

E. — Taxes indirectes

Nous n'entrerons pas dans le détail des taxes indirectes auxquelles une société à responsabilité limitée peut être assujettie à raison de son activité (boissons, cartes à jouer, sucres, oléomargarines, etc.). Ni des taxes à la production qu'elle peut subir (charbon, sucre, etc.); ni non plus de la taxe sur le chiffre d'affaires. Observons seulement qu'une difficulté s'est élevée, à propos de cette dernière taxe : les sociétés à responsabilité limitée, toujours commerciales, ne sont-elles pas par suite toujours débitrices de la taxe sur le chiffres d'affaires ?

La réponse à cette question est nécessairement négative. D'après l'art. 1er du Code du chiffre d'affaires cet impôt n'atteint pas les commerçants en général, mais « les affaires faites en France par les personnes qui, habituellement ou occasionnellement, achètent pour revendre ou accomplissent des actes relevant des professions assujetties à l'impôt sur les bénéfices industriels et commerciaux ». Il suit de là que les sociétés à responsabilité limitée qui n'achèter ont pas pour revendre ou n'accompliront pas des actes relevant des professions assujetties à l'impôt sur les bénéfices industriels et commerciaux, ne seront pas astreintes à la taxe sur le chiffre d'affaires.

Pour les autres, disons seulement que cette taxe est en principe de 2 p. 100 et peut atteindre 13; qu'elle frappe le chiffre d'affaires réel, mais que les contribuables dont le chiffre d'affaires n'atteint pas 300.000 francs peuvent demander le forfait; qu'elle donne lieu à un contrôle sévère de l'administration.

IV. — IMPOTS A LA CHARGE DES ASSOCIES

A. — Impôts cédulaires

a) Gérants. — Les gérants paieront :

L'impôt sur les traitements et salaires (art. 41 *et suivants Code Imp. sur le Rev.*), sur leur traitement fixe au proportionnel, *lequel devra être déclaré par la société dans les deux premiers mois de l'année de l'imposition.* Cet impôt, du taux de 12 p. 100 est, on le sait, progressif comme l'impôt sur les bénéfices des prefessions non commerciales que nous avons vu plus haut (jusqu'à 10.000 le revenu ne paie pas; de 10.000 à 20.000 il est compté pour moitié; de 20.001 à 40.000 pour les trois quarts), mais il comporte des déductions pour charges de famille. Le gérant marié a donc droit à la déduction d'une somme de 3.000 fr. pour sa femme si celle-ci n'a ni un salaire ni un revenu personnels; de 3.000 francs par enfant de moins de 18 ans non salarié (4.000 fr. à partir du troisième) et de 2.000 francs pour chacune des autres personnes à sa charge (*Art. 47 du C. des Imp. sur le Revenu*). Dans le cas où le traitement du ou des gérants aura été réintégré dans les bénéfices, il ne supportera naturellement pas l'impôt sur les salaires.

La gérante a droit à une déduction pour mariage, si son mari infirme est à sa charge (Loi du 19 mars 1928); elle n'a droit à une déduction pour ses enfants que si son mari exerce une profession passible d'un autre impôt que l'impôt sur les traitements, ou touche un traitement moins élevé que le sien.

L'impôt ainsi calculé bénéficie en outre d'atténuations pour charges de famille (5 % pour les trois premières personnes à charge; 10 % pour les suivantes, sans pouvoir dépasser 300 francs par personne à charge).

L'impôt sur les intérêts des créances, dépôts et cautionnements (*Art. 65 C. Val. Mob.*) (18 %) sur les intérêts et autres produits des sommes *prêtées* par eux: versées en compte courant ou déposées, à tout autre titre qu'à celui de complément d'apport; cet impôt est payé par la société au moyen de timbres apposés sur la quittance ou sur le compte où l'inscription est opérée, et retenu sur le montant des intérêts; *il est obligatoirement à la charge du créancier.*

Rien du tout sur les dividendes, tantièmes, etc., qu'ils touchent en qualité d'associés (Art. 42, loi du 13 *mars 1925*). La loi considère que la prospérité d'une société à responsabilité limitée est si intimement liée à la personne de ses gérants que ses bénéfices sont les leurs. C'est en somme assez juste. Déjà frappés d'un impôt dans la main de la société, ces dividendes, etc., ne sauraient sans payer deux fois, en supporter un second dans celle de l'associé.

b) Simples associés. — Ils paieront :

L'impôt sur les revenus des créances, dépôts, et c., sur les intérêts des sommes laissées par eux en compte courant.

L'impôt sur les revenus des valeurs mobilières (*Art. 48, Code des Valeurs Mobilières*), dont le taux est également de 18 % sur les dividendes effectivement perçus au cours de l'exercice, ou mis en distribution à cette date. Le ou les gérants devront souscrire dans les trois mois de la clôture de chaque exercice les bénéfices effectivement distribués aux non-gérants au cours dudit exercice (*Art. 53. —* Pic *et* Bara-

TIN, *n.* 448). Drouets admet qu'il n'y aura pas lieu à déclaration quand le dividende aura été fixé par une délibération du conseil de gérance ou de l'assemblée générale des associés, desquelles le procès-verbal sera connu de l'Administration par suite du droit de communication; il y a donc lieu d'appliquer l'art. 53-3° du C. des Valeurs Mobilières, aux termes duquel, pour les parts d'intérêts et de commandite, le revenu est déterminé, lorsque la société est assujettie aux droits de communication en vertu des lois existantes, soit par les délibératoins des conseils d'administration, soit à défaut de délibération, au moyen d'une déclaration... Or, dit-il, s'il n'y a pas de conseil d'administration, une délibération des associés en tiendra évidemment lieu ». Tel est l'avis de l'Admini stration (*Rép. du Ministre des Finances à B. Bertrand, député : J. O.,* 20 *janvier* 1926) et tel serait celui de la Cour de cassation (*Req.,* 17 *novembre* 1925 : *Rev. Soc.,* 1926, 45). Mais dans l'espèce jugée par cet arrêt, il s'agissait d'une société alsacienne, soumise à un régime fiscal alors tout différent, et la Cour n'a pas examiné la question qui nous intéresse.

Nous avons, pour notre part, peine à accepter l'opinion de M. Drouets, alors surtout qu'il y aura lieu à déduction des sommes revenant aux gérants; il nous paraît plus sûr de faire une déclaration.

La société fera l'avance de la taxe, et la recouvrera sur ses membres par prélèvement sur les distributions suivantes (art. 54).

Le paiement est fait au bureau d'enregistrement dont dépend la société, en quatre termes égaux dans les vingt premiers jours de chaque trimestre.

Pour les sociétés nouvellement constituées, en attendant que les associés ne soient prononcés sur les résultats de l'exercice, l'impôt est provisoirement liquidé sur la base d'un revenu de 5 % du capital possédé par les non-gérants; la portion afférente au premier trimestre est due au prorata des jours écoulés depuis la constitution de la société jusqu'à la fin du trimestre.

A la clôture de l'exercice il y a liquidation définitive; l'excédent dû par la société est payé; ce qu'elle a versé en trop lui est remboursé sur simple pétition (sur timbre) (DROUETS, *n.* 557).

Par application des articles 50 et 52-1° et 3° C. d es Valeurs mobilières (*Art.* 80, *loi du* 13 *juillet* 1925), il y a lieu de décider que les amortissements du capital, c'est-à-dire le remboursement total ou partiel des parts, effectués au moyen de prélèvemen t s sur le compte profits et pertes, les réserves ou les provisions diverses du bilan, seront assimilés aux distributions de bénéfices et paieront la taxe, à l'exception toutefois de ceux qui seront faits au profit des gérants; à l'exception aussi (mêmes textes) de ceux qui seraient commandés par les statuts, à raison de la caducité de tout ou partie de l'actif social, ou qui seraient faits par la société concessionnaire de la puissance publique (Etats, départements, commune, colonie, protectorats), à raison également du dépérissement progressif de leur actif ou de l'obligation de le remettre au concédant en fin de concession.

Un règlement d'administration publique du 29 mai 1926, dans le détail duquel nous ne pouvons entrer ici, a déterminé les formalités à remplir par les sociétés qui veulent amortir leur capital en bénéficiant ou non des exemptions susvisées. Le texte de ce décret est reproduit *in extenso* dans le Code des Valeurs Mobilières (Edition Ch. et J. Guilhot, p. 50).

A la dissolution de la société, les porteurs de parts non-gérants paieront la taxe de 18 % sur toutes les sommes qui leur seront versées au delà de leur mise initiale : *les remboursement faits au cours de la société et qui ont déjà payé la taxe ne seront pas déduits de cette mise.*

B. — Impôt général sur le revenu

Toutes les sommes versées aux membres de la société, gérants ou non, à titre de rémunération de leur travail ou de leurs apports, appointements, participation, tantièmes, dividendes, intérêts, etc., devront être incorporées par chacun d'eux dans son revenu imposable à l'impôt général sur le revenu. Il en serait différemment toutefois des sommes perçues par eux à titre de remboursement d'apports dans le cas où le droit commun exemptera ces remboursements de la taxe sur le revenu des valeurs mobilières : réalisation d'actif, amortissement du capital à raison de la caducité de l'actif.

Les sommes mises en réserve devront-elle également être comprises par les associés dans leur revenu imposable au prorata de la participation de chacun au capital, comme pour les sociétés de personnes? L'Administration n'hésite pas à répondre à cette question par la négative, sans distinguer entre gérants et non gérants. Innombrables réponses du ministre des Finances : la première, à M. Thoumyre, député (*J. O. du 26 juin 1925. — V. aussi* LECERCLÉ : *Rec. Jur. Soc.*, 1925, 188. — LÉPARGNEUR, *n.* 63. — DROUETS, *n.* 562. — PIC *et* BARATIN, *n.* 475. — CARLOT, *p.* 130 *et s*.). Et à bon droit, « à raison du caractère propre et du mode de gestion de ces sociétés », leurs membres, même gérants, ne sont pas appropriés de plein droit de leur part dans les bénéfices de la société; ils n'ont droit qu'à la portion que l'assemblée générale voudra bien laisser distribuer; ils ne paieront donc que sur les bénéfices effectivement touchés par eux.

En sera-t-il de même pour *l'incorporation des réserves au capital avec distribution gratuite obligatoire de nouvelles parts?* Nous ne le pensons pas.

On sait, en effet, que le Conseil d'Etat n'assimile la distribution d'actions gratuites à un revenu que dans le cas où l'actionnaire bénéficiaire peut disposer immédiatement et librement de son nouveau titre, le monnayer en quelque sorte, si bien que tout se passe comme s'il avait reçu une somme d'argent. Que si, au contraire, il ne peut se défanre de l'action nouvelle, il doit la conserver, le Conseil d'Etat reconnaît que l'opération n'a pas modifié sa situation, qu'il n'a pas reçu une valeur dont il puisse disposer, qu'en somme, après comme avant la distribution, il n'y a dans son patrimoine que la même quote-part de l'actif social (*Conseil d'Etat, 3 novembre 1926 : Rec. Jur. Soc.*, 1927, 4).

Or, le porteur de parts d'une société à responsabilité limitée est attaché par la loi elle-même à sa société, ne peut se défaire de ses parts qu'à des conditions rigoureuses d'autorisation; il y aura donc lieu de lui faire application de cette jurisprudence bienveillante (DROUETS, *n.* 565. — CARLOT, *p.* 125).

Au contraire, la taxe sur le revenu des valeurs mobilières sera due sur le montant des parts nouvelles; la Cour de cassation ne fait en effet aucune distinction.

A la dissolution de la société, les bonis de liquidation partagés entre les associés, supportent, nous l'avons vu, la taxe sur le revenu; mais ils n'entreront pas dans le revenu imposable à l'impôt général : ce sont des *bénéfices en capital.*

Question. — *Si une société à responsabilité limitée profitera de l'exemption de la taxe sur le revenu des valeurs mobilières prescrite au profit des sociétés mères ?*

L'art. 27 de la loi du 31 juillet 1920 (*Art. 114 du Code des Valeurs Mobilières*) a exempté les dividndes des sociétés par actions, obligations ou parts de fondateurs reçues par elles en rémunération de leurs apports d'autres sociétés par actions. Disposition qui avait pour but d'empêcher la multiplication des prélèvements fiscaux sur le même revenu.

Ce texte s'appliquera-t-il lorsqu'une des deux sociétés réunies par un lien de filiation est une société à responsabilité limitée? La loi fiscale étant d'interprétation stricte, et l'art. 114 du Code des Valeurs Mobilières disposant expressément en faveur des sociétés *par actions,* force est bien de répondre à cette question par la négative (CARLOT, *p.* 96).

Il existe cependant un moyen de tourner la difficulté, quand c'est la société à responsabilité limitée qui a été fondée par la société anonyme : c'est de faire nommer cette dernière gérante (CARLOT, *loc. cit.*).

LOI DU 7 MARS 1925

tendant à instituer les sociétés à responsabilité limitée

Article premier. — Il peut être formé, en dehors des sociétés anonymes qui sont et demeurent soumises à la législation sur les sociétés anonymes, des sociétés dans lesquelles aucun des associés n'est tenu au delà de sa mise.

Ces sociétés portent le titre de sociétés à responsabilité limitée et sont soumises aux dispositions suivantes.

Art. 2. — Elles peuvent être constituées pour un objet quelconque.

Toutefois, les sociétés d'assurances, de capitalisation et d'épargne ne peuvent adopter cette forme.

Art. 3. — Quel que soit leur objet, les sociétés à responsabilité limitée sont commerciales et soumises aux lois et usages du commerce.

Art. 4. — Elles sont constatées soit par acte devant notaire, soit par acte sous seings privés.

Si l'acte est sous seings privés, il en est dressé autant d'originaux qu'il est nécessaire pour que l'un reste déposé au siège social et les autres à l'appui des diverses formalités requises.

Tous les associés doivent intervenir à l'acte en personne ou par des mandataires justifiant d'un pouvoir spécial.

Il est interdit à la société d'émettre pour son propre compte, par souscription publique, des valeurs mobilières quelconques.

Art. 5. — Le nombre des associés n'est pas limité. Il peut être de deux seulement.

Art. 6. — Le capital social doit être de 25.000 fr. au moins. Il ne peut être réduit au-dessous de ce chiffre. Il se divise en parts sociales de 100 francs ou de multiples de 100 fr.

Art 7. — Les sociétés à responsabilité limitée ne peuvent être définitivement constituées qu'après que toutes les parts ont été réparties entre les associés dans l'acte de société, et qu'elles ont été libérées intégralement.

Les parts sociales correspondant en tout ou en partie à des apports en nature doivent toujours être entièrement libérées au moment de la constitution de la société.

Les fondateurs doivent déclarer expressément dans l'acte de société que ces conditions sont remplies

Art. 8. — L'acte de société doit contenir l'évaluation des apports en nature. Les associés sont solidairement responsables vis-à-vis des tiers de la valeur attribuée au moment de la constitution de la société aux apports en nature.

L'action en responsabilité résultant des dispositions du paragraphe précédent se prescrit par dix ans à partir de la constitution de la société.

Art. 9. — Est nulle et de nul effet à l'égard des intéressés toute société à responsabilité limitée constituée contrairement aux prescriptions des articles 2, 4, 5, 6, 7 et 8.

La nullité ne peut être opposée aux tiers par les associés.

Art. 10. — Lorsque la nullité de la société a été prononcée aux termes de l'article précédent, les associés auxquels la nullité est imputable sont responsables, envers les autres et envers les tiers, solidairement entre eux et avec les premiers gérants, du dommage résultant de cette annulation.

Les actions en nullité et en responsabilité se prescrivent par dix ans.

Art. 11. — La société à responsabilité limitée est, soit qualifiée par la désignation de l'objet de son entreprise, soit désignée sous une raison sociale comprenant les noms d'un ou de plusieurs associés.

Art. 12. — Dans le mois de la constitution de la société, une expédition de l'acte constitutif, s'il est notarié, ou un original, s'il est sous seings privés, est déposé aux greffes de la justice de paix et du tribunal de commerce du lieu dans lequel est établie la société.

Art. 13. — Dans le même délai d'un mois, un extrait de l'acte constitutif est publié dans un des journaux pouvant recevoir des annonces légales.

Il sera justifié de l'insertion par un exemplaire du journal certifié par l'imprimeur, légalisé par le maire et enregistré dans les trois mois de sa date.

Les formalités prescrites par l'article précédent et par le présent article seront observées, à peine de nullité à l'égard des intéressés; mais le défaut d'aucune d'elles ne pourra être opposé aux tiers par les associés.

Art. 14. — L'extrait doit indiquer que la société est à responsabilité limitée; son objet; les noms des associés; la raison sociale ou la dénomination adoptée par la société et le siège social; les personnes autorisées à gérer, administrer et signer pour la société; le montant du capital social; l'espèce et la valeur des apports en nature; la clause qui attribue des intérêts aux associés même en l'absence de bénéfices dans les termes de l'article 37; l'époque où la société commence, celle où elle doit finir, et la date du dépôt aux greffes de la justice de paix et du tribunal de commerce.

Art. 15. — Si la société a plusieurs établissements ou succursales situés dans divers arrondissements, le dépôt prescrit par l'article 12 et la publication prescrite par l'article 13 ont lieu dans chacun des arrondissements où existent ces établissements ou succursales.

Dans les villes divisées en plusieurs arrondissements, le dépôt sera fait seulement au greffe de la justice de paix du principal établissement.

Art. 16. — L'extrait est signé par le notaire qui a reçu l'acte de société, ou, si cet acte est sous seings privés, par un des associés investi à cet effet d'un pouvoir spécial.

Art. 17. — Sont soumis aux formalités et aux sanctions prescrites par les articles 12 et 13 tous actes et délibérations ayant pour objet la modification des statuts et tout changement d'associé.

Art. 18. — Dans tous les actes, factures, annonces, publications ou autres documents émanés de la société, la dénomination sociale doit toujours être précédée ou suivie immédiatement des mots écrits visiblement et en toutes lettres : « société à responsabilité limitée », et de l'énonciation du montant du capital social.

Toute contravention aux dispositions qui précèdent est punie d'une amende de 50 fr. à 1.000 fr.

Art. 19. — Toute personne a le droit de prendre communication des pièces déposées aux greffes de la justice de paix et du tribunal de commerce ou même de s'en faire délivrer, à ses frais, des expéditions ou extraits par le greffier.

Art. 20. — La société doit être immatriculée dans le registre du commerce créé par la loi du 18 mars 1919 dans le délai et sous les sanctions déterminés par cette loi.

La déclaration à faire au greffier, conformément à l'article 6 de cette loi, doit contenir, outre les mentions prescrites par cet article, les noms et prénoms des associés, la date et le lieu de naissance, la nationalité de chacun d'eux avec toutes les indications prescrites par l'article 4, 4°, de ladite loi.

Les mentions indiquées dans l'article 7 de la loi du 18 mars 1919 doivent également être inscrites au registre du commerce.

La société devra aussi être inscrite dans le registre central du commerce, conformément à l'article 10 de ladite loi.

Art. 21. — Les parts sociales ne peuvent être représentées par des titres négociables, nominatifs, au porteur ou à ordre; elles ne peuvent être cédées que conformément aux dispositions des articles ci-après.

Art. 22. — Les parts sociales ne peuvent être cédées à des tiers étrangers à la société qu'avec le consentement de la majorité des associés représentant au moins les trois quarts du capital social.

Art. 23. — Les cessions de parts sociales doivent être constatées par un acte notarié ou sous seings privés.

Elles ne sont opposables à la société et aux tiers qu'après qu'elles ont été signifiées à la société ou acceptées par elle dans un acte notarié, conformément à l'article 1690 du Code civil.

Art. 24. — Les sociétés à responsabilité limitée sont gérées par un ou plusieurs mandataires associés ou non associés, salariés ou gratuits.

Ils sont nommés par les associés, soit dans l'acte de société, soit dans un acte postérieur, pour un temps limité ou sans limitation de durée. Sauf stipulation contraire des statuts, ils ont tous les pouvoirs pour agir au nom de la société, en toutes circonstances; toute limitation contractuelle des pouvoirs des gérants est sans effet à l'égard des tiers.

Les gérants nommés par l'acte de société ou par un acte postérieur ne sont révocables que pour des causes légitimes.

Art. 25. — Les gérants sont responsables, conformément aux règles du droit commun, individuellement ou solidairement suivant les cas, envers la société et envers les tiers, soit des infractions aux dispositions de la présente loi, soit des violations des statuts, soit des fautes commises par eux dans leur gestion.

Art. 26. — Les décisions des associés sont prises en assemblées.

Toutefois, la tenue d'une assemblée n'est pas nécessaire quand le nombre des associés n'est pas supérieur à vingt. Dans ce cas, chaque associé recevra le texte des résolutions ou décisions à prendre expressément formulées et émettra son vote par écrit.

Art. 27. — Aucune décision n'est valablement prise dans les deux cas prévus par l'article précédent qu'autant qu'elle a été adoptée par des associés représentant plus de la moitié du capital social. Sauf stipulation contraire dans les statuts, si ce chiffre n'est pas atteint à la première consultation, les associés sont convoqués une seconde fois, par lettres recommandées, et les décisions sont prises à la majorité des votes émis, quelle que soit la portion du capital représenté.

Art. 28. — Nonobstant toute clause contraire de l'acte de société, tout associé peut prendre part aux décisions. Chaque associé a un nombre de voix égal au nombre des parts sociales qu'il possède.

Art. 29. — Dans les sociétés comptant plus de vingt associés, il doit être tenu, chaque année au moins, une assemblée générale à l'époque fixée par les statuts.

D'autres assemblées peuvent toujours être convoquées par le ou les gérants, à leur défaut par le conseil de surveillance, s'il en existe un, et, à défaut de celui-ci, par des associés représentant plus de la moitié du capital social.

Art. 30. — Tout associé peut, par lui ou par un fondé de pouvoir, prendre au siège social communication de l'inventaire, du bilan et du rapport du conseil de surveillance constitué conformément à l'article 32.

Dans les sociétés de plus de vingt membres, cette communication ne sera permise que pendant les quinze jours qui précéderont cette assemblée générale.

Art. 31. — Les associés ne peuvent, si ce n'est à l'unanimité, changer la nationalité de la société. Toutes autres modifications dans les statuts, sauf stipulation contraire, sont décidées à la majorité des associés représentant les trois quarts du capital social. Toutefois, dans aucun cas, la majorité ne peut obliger un des associés à augmenter sa part sociale.

Art. 32. — Dans toute société à responsabilité limitée comprenant plus de vingt associés est établi un conseil de surveillance composé de trois associés au moins.

Ce conseil est nommé dans l'acte de société. Il est soumis à la réélection aux époques déterminées par les statuts.

Les pouvoirs du conseil de surveillance sont déterminés par l'art. 10, al. 1 et 2, de la loi du 24 juillet 1867.

Les membres de ce conseil n'encourent aucune responsabilité à raison des actes des gérants et de leurs résultats.

Chaque membre du conseil de surveillance est responsable, soit envers la société, soit envers les tiers, de ses fautes personnelles dans l'exécution de son mandat.

Art. 33. — Il est fait annuellement sur les bénéfices un prélèvement d'un vingtième au moins affecté à la formation d'un fonds de réserves.

Ce prélèvement cesse d'être obligatoire lorsque le fonds de réserve a atteint un dixième du capital social.

Art. 34. — Il peut être stipulé dans l'acte de société, mais seulement pour la période de temps nécessaire à l'exécution des travaux qui, d'après l'objet de la société, doivent précéder le commencement de ses opérations, que les associés auront droit à des intérêts à un taux déterminé, même en l'absence de bénéfices. L'acte de société détermine cette période.

Cette clause doit, à peine de nullité, être insérée dans l'extrait de l'acte de société publié dans un journal d'annonces légales en vertu de l'article 13.

Le montant des intérêts ainsi payés doit être compris parmi les frais de premier établissement et réparti avec frais, suivant le mode et dans le délai que doivent fixer les statuts, sur les années qui présenteront des bénéfices.

Art. 35. — La répétition des dividendes ne correspondant pas à des bénéfices réellement acquis est admise contre les associés qui les ont reçus.

L'action en répétition se prescrit par cinq ans à partir du jour fixé pour la distribution des dividendes.

Art. 36. — La société n'est point dissoute par l'interdiction, la faillite, la déconfiture ou la mort d'un des associés, sauf en ce dernier cas stipulation contraire des statuts.

Art. 37. — Sont punis d'une amende de 500 à 10.000 francs et d'un emprisonnement de 15 jours à 6 mois ou de l'une de ces deux peines seulement :

Les fondateurs qui ont fait dans l'acte de société une déclaration fausse concernant la répartition des parts sociales entre tous les associés ou la libération des associés;

Les gérants qui, directement ou par personne interposée, ont ouvert une souscription publique à des valeurs mobilières quelconques pour le compte de la société.

Art. 38. — Sont punis des peines portées par l'article 405 du Code pénal, sans préjudice de l'application de cet article à tous les faits constitutifs du délit d'escroquerie :

Ceux qui ont, à l'aide de manœuvres frauduleuses, fait attribuer à un apport en nature une évaluation supérieure à sa valeur réelle;

Les gérants qui, en l'absence d'inventaires ou au moyen d'inventaires frauduleux, ont opéré entre les associés la répartition des dividendes fictifs.

Art. 39. — L'article 463 du Code pénal est applicable à tous les délits prévus par les dispositions de la présente loi.

Art. 40. — Il peut être stipulé dans les statuts des sociétés à responsabilité limitée que le capital social sera susceptible d'augmentation par des versements successifs faits par les associés ou l'admission d'associés nouveaux et de diminution par la reprise totale ou partielle des apports effectués.

Les sociétés dont les statuts renferment la stipulation ci-dessus sont soumises, indépendamment des règles contenues dans la présente loi, aux dispositions de la loi du 24 juillet 1867, relatives aux sociétés à capital variable (articles 48 et 54).

Art 41. — Les sociétés en nom collectif ou en commandite et les sociétés anonymes, constituées antérieurement ou postérieurement à la présente loi, peuvent se transformer en sociétés à responsabilité limitée, sous réserve des droits des tiers.

Sous la même réserve, les sociétés à responsabilité limitée constituées conformément à la présente loi pourront se transformer en sociétés anonymes.

Art. 42. — L'impôt sur le revenu des capitaux mobiliers édicté par l'article 1er de la loi du 29 juin 1872 et l'article 32 de la loi du 29 mars 1914 et par l'article 50 de la loi du 25 juin 1920 ne s'applique pas, dans les sociétés prévues par la présente loi, aux dividendes, intérêts, arrérages et autres produits revenant aux gérants prévus à l'article 24 de la présente loi.

Ces sociétés sont assujetties aux communications prescrites par les articles 16 et 28 de la loi du 5 juin 1850, 22 de la loi du 23 août 1871 et 7 de la loi du 21 juin 1875 sous les sanctions édictées tant par ces lois que par l'article 5 de la loi du 17 avril 1906.

Art. 43. — Les dispositions de la présente loi sont applicables à l'Algérie et aux Colonies.

(*Ainsi complété, L. 13 janvier* 1927) :

Des règlements d'administration publique détermineront, en ce qui concerne les colonies, les conditions de cette application.

TABLE ALPHABÉTIQUE DU TRAITÉ

FORMULAIRE : V. LA TABLE SPÉCIALE, p. 129